U0456654

国家社科基金
GUOJIA SHEKE JIJIN HOUQI ZIZHU XIANGMU
后期资助项目

我国地方政府债务的会计研究

Accounting Research on Local Government Debt in China

姜宏青　著

中国财经出版传媒集团
经济科学出版社
Economic Science Press

图书在版编目（CIP）数据

我国地方政府债务的会计研究／姜宏青著．—北京：
经济科学出版社，2020.3
ISBN 978 - 7 - 5218 - 1409 - 5

Ⅰ.①我…　Ⅱ.①姜…　Ⅲ.①地方政府 - 债务管理 -
会计 - 研究 - 中国　Ⅳ.①F812.7

中国版本图书馆 CIP 数据核字（2020）第 047402 号

责任编辑：谭志军　李　军
责任校对：王肖楠
责任印制：李　鹏　范　艳

我国地方政府债务的会计研究

姜宏青　著

经济科学出版社出版、发行　新华书店经销
社址：北京市海淀区阜成路甲 28 号　邮编：100142
总编部电话：010 - 88191217　发行部电话：010 - 88191522
网址：www. esp. com. cn
电子邮箱：esp@ esp. com. cn
天猫网店：经济科学出版社旗舰店
网址：http://jjkxcbs. tmall. com
北京时捷印刷有限公司印装
710 × 1000　16 开　17.5 印张　300000 字
2020 年 9 月第 1 版　2020 年 9 月第 1 次印刷
ISBN 978 - 7 - 5218 - 1409 - 5　定价：78.00 元
（图书出现印装问题，本社负责调换。电话：010 - 88191510）
（版权所有　侵权必究　打击盗版　举报热线：010 - 88191661
QQ：2242791300　营销中心电话：010 - 88191537
电子邮箱：dbts@ esp. com. cn）

国家社科基金后期资助项目
出版说明

后期资助项目是国家社科基金设立的一类重要项目，旨在鼓励广大社科研究者潜心治学，支持基础研究多出优秀成果。它是经过严格评审，从接近完成的科研成果中遴选立项的。为扩大后期资助项目的影响，更好地推动学术发展，促进成果转化，全国哲学社会科学工作办公室按照"统一设计、统一标识、统一版式、形成系列"的总体要求，组织出版国家社科基金后期资助项目成果。

全国哲学社会科学工作办公室

前　言

我国地方政府债务走过了一条从不合法到合法的演进路径。按照《中华人民共和国预算法》（以下简称《预算法（1994）》）的规定，地方政府不允许举债，然而，随着我国经济的发展和城市化速度的不断加快，地方公共基础设施建设和城市改造的资金需求也在不断扩大，出于区域经济和社会发展的资金压力，各级地方政府以担保的方式通过融资平台举债融资发展经济和进行公共设施建设，由此产生了大量的债务，此时的政府债务没有纳入预算管理，债务规模的增长和管理的不透明，衍生出诸多社会问题、经济问题和政府管理弊端，隐含着巨大的债务风险，亟须变革。2015年实行的《预算法（2014）》明确允许地方政府举债，将地方政府债务合法化。围绕着《预算法（2014）》的实施，一系列有关地方政府债务管理政策的频繁出台，旨在"开前门，堵后门"，对地方政府债务进行规范管理，有效控制风险。在这个制度转型期，一方面需要完善我国地方政府债务管理政策体系，另一方面需要将债务管理政策有效落地。地方政府债务的信息系统就是债务管理政策体系的组成部分，建立完整的、系统的债务会计信息体系成为规范化、透明化管理地方政府债务的基础，也是有效防控债务风险的必要举措。我国《政府会计准则》和《政府会计制度》于2019年1月1日实施，要求建立"双系统"的政府会计信息体系，其中对政府债务的核算和报告作为一个会计要素在其中予以规范。政府会计改革既为政府债务会计信息的生成与报告提供条件，又为深化研究地方政府债务会计系统提供理论框架。

我国地方政府债务资金管理的主体层级多，债务资金链条长，资金规模大，涉猎领域广泛；政府举债既是政府筹措资金的手段，又涉及宏观经济调控；既涉及民生，又涉及自身管理；既涉及当前资金需要，又涉及未来资金偿还。本书基于我国地方政府债务演进的历史事实和政策变革的方向，分析地方政府债务资金运营管理的目标和特征，分析在整个债务资金运动过程中所涉猎的主体，分析不同的主体对债务资金承担的责任，分析不同信息使用者对债务资金运营管理的信息需求，分析现行的、刚刚实施的《政府会计制度》的局限，提出构建全资金流程的地方政府债务会计信息体系，旨在建立与《预算法（2014）》中对债务资金"借、用、还"的流程管理相一致的信息系统。其意义在于：为完善地方政府债务管理政策及有效实施建立信息系统；在财政理论和政府治理理论指导下，为完善政府会计理论体系提供研究视角；为深化政府会计准则和制度在政府债务事项的核算和报告提供具体研究方案；为和谐政府债务关系提供债务信息披露策略；指导地方政府建立债务信息系统，提高债务资金管理绩效，有效防控债务风险。

本书以我国地方政府债务管理政策转型为线索，围绕以下问题进行了研究：

（1）以《预算法（2014）》为分界线，梳理我国地方政府债务管理政策。《预算法（2014）》实施之前，我国地方政府债务以变通的形式存在于各类政府融资平台，这类债务的快速增长，一方面隐含了较高的风险，另一方面这类债务囿于信息不透明，导致诸多的弊端。《预算法（2014）》实施之后，一方面对融资平台的债务进行置换，同时要求地方政府的融资平台不得为政府承担融资职能，应在市场规则中予以转型；另一方面，《预算法（2014）》规定地方政府只能通过发行债券举借债务，债务资金只能用于资本性公益项目，全面公开发行债券的信息。为此，围绕《预算法》梳理了现行的地方政府发行债券筹集资金的政策，厘清了地方政府债务资金的运动过程和管理政策。在这个部分中，专门对政府融资平台做了专题研究，分析其存在的客观条件和运营特点，并基于新的政策框架，提出合作转型的政策建议。

（2）以《政府会计准则》为分界线，梳理我国地方政府债务信息披露的现状问题和原因。政府会计改革之前我国政府实行收付实现制的预算会计，核算预算收支和结余的信息，预算会计系统只核算资金流量，不能全面反映政府承担的债务存量。因此，政府会计改革之前的债务信息披露存在不完整、碎片化等问题，各级地方政府对债务信息的披露存在较大差异，无法满足信息使用者的需要。政府会计改革之后，要求既按照收付实现制反映流量，也按照权责发生制反映政府承担的债务存量，扩展了债务信息容量。但是，新的政府会计准则以部门为主体反映负债要素的定量性信息，存在着债务承债主体和资金使用主体错位、不能全面反映债务资金来龙去脉的信息、不能将债务和债务资金所形成的长期资产同步反映、不能全面报告债务资金运营和管理绩效的信息等问题。这些问题的存在说明了我国政府债务会计理论和实践的不完善，需要做全面的研究与改进。

（3）以问题为导向，以政策为指引，以公债理论等为基础，对我国地方政府债务会计理论进行研究。一是理论基础的支持意义。公债理论限定了政府债务的"黄金法则"只能用于资本性公益项目，才能满足体现代际公平的受益原则；政府委托代理理论规定了政府债务会计的目标是向委托人报告受托责任；政府治理理论强调了政府与市场、与社会关系的和谐，定位了政府债务会计信息的使用者；可持续发展理论要求政府债务资源的获得、配置和使用应基于国家发展战略予以筹划；事项法会计理论具体说明了政府债务会计不能只披露货币计量的结果性信息，应该基于流程全面披露不同主体的债务资金运营和管理的信息。二是提出建立全资金流程的地方政府债务会计理论体系。地方政府债务都是基于项目建设和运营的需要而发行债券，那么，一个项目就是一个会计主体，将项目主体嵌入政府会计的体系内，建立由部门主体、项目主体、基金主体和政府报告主体组成的多元主体的会计信息体系，由项目在这个主体体系中予以承接承债主体和使用主体的资金联系，可以完整反映政府债务资金的流动过程，准确界定资金流动不同阶段的责任主体的责任，完整反映资金的取得、配置、使用、偿还和最终形成长期资产的过程，解决政府债务主体错位问题，及政府债务资金和形成的资产不匹配的问题。三是基于政府财务会计概念框架对政府债务会计的理论阐述。界定地方政府债务的概念，明确政府债务会计的目标，对政府债务进行重分类；按照权责发生制的确认基础，分别阐述不同主体的债务确认和计量原则；基于治理视角分析债务信息的需求与供给；提出并设计了债务会计信息报表形式和独立报告的基本模式，并通过案例演示部门主体、项目主体和报告主体的会计信息生成与报告，形成理论验证。因此，完整地构建了政府债务资金会计核算和报告的理论体系。

（4）对地方政府债务会计理论进行应用验证。以地方政府发行一般债券和专项债券为例，设立项目主体，具体演示了部门主体和项目主体之间的资金承接关系、会计核算关系、终端资产移交关系、项目会计核算实务和项目会计报表的编制，并对部门和项目的债务分析和报告进行示例，较为完整地形成了地方政府全资金流程的债务会计实务。同时，对我国大量存在的隐性债务做了专题研究。基于隐性债务的形成路径，对隐性债务进行重分类，按照重分类的债务项目分别提出显性化的会计控制方案。

（5）基于政府债务信息系统衍生性地对政府财务报告分析、债务风险预警和内部控制做了基础性的研究。这个部分事实上是对已经形成的会计信息系统如何利用做衍生性的研究，因为财务报告分析、债务风险预警和政府内部控制都是政府财务管理中独立的部分，并不完全属于会计信息系统的研究范畴，但是会计信息系统的质量会影响这几个部分的效果，因此，本书基于信息系统对这几个部分如何利用会计信息做了基本探讨。首先，对政府债务会计信息需求者重分类，按照信息的掌控程度和需要分为核心需求者、中间需求者和其他（松散）需求者。按照不同的信息使用者的需求目标建立债务信息报告分析板块，基于不同的板块设计基本的分析指标。其次，现行的债务风险预警机制是以事后的相关指标体系计量分析，本书提出按照债务资金"借、用、还"的环节分流程设计风险预警指标，将风险预警指标和债务资金链相联系，建立模糊综合评价法预警债务风险；将政府内部控制体系嵌入债务管理流程，建立全流程的政府债务风险控制系统，克服了过去以结果性信息静态预警风险以及事后控制风险的弊端。

本书的研究融合财政学、公共管理学和会计学的相关理论，基于政府债务融资行为研究资金流动信息的生成与报告理论，既拓展了财政学和公共管理学的理论，也深化了政府会计的理论，开辟了政府会计理论研究新领域，同时为政府及相关机构的财务管理理论研究提供方向。本书的研究结论在政府会计理论框架内设计了系统性的地方政府债务信息生成与报告体系，应用价值在于：第一，能够指导相关会计主体建立和形成相应的信息系统，以全面反映和控制债务资金的来龙去脉，反映由债务资金形成的各主体受托管理的长期资产的价值信息；第二，能够指导相关会计主体建立和完善债务资金管理制度，基于资金流程优化风险控制制度；第三，能够指导地方政府基于资金流程明确不同主体的责任，有效建立债务资金全流程和资本性项目的绩效评估制度；第四，把债务信息的生成与报告体系分别嵌入各类债务管理政策中，可以促使各类政策的有效落地，并增加政策应用绩效评估的客观性。因此，本书既适用于相关领域的专家学者做研究参考，又适用于政府有关部门做政策制定参考，同时，适用于相关专业的本硕博学生做专业学习参考。

从2005年发表第一篇《地方政府债务透明化管理的策略》的学术论文至今，笔者在本领域的研究已经有十五个年头了，十五年间我国政府对债务管理无论是理念、政策，还是实践、绩效都发生了巨大的变化，我们的研究随着时间的累积不断深耕细作，观察变化并引领前沿，研究成果如今以《我国地方政府债务会计研究》的姿态展现在大家面前。本书的出版得到国家社科基金的资助，我们期望通过本书的出版，为优化我国政府债务融资管理理论和实践尽绵薄之力，因时间和水平有限，本书的不足之处在所难免，恳请读者批评指正。

我国地方政府债务管理改革在路上，我们将与之同行。

姜宏青

2020 年 1 月 14 日

目 录

第 1 章 绪论

1.1 选题背景

1.1.1 地方政府债务合法化要求债务管理规范化

2014 年 8 月 31 日，中共十二届全国人大常委会第十次会议表决通过了修改《中华人民共和国预算法》（以下简称《预算法（1994）》）的决定，修改后的《预算法（2014）》第三十五条明文规定："经国务院批准的省、自治区、直辖市的预算中必需的建设投资的部分资金，可以在国务院确定的限额内，通过发行地方政府债券举借债务的方式筹措。举借债务的规模，由国务院报全国人民代表大会或者全国人民代表大会常务委员会批准。举借的债务应当有偿还计划和稳定的偿还资金来源，只能用于公益性资本支出，不得用于经常性支出。除前款规定外，地方政府及其所属部门不得以任何方式举借债务"。《预算法（2014）》赋予地方政府合法的举债权，地方政府可以通过发行政府债券的方式筹措资金用于公益性的资本支出。与此相衔接，同年 9 月 21 日国务院下发《关于加强地方政府性债务管理的意见》（以下简称《意见》），提出"建立规范的地方政府举债融资机制，建立借、用、还相统一的地方政府性债务管理机制，剥离融资平台公司的政府融资职能"，明确规定"政府债务不能通过企事业单位等举借，只有经国务院批准，省（自治区、直辖市）一级的政府才可适度举借债务，市县一级政府举债需要通过省级政府代为举借"。随后国务院、财政部、银监会等部门非常密集地出台一系列关于债务管理的规范性文件，着眼于"开前门，堵后门"，旨在构建并完善我国地方政府债务管理体系，依法健全地方政府举债融资机制。归纳来看，债务管理改革内容包括：界定政府债务的边界、明确举债主体、限制债务资金的举借方式及使用去向、建立债务资金的预算管理制度和风险预警制度、要求建立债务资金信息公开制度、强化债务资金监督等。

与此同时，由于《预算法（1994）》规定，"地方各级预算按照量入为出、收支平衡的原则编制，不列赤字；除国务院另有规定外，地方政府不得发行地方债券"。囿于法定举债权的限制，各地方政府绕开法律规制，通过建立投融资平台大量举债，在短短数年时间里迅速累积起庞大的债务，并从 2012 年开始进入偿债高峰。这类债务由于信息不透明，加上缺乏有效的管理和监督，成为金融风险和财政风险的头号来源。之所以如此，关键原因在于长期以来政府债务既欠缺制度化管理、又欠缺金融市场约束的现象严重，以至于没有任何有效的力量迫使地方政府担负起真正的责任（王雍君，2016）。这部分融资平台形成的债务一部分根据相关政策的规定于 2015～2018 年以地方政府的债券形式进行置换，形成了显性负债纳入预算管理，还有一部分仍然属于隐性负债部分，尚未纳入预算管理体系。

目前随着《预算法（2014）》的实施，政府债务管理处于转制时期，一方面，过去的制度规范形成的债务仍然存在；另一方面，国务院及各部委出台了一系列新的管理文件或指导意见，对新形成的债务进行规范。新旧制度衔接阶段存在一定的问题，与债务管理政策目标相比，缺乏层次清楚、衔接严密、可操作性强的债务管理制度体系。如何平稳过渡转制阶段，建立包括政府债务的决策制度、预算管理制度、会计核算制度、绩效评价制度、审计监督制度以及信息披露和分析制度等成为亟须研究的话题。其中，政府债务的会计制度成为这个制度体系的核心部分，只有建立科学有效的债务会计制度，才能将政府举债行为信息和债务资金的流动信息全面反映，才能够有效建立债务分析制度和债务监督制度，进而有效评价债务资金的绩效和防控债务风险。

1.1.2 地方政府债务风险控制需要有效的会计系统

2011 年审计署发布审计报告："截至 2010 年底我国地方政府性债务余额 10.7 万亿元。其中，政府负有偿还责任的债务 67 109.51 亿元，政府负有担保责任的或有债务 23 369.74 亿元，政府可能承担一定救助责任的其他相关债务 16 695.66 亿元。"① 2013 年审计署再次发布审计报告：
"截至 2013 年 6 月底，地方政府负有偿还责任的债务 108 859.17 亿元；地方政府负有担保责任的债务 26 655.77 亿元；地方政府可能承担一定救助责任的债务 43 393.72 亿元。"② 财政部的数据显示，"截至 2016 年末，我国地方政府债务余额 15.32 万亿元，地方政府债务率为 80.5%"③。截至 2017 年末，全国地方政府债务余额增至 16.47 万亿元，尽管按照国家统计局公布的 GDP 数据计算，2017 年我国政府债务负债率（债务余额/GDP）为 36.2%，低于欧盟 60% 的警戒线，也低于主要市场经济国家和新兴市场国家水平，但仍存在局部地区政府偿债能力弱化、风险超过警戒线、违法违规融资担保、政府和社会资本合作项目不规范等现象。④ 截至 2018 年末，全国地方政府债务余额 183 862 亿元，其中，一般债务为 109 939 亿元，专项债务为 73 923 亿元；政府债券为 180 711 亿元，非政府债券形式存量政府债务为 3 151 亿元。如果以债务率（债务余额/综合财力）衡量地方政府债务水平，2018 年地方政府债务率为 76.6%，低于国际通行的 100% ~ 120% 的警戒标准。加上中央政府债务余额为 14.96 万亿元，按照国家统计局公布的 GDP 初步核算数计算，政府债务的负债率（债务余额/GDP）为 37%，低于欧盟 60% 的警戒线，也低于主要市场经济国家和新兴市场国家水平⑤。经综合整理审计署和财政部的数据，得出近几年我国地方政府债务规模变化如图 1 - 1 所示。通过这些数据和对数据信息表达的方式可以看出：一是地方政府债务规模在总体上是不断增长的；二是数据来自各权威机构基于各自的视角统计发布；三是这些数据存在不确定性，因为不确定，所以有政府"可能"承担偿还责任的描述与披露。

---

① 审计署公告，2011 年第 35 号，全国政府性债务审计结果，http：//www.gov.cn/zwgk/2011 -06/27/content_ 1893782. htm.

② 审计署公告，2013 年第 32 号，全国政府性债务审计结果 http：//www.audit.gov.cn/n5/n25/c63642/content.html.

③ 2016 年地方政府债务余额 15.32 万亿元债务率 80.5%，2017 年 07 月 28 日，中华网．财经，https：//finance.china.com/domestic/11173294/20170728/31015397.html.

④ 杜涛．财政部要求做好今年地方债管理工作 乡村振兴等八类项目探索专项债券，经济观察网，2018 年 3 月 27 日，http：//mini.eastday.com/mobile/180327184404906.html.

⑤ 截至 2018 年末我国地方政府债务余额达 183 862 亿元风险整体可控，2019 年 1 月 24 日，中国经济网，https：//baijiahao.baidu.com/s？id = 1623510380559414262&wfr = spider&for = pc.

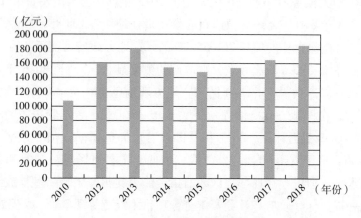

图1-1 我国地方政府债务规模变化

资料来源：2010年、2012年、2013年6月债务数据来源审计报告，债务结构包括政府负有偿还责任的债务、政府负有担保责任的债务和政府可能负有一定救助责任的债务三类；2014～2018年债务数据来源于财政部，债务结构包括地方政府一般债务和地方政府专项债务。

2017年5月24日上午，信用评价公司穆迪将中国的主权信用评级从A3下调至A1，展望从负面调整为稳定。穆迪认为，随着潜在的经济增长放缓，中国财政状况未来几年将会有所削弱，经济层面的债务水平将继续上升。对此财政部回应，穆迪基于"顺周期"评级的方法不恰当，过于主观地夸大中国当前及将来政府的债务风险。虽然财政部表示当前中国政府债务规模适中、总体风险不大，未来政府债务风险总体可控，不会发生区域性、系统性财政金融风险。但中国财科院2016年全国多省区市的债务调研结果显示，我国地方政府债务风险在不断积累：东北地区债务增长虽得到控制，但债务规模依然较大，而且部分市域和市本级政府债务率明显偏高；中部省份如湖南、江西虽然全省债务总体风险可控，但局部地区债务率偏高。中诚信国际信用评级公司最新报告也显示，贵州、辽宁、云南、内蒙古成为我国地方政府债务高风险地区，其地方债务率分别为189.01%、183.08%、141.54%、128.06%。由此可见，在风险总体可控的背后，我国局部地方确实存在一定的债务风险。

2019年4月末，地方政府债务余额增加42 719.7亿元，[①] 近五年时间增幅达27.7%。即使是与2018年末相比，债务余额也增加了12 932亿

---

① 2019年4月地方政府债券发行和债务余额情况，2019年5月20日，金融界 https：//baijiahao.baidu.com/s？id=1634018342754144954&wfr=spider&for=pc.

元，增幅约为 7%，已高于 2019 年 GDP 的 6% ~ 6.5% 的预期目标。

除了纳入限额管理的债务，地方政府还面临着规模巨大的隐性债务偿还压力，大量的隐性债务的存在，也使得地方政府债务风险的控制呈现出复杂的特征。截至目前，由于统计口径不同和隐性债务的不透明，我国地方政府隐性债务统计数据存在较大差异，各个机构与学者的估算值不尽相同。国际清算银行显示，2017 年底政府债务余额约为 38.8 万亿元，减去官方数据显性负债 29.9 万亿元，可以估计隐性债务约为 8.9 万亿元。国际货币基金组织报告显示，2017 年底增扩概念的债务、预算内政府债务（官方数据，仅包含中央政府债务、地方政府债券和显性负债）分别为 54.8 万亿元、29.9 万亿元，可以推出 2017 年底隐性债务约为两者之差 24.9 万亿元。① 中国社会科学院张晓晶等在《中国去杠杆进程报告（2017 年度）》② 中显示，2017 年地方融资平台债务约 30 万亿元，是地方政府或有债务的最大部分。一方面，大量的隐性债务客观存在，隐含着巨大的风险；另一方面，对这部分负债不能有效衡量和披露，也就不能有效地控制。到目前为止，由于对债务统计和估算的口径不同，无论是显性债务还是隐性债务，都没有一个确定的值，只能说据估算，当前的地方政府隐性债务规模应该在 20 万亿 ~ 34.5 万亿元左右，是显性债务的 1.2 ~ 2 倍。③ 债务风险问题再一次成为焦点。2018 年 8 月，《中共中央国务院关于防范化解地方政府隐性债务风险的意见》和《地方政府隐性债务问责办法》下发，旨在依法依规管控地方政府债务风险，坚决遏制隐性债务增量，妥善化解隐性债务存量，而全面摸清隐性债务的规模和结构是化解债务的前提。

由此可见，债务风险问题不容小觑，一旦地方政府债务风险爆发，势必会产生一系列连锁反应，不仅使本地区出现财政困难问题，影响其经济发展和社会建设，还会通过上下级政府的传导形成整个公共财政的系统性风险，甚至会通过金融体系的蔓延，进而引发区域性或全国性的金融危机或经济危机（缪小林，2015）。加强地方政府债务管理，控制债务风险势在必行。

---

① 姜超宏观债券研究：地方政府隐性债务规模有多大?，2018 年 7 月 31 日，金融界，https：//baijiahao. baidu. com/s? id =1607464179841494108&wfr = spider&for = pc.

② 张晓晶，常欣，刘磊：中国去杠杆进程报告（2017 年度），2018 年 4 月 10 日，经济日报，https：//baijiahao. baidu. com/s? id =1597342606483150403&wfr = spider&for = pc.

③ 姜超宏观债券研究：地方政府隐性债务规模有多大?，2018 年 7 月 31 日，金融界，https：//baijiahao. baidu. com/s? id =1607464179841494108&wfr = spider&for = pc.

然而，历年来我国地方政府债务究竟有多少？不同机构给出不同答案的现实本身，就说明尚未建立起可以全面反映债务资金的信息系统。而加强债务风险管理与控制的前提是能够全面准确地了解地方政府债务规模、结构、使用、偿还等信息。国际经验也表明，凡发生债务危机者，大都是由于隐藏信息所致，而化解债务危机的第一步，通常都是从信息披露开始的。全面透明的债务信息是保障政府债务安全有效运行的前提。高透明度与高质量且全面的政府债务信息可以帮助信息使用者更加清晰了解政府债务资金的筹资方式、运用流程、使用以及偿还情况，对将来发生的资金流出和潜在债务风险的概率做出合理预测，对债务风险形成有效的监控（戚艳霞，2013）。而此类债务信息的生成和披露则依靠于会计系统功能的发挥。倘若没有一套完善的地方政府债务会计系统，即：在不能有效核算债务的总量信息、结构信息、使用信息以及偿还信息的前提下，那么，所有针对地方政府债务风险开出若干管理与控制的"灵丹妙药"都只能是"画饼充饥""药方"无法落实，也就必然不能有效防范由于债务产生的诸多风险。

　　因此，从控制地方政府债务风险的角度来看，建立健全一套科学完整的地方政府债务会计系统，对政府债务资金来龙去脉信息进行全面、准确地核算和报告是十分必要的。然而，到目前为止，我国尚未建立一个可以全面系统核算地方政府债务的会计信息系统，各地方政府通过申报和摸底的方式进行统计和上报债务信息，债务信息基本靠统计数据和相关机构的估算或推算获得。政府及社会不同研究机构公布的地方政府债务数据存在差异，一方面，难以形成用于决策和监督管理的信息；另一方面，也扰乱了政府公开信息的基本秩序，导致政府信息公开信任度的下降。因此，在政府会计改革的背景下，建立能够全面反映地方政府债务资金来龙去脉的会计信息系统，构建能够披露不同层级政府、不同期间债务总括信息和结构性信息的债务报告成为迫在眉睫的改革事项。

1.1.3　我国地方政府债务管理的现实问题促使债务会计的改革

1. 地方经济的发展与民生需求赋予政府举债的现实性。

　　当前，随着我国经济步入"增长速度换挡期、结构调整阵痛期和前期刺激政策消化期"三期叠加阶段，中国经济的转型与发展既面临着诸多机会，也面临诸多的挑战和阻碍，同时，国家治理现代化改革也逐步要求全面调整政府和市场及社会的关系，政府一方面承担着发展经济、促进经济社会可持续发展的职能，另一方面承担维护社会稳定、缓和社会矛盾的职能。要更好地承担起上述两个方面的政府职能，就需要地方政府的财力支持。另外，近年来我国经济高速增长，城市化进程与工业化进程加快推进，资金需求也随之增大。城市化进程需要基础设施的支持，工业化进程需要配套的技术资本，从而满足人口急剧增长的需求。尤其是我国地区间经济发展不均衡，东部地区较为发达，中西部地区不仅产业结构单一，而且资源短缺，在教育水平、医疗卫生等方面均与东部地区有较大的差距，更需要充沛的财力来缩小该差距，但由于资源短缺而不能筹措到发展经济所必需的财政资源，故而不得不通过举债的形式参与地区间竞争。综合以上给地方政府带来巨大资金需求的经济、社会因素，不仅对政府财力提出了要求，也对政府资金管理能力与管理绩效的提升提出了要求，但地方政府投融资体系不完善，社会以及私人资本在公共领域的投入还有待政策支持和引导，在财政支出不能通过税收有效满足时，政府只能通过举债的无奈之举来满足经济社会发展的资金需求。

在财权上，我国目前实行的是分税制财政管理体制，根据 1994 年实行的分税制，中央政府提高了占财政收入的比例，地方财政收入占总财政收入的比重下降，而地方政府提供公共产品和服务的责任随着城市化进程的不断推进而更加沉重。调剂中央和地方财政资金平衡关系的制度是主要转移支付制度。一方面，转移支付大多属于专项转移支付，不仅对资金的使用提出较大的限制，而且需要地方政府提供配套资金，在平衡地方财政收支方面存在局限；另一方面，由于各级政府的权责不清晰，在资金的调配和使用上存在一定的盲目性。地方政府与中央政府之间的事权与财权划分不合理，地方政府承担较重的事权，而给予较少的财权，且近年来，在中央层面，教育、医疗等公共事业的运行标准不断得到提高，地方政府的收支缺口不断加大。

2. 地方政府投资与政绩驱动导致债务规模的增长。

随着社会主义市场经济体制的不断改革和完善，要求政府转变政府职能，只在市场失灵的地方加强对经济的干预，从而更好地发挥市场在资源配置中的决定性地位，以及更好地发挥政府的作用。然而，在地方市场机制不够成熟，导致无法实现或缓慢实现地方产业机构升级与经济运行效率的提升的情况下，政府开始过度干预经济运行状况，不仅扭曲了正常的市场机制，而且加大了政府支出。而且，对地方政府官员的绩效考核机制过于重视地方经济增长、基础设施建设以及招商引资数量等经济指标，从而导致地方政府官员的短期行为，盲目举债，甚至为提高政绩大搞"形象工程"，进一步造成政府支出盲目扩张的局面。据《中国经济周刊》2019 年

8月7日的报道：贵州省黔南州独山县年财政收入不到10亿元，却大搞形象工程，使得地方背负400多亿元的债务，其县委书记被查。这种只为在形式上提高政绩，不考虑长远发展以及继任者的债务负担，而大量举债的地方基层政府不在少数。由于缺乏有效的问责机制，地方政府在借债时往往忽略债务风险评估，造成了债务规模的急剧扩张。另外，财政资金管理链条较长，且财政资金的运行周期过长，也使得管理财政资金的难度大大增加。

3. 现行债务管理制度与核算制度不健全促使债务会计的改革。

原《预算法（1994）》规定地方政府不得发行地方政府债券，导致地方政府以各种变相的方式举借债务，使得债务隐蔽性强，游离于政府组织管理体系之外，在政府中没有建立有效的管理机制，各级地方政府也没有真正建立提高债务资金管理能力，进而提高理财能力的制度体系。随着地方政府债务管理的规范化和透明化，地方政府债务管理机制在逐步建立，渐进式的制度变迁过程，仍然存在很多问题，包括：债务资金归口分级管理，缺乏整体的管控和规划机制；对于债务过重与亏损项目的问责机制缺失；地方政府债务的强隐蔽性以及政府债务在统计、计量与协调方面能力的不足，不能清晰反映地方债务的增长情况与具体额度，相应的风险预警机制也无法随之建立；并且地方政府债务决策、监督和评价机制尚未健全，重视短期政绩，忽视长期规划；我国政府习惯性对于基础设施建设项目大包大揽，社会资本进入比较困难；大量的基础设施建设形成的资产难以进入政府会计核算体系，难以和债务资金的变化相联系，在对地方政府的偿债能力和信用评级等方面不能形成客观的评价。此外，地方政府与金融机构、融资机构之间存在数不清、道不明的联系，更加方便了地方政府的举债行为。

所谓的政府会计，是指对政府中具有财务意义的交易和事项进行确认、计量、记录和报告的活动（张增莲，2015）。会计核算和披露的目的是如实反映会计主体所发生的经济事项或活动，并提供给信息使用者以满足其需求，这一点对于政府债务也是同样适用的。对债务的核算应该做到完整、全面、如实地反映债务资金的来龙去脉，这也是强化债务管理、防范债务风险的要求。但是就我国现行地方政府债务核算和披露的现状来看，严格来说，在双轨制会计模式、权责发生制政府综合财务报告真正落地之前，对地方政府债务的核算和披露主要是以收付实现制为基础的预算会计。在这种核算报告模式下，能够按预算管理要求及时体现政府债务收支，有利于政府预算的实施，在加强预算管理控制、提升公共财政资金管理效果等方面，发挥了重要作用。但从全面、完整反映的要求、从信息需求的视角来看，现有债务核算报告体系是存在局限性的。收付实现制确认基础记录的债务，无法反映当期已经发生但实际尚未支付现金的直接隐性负债，及未来可能引起支付现金的或有负债等债务信息，进而导致大量的直接隐性负债与或有负债，尤其是大量的基于政府公共项目和基础设施建设的债务游离于政府会计核算体系之外。有数据显示，截至 2014 年末地方政府存量债务中，仅政府债券和外债转贷等少量债务纳入预算管理，占债务余额的 10% 左右。也就是说，地方政府债务的完整性是得不到明确反映。除此之外，地方政府债务统计报告也是信息披露的一种方式，统计报告由于口径和时间的问题，一方面，信息的系统性、完整性和可比性会存在一定的局限性；另一方面，因为缺少计算资产负债率、流动比率、速动比率等反映地方政府偿债能力和债务风险的财务信息，可能无法满足地方债的投资者、评级机构和监管部门等会计信息使用者的需求。而《政府会计制度》从 2019 年 1 月 1 日开始实行，尽管规范了权责发生制的确认基础，核算规范的会计主体承担的负债，但是，一方面，在全流程反映政府债务资金的信息方面还存在局限；另一方面，并没有将政府承担的债务和受托管理的资金全部纳入权责发生制的会计改革范围，此外，对大量隐性债务显性化方面缺乏有效的对策。所以，目前的政府会计系统在和政府债务管理的其他政策的整合和"全流程、全方位、全覆盖"的财政资金绩效管理要求方面仍然存在改革的空间。

1.1.4　政府会计改革为构建债务会计信息系统提供契机

张国兴（2008）曾总结道，"政府财政困难，是政府会计改革的内在动力"。纵观世界各国的政府会计改革，无论是已完成的，还是正在进行的，无不是因此展开的。20 世纪 80 年代，以美国、英国、新西兰等为代表的西方国家为解决严重的财政赤字、巨额债务压力、行政效率低下、信息不透明等问题，先后开展了一场声势浩大的新公共管理运动，同时在政府会计领域进行权责发生制的改革。进入 21 世纪以来，欧洲一些国家的政府债务规模急剧膨胀，政府面临巨大的财政压力，甚至希腊、冰岛、意大利、葡萄牙等国相继爆发了严重的主权债务危机，其根本原因是相关国家政府财政财务管理松懈，长期入不敷出，导致债务规模不断膨胀，最终步入不可持续的境地（娄洪等，2012）。欧洲债务危机事件为世界各国敲响了警钟，各国不得不重新审视本国政府财务管理体制，纷纷将政府会计改革提上重要的议事日程。在我国，自从中共十八届三中全会从全面深化改革的战略高度，在《中共中央关于全面深化改革若干重大问题的决定》中明确提出要建立权责发生制的政府综合财务报告制度，标志着新时期的政府会计改革缓缓拉开序幕。

2014 年《国务院关于批转财政部权责发生制政府综合财务报告制度改革方案的通知》发布，正式启动了我国政府会计改革，《通知》提出建设权责发生制的政府财务报告制度，在 2020 年之前建成具有中国特色的政府会计标准体系。为有效落实这个改革方案，2015 年 10 月财政部公布了《政府会计准则——基本准则》，建立了相互联系又适度分离的"双系统"的政府预算会计和财务会计体系。《预算法（2014）》赋予了地方政府合法的举债权，并在举债主体、资金用途、举债规模、举债方式和风险管控等方面做了相关规定。《意见》对政府举债的规模、程序和资金用途等方面进行了严格而详细的限定，同时明确把地方政府债务分门别类地纳入全口径预算管理，实现"借、用、还"相统一，以及完善债务报告和债务信息公开制度。《权责发生制政府综合财务报告制度改革方案》提出，适度分离政府财务会计与预算会计、政府财务报告与决算报告功能，建立以权责发生制为核算基础，以编制和报告政府资产负债表、收入费用表等报表为核心的权责发生制政府综合财务报告制度，以全面反映政府资产负债、收入费用、运行成本、现金流量等财务信息，促进政府会计信息公开。《政府会计准则——基本准则》明确了政府会计的目标和基本组成，规范了双系统政府会计的信息质量、会计要素、确认基础和信息披露方式。政府负债既是各地方政府筹措资金的方式，也是政府会计的一个会计要素，纳入会计核算体系成为衡量政府负债的基础工作。此次改革对地方政府债务的本质内容进行了重新解读，这意味着与以往相比，地方政府债务的会计处理从范围、确认、计量到报告都发生了巨大的变化，为科学、规范地核算地方政府债务提供了良好的契机。如何基于政府会计改革的基本政策要求，构建一个科学完善的地方政府债务会计系统，作为地方政府债务的信息载体，连续系统全面地反映地方政府债务的信息，实现债务信息的规范化和透明化，实现与《预算法（2014）》《意见》《政府会计准则》等政策的有效衔接，为加强债务管理和防范债务风险提供信息支持，进而提高各级地方政政府债务资金管理能力。

综合来看，作为全面、系统地反映和监督政府债务资金来龙去脉的重要信息来源，我国当前的政府会计还无法有效反映政府债务规模、期限结构、偿债和履约情况，以及政府债务形成的资产情况。债务信息披露的不完整、不准确已经成为我国实现政府债务的全口径管理和动态监控的理论框梏。进行政府债务会计改革，在政府会计的框架内建立一个有效的债务会计系统，对地方政府债务资金进行完整全面的核算和报告，既全面披露地方政府的债务资金信息，满足各方利益相关者的信息需要，又以此为突破口，促使地方政府检视资金管理的制度缺陷，提高财政资金的管理水平，就显得尤为重要，同时，也为深化政府会计理论和实践研究提供方案。

1.2 文献综述

1.2.1 地方政府债务管理研究及述评

国际会计师联合会公共部门委员会（Public Sector Committee，PSC）于1995年发布研究报告《研究6：负债的会计处理和报告（study 6：Accounting for and Reporting Liabilities)》，指出政府债务披露内容不应局限于直接显性债务，还应包括长期债务，对或有事项和承诺事项导致的风险和潜在义务进行披露，有助于政府有效决策和履行受托责任。国际货币基金组织（IMF）在2001年公布了《财政透明度手册》，要求政府资产负债表基于权责发生制的编制基础，全面反映包括债务规模信息和比较信息在内的政府债务信息。同时在附注中披露债务的确认与计量方法以及对财政风险产生重大有利或不利影响的或有债务情况。美国经济学家苏雷奇·圣达雷森（Suresh M. Sundaresan，2005）认为，政府面临的债务风险大多数都与或有债务相关，因此，需要将包括或有债务的所有债务信息都反映在财务报告中。世界银行高级经济学家哈那·波拉克瓦（Hana Polackova）认为，凡是政府应当承担的支出责任，均可视为政府的债务，并从法律责任和道义责任、债务责任确定性和非确定性两个维度提出著名的"财政风险矩阵"，将政府债务分成四类：直接显性债务、或有显性债务、直接隐性债务、或有隐性债务。由此可见，政府及其相关机构由于履行其职能而承担的现实义务和未来潜在义务都应该纳入政府债务管理的范畴。

1. 关于地方政府债务管理制度体系研究。

我国学者对地方政府债务管理的研究成果很丰富，研究视角多元，研究方法涵盖规范和实证研究。本书聚焦政府债务管理制度体系，将文献综述视角锁定在债务管理模式、体制机制及制度建设研究领域，多数学者主张借鉴国际经验构建适合我国的地方债务管理模式，然后在此基础上建立完善相应管理体制制度，提出的措施或建议包括了地方政府债务举借、使用、偿还、风险管理、债务监督等运行过程中的决策、组织、规划、指导、监督和调节等一系列管理活动。

具体来说包括以下两个方面：（1）债务管理模式的选择。特蕾莎和克雷格（Teresa and Craig，1997）对世界各国的地方政府债务管理模式进行汇总，依据债务管理分权程度由高到低，将其分为市场约束型、共同协商型、规则控制型和行政约束型。有学者在国际借鉴和我国实情考虑的基础上，得出结论支持规则控制模式型或行政约束与规则控制组合模式。张志华等（2008）认为，适合我国现实的债务管理模式应当是制度约束和行政控制二者相结合的模式，即首先建立一套行之有效的债务管理制度，然后将地方政府性债务管理纳入行政管控范围，从而弥补当前地方政府性债务管理的缺位。李青和韩立辉（2013）认为，债务管理模式应适时从行政管理向法规控制转变，在以中央政府控制为主的同时，针对地方政府的财政收支状况与债务偿还能力的差异，适度引入地方政府债务自我约束机制，从而建立对地方债务的硬约束机制，消除中央政府的隐性担保。杨雅琴（2013）建议，建立以制度约束为主、辅之以行政控制的地方政府债务管理模式。薛军和闻勇（2015）指出，在地方政府事权不断下移、财权不断上收的财政体制下，行政约束型管理模式已经很难立足，相比而言，规则控制型是我国地方政府举债可以采取的可行模式。崔兵和邱少春（2016）基于制度分析的视角认为，鉴于当前过渡性制度安排的"杂种治理"特征在绩效方面不完善，存在可改进的地方，因此为硬化地方政府预算约束，我国现阶段行政控制的债务管理模式应逐渐向规则控制的债务管理模式转变。廖乾（2017）通过梳理典型市场经济国家在地方债管理方面的成熟做法和经验指出，符合当前的选择是"制度约束＋行政控制"的模式，即以建立完备的地方政府债务管理法律制度体系为方向，同时将行政控制作为阶段性制度缺位的有益补充，科学、全面地加强对地方政府债务的管理。（2）债务管理体系及制度的建设。马金华等（2010）通过分析我国地方政府债务管理的现状，并结合美国和日本的地方政府债务管理特点和方式认为，我国应该从制度上建立完善的政府债务管理组织架构、政府债务预算管理模式、政府债务预警体系、地方政府债务信息公开披露制度。李虎（2013）建议完善监督制约机制及法律法规建设，建立健全债务担保及偿还机制，加强风险意识，建立地方债务风险防范及控制机制。刘金林等（2014）提出我国地方政府债务管理改进的总体思路应是从规模管理向结构管理转变，从多头管理向归口管理转变，从而实现内外债的统一管理。

尹启华和陈志斌（2016）指出我国地方政府债务制度的重点在于：加强政府债务管理制度的顶层设计、强化地方政府领导干部问责机制、探索有效的平台转型改制配套措施、构建协调的财税制度框架、加强政府综合财务报告制度改革。刘尚希等（2017）认为，基于确定性思维的公共债务管理模式与公共风险的不确定性无法有效匹配从而导致"制度失灵"，从而主张放在公共风险的视角解决债务问题，通过政府治理体系的优化，明确界定风险责任，有效识别和预警公共风险，利用市场和社会的力量协同治理公共风险。马恩涛和孔振焕（2017）针对债务限额管理存在的诸多问题，设计出防范我国地方政府债务风险的债务限额指标体系。朱娜（2018）基于世界银行地方政府 DeMPA 模型，对地方政府债务管理制度设计和执行绩效进行测评，根据测评结果提出地方政府债务管理制度的政策建议。王朝才和赵斌（2018）通过对我国地方政府债务管理的历史的回顾以及现状的解析，提出我国地方政府债务管理的政策应对。沈雨婷（2019）认为，中国地方政府债务管理体系建设需要从建立健全行政管控包含的制度与政策和完善市政债券交易面临的市场规则两个方面入手，并通过留出过渡时期与设计一套过渡计划，侧重对债务的直接调整与管控，使现存的债务风险得到逐步平稳化解，向设计的行政管理与市场管理制度发展。周晓亚和万晓萌（2019）通过梳理问责案例，从问责事由、问责对象、问责主体、问责方式和问责程序等角度着重解析了现行的问责体系，并提出完善问责体系的政策建议。

2. 关于多视角的地方政府债务管理研究。

由于地方政府债务资金涉猎领域广泛，债务管理理论涵盖不同的学科，债务管理实践跨越宏观管理和微观管理多个层面，因此，学者们对债务管理及风险控制的研究呈现出不同的研究视角。

从经济学视角的研究观点：有学者用倒"U"型关系描述政府债务与经济增长的关系，即在债务存量较低的情况下，其对于经济增长发挥促进作用，但随着债务存量的增加，其对经济增长的边际促进作用不断减弱，甚至出现负效应（Rogoff and Reinhart，2010）。赵新泉和陈旭（2018）进一步指出，政府债务对经济增长的影响存在非线性效应，即当经济增长率高于利率时，政府债务对经济增长具有正向效应；当经济增长率低于利率时，政府债务对经济增长的影响为负。鉴于此，王立勇（2015）提出政府应着手控制债务增长态势，降低债务规模，使债务有效发挥促进经济增长的积极作用，而真正能够控制地方政府举债冲动与债务规模的根本举措在于划清政府与市场的界线，让地方政府回归公共服务的本质职能（王志凯，2015）。刁伟涛（2016）指出，目前举债方式不规范、债务利率偏高、债务期限较短等因素都或多或少地减弱或恶化了其经济增长效应，当务之急在于规范地方政府举债机制、降低债务利率水平、优化债务期限结构。庄佳强（2017）认为，在制定举债增支的积极财政政策时，应考虑到地方政府性债务对经济增长的短期效应和长期影响，在地方政府性债务的管理中，采用动态测算的负债率阈值作为债务预警指标，以更有效地判定地方政府性债务风险。陈志刚和吴国维（2018）认为，简单扩大举债规模以刺激经济增长的方式不可取，地方政府应根据负债程度和地域差异调整负债策略，并提高债务资金利用效率。从审计视角的研究观点：曾康霖和吕劲松（2014）认为，在地方政府债务管理中，审计具有预防、揭示和抵御的免疫系统功能，进而提出审计关注要点：债务规模和风险情况、债务管理情况、债务资金的举借情况、债务资金投向和使用情况、融资平台公司管理情况、政府债务管理过程中遵守法律法规情况。从预算管理视角的研究观点：郑洁和翟胜宝（2014）从预算约束切入，提出以预算管理为龙头，完善政府间事权与支出责任的划分、加强地方政府债务预算法制化建设、规范地方政府举债融资机制、严格地方政府性债务支出管理，并编制专门的债务预算；马海涛和崔运政（2014）继而提出地方政府债务纳入预算管理的三步：继续按照公共预算的模式，将部分有法律依据的地方政府债务纳入公共财政预算，同时在全国范围内推行附属模式的债务预算，最后积极创造条件编制复式债务预算。王婷婷（2017）提出，以建构财政责任规则为中心，通过强化预算约束，完善信用评级、风险监测、信息披露制度以及制定严格的违法举债追责制度，使我国地方政府性债务的治理走上法治化道路。马蔡琛（2018）针对我国地方政府债务管控体系面临的主要挑战，提出逐步构建利益相关主体共同治理的债务管理新格局，推行结构性预算平衡准则以及在地方政府层面上施行任期内预算平衡的财政管理机制的优化地方债务管控机制的路径选择。从政府权责视角的研究观点：伏润民和缪小林（2014）指出，在地方政府债务权责时空分离常态下，表现出债务主体间的信息不对称，从而助长了地方政府非社会利益对债务增长的驱动，导致债务超常规增长及风险产生。因此，保持地方政府债务权责一致是加强债务管理控制其风险的关键。还有学者提出政府债务应该纳入政府绩效评价与考核范畴，如韩增华（2010）借助新绩效预算的原理，将绩效评价和地方政府的债务管理相结合，发挥地方政府在对债务管理方面的能动性，创新了管理债务的主体；卢侠巍（2014）强调对于债务资金要建立动态监控体系，用在关乎民生的关键领域，明确评价绩效。仲凡

（2017）利用矩阵法将地方政府划分为四类地区，分别对其债务管理提出针对性建议，财政部应基于地方政府在管控债务风险与提高债务绩效等方面的表现，对地方政府债务规模与新增债务限额实施动态管理，重新配置不同地区的新增债务限额。鉴于绩效评价的滞后效应，可使用近 2～3 年的绩效评价的平均值作为对债务动态管理的依据。岳红举（2018）基于财政分权视角提出地方债管理主体的构建应立足于《预算法（2014）》的逻辑，遵循集中与分层次管理相结合原则，既要确保地方债不突破中央政府的管控，又能调动地方政府积极性。胡欣然和雷良海（2018）从新供给理论的角度，对我国地方政府债务存在的合理性和必要性进行了分析，并基于供给侧结构性改革视角为解决地方债管理问题提出了建议。

3. 地方政府债务管理研究述评。

学术界从不同角度对地方政府债务管理制度的构建与完善进行研究，在构建适合我国实情的债务管理模式方面，在管理机构、举债主体、举债方式、资金用途、债务监督、风险预警、信用评级等具体方面进行制度建设的研究等方面达成共识，同时对如何充分发挥审计、预算管理、绩效管理等职能在加强债务管理方面的功能及作用也不乏建设性的策略。建立和健全地方政府债务管理制度在有效提高地方政府资金管理能力，提高债务资金管理绩效，有效防控债务风险，促进地方经济发展和改善区域公共基础设施等公共产品的提供方面具有重要的意义，多数观点已经在最近两年出台的债务管理规范中得到政策体现，这是本书研究的制度基础。然而，地方政府债务管理不仅是政府宏观管理问题、财政问题或经济学问题，更是微观管理问题或公共管理的问题，是公共部门财务管理的问题和会计问题。对地方政府债务进行管理，必须基于债务资金运动的过程，梳理全过程中的相关主体的权责关系，客观反映资金运动的信息，通过信息控制债务资金的使用目标，分析和控制风险，协调各相关主体的权责关系和利益关系，进而达成债务资金管理绩效目标。然而，从学术研究成果来看，基于公共管理视角的政府债务管理制度研究还比较少，基于政府公共部门财务管理视角的研究也不多，本书研究以公共管理理论为基本依据，将政府财务管理和债务资金管理进行结合，在政府公共财务管理框架中构建政府债务会计制度，将《预算法（2014）》中规范的政府债务的借、用、还环节以资金流动为线索，予以有效的控制和监督，从而实现债务管理绩效。

1.2.2　地方政府债务会计研究及述评

随着地方政府债务管理的规范化和政府会计改革的不断深入，对政府债务的会计研究成果日益丰富。从会计学视角研究地方政府债务问题，早期的学者针对我国政府债务信息不透明的现实基于风险管理防范目的研究政府债务的信息披露问题，整体上构建了地方政府债务会计体系或系统（孙芳城和李松涛，2010；杨亚军等，2013），而随着政府会计准则（包括基本准则和具体准则）的陆续颁布，更多的学者就会计程序，即会计确认、计量、报告的诸多方面展开更加深入的研究。

1. 地方政府债务会计主体的研究。

研究地方政府债务会计，首先应明确会计主体。会计主体规定了财务会计所应处理的交易、事项的空间范围，从而规定了财务报告的内容与边界，即为谁报告、报告谁的经营、财务活动（葛家澍，2002）。会计主体一般包括会计记账主体（或称核算主体）和会计报告主体（亦可表述披露主体）。关于地方政府债务会计主体的研究观点主要包括：李敬涛和陈志斌（2015）以政府是否负有偿还责任为主要界定标准，提出中央政府与地方政府两层报告主体结构。李冬伟等（2014）从控制权和所有权的界定标准出发，将基本政府及基本政府负有债务责任的组织纳入政府债务会计报告主体范畴。基于政府受托责任观和财政管理要求，陈穗红和石英华（2009）、郑兴东和王明虎（2014）提出多层次的政府会计主体结构，具体包括各级政府整体主体、政府部门主体、政府所属机构或组织主体以及基金主体。也有部分学者研究涉及核算主体：为适应我国公共管理体制不断创新的客观要求，叶龙和冯兆大（2006）在借鉴 GASB 成功经验的基础上，从组织性质和资金来源与用途两个角度提出我国在构建政府会计主体理论时可考虑双元模式，即政府主体与基金主体；孙芳城和俞潇敏（2012）认为，应区分核算主体与报告主体，核算主体负责各会计期间自身债务的核算，包括地方政府、融资平台公司以及其他公共事业单位，会计期末时则是将三者作为一个报告主体，汇总披露所负债务情况；王喜梅（2017）认为，地方政府债务风险管理机制有效性的标准之一应该是举债主体与事权主体应尽可能一致，即借、用、还的主体一致，明确举债主体和跨期的偿债责任，使得负债可得性和偿债激励保持一致，形成自我约束。姜宏青和杨洁（2015）基于我国政府承担着大量基建项目的现实，以基建项目专款专用的管理特点，提出应在政府会计体系中增设临时"项目主体"，以单独核算此类资金的运营情况。在此基础上，姜宏青等（2018）又提出我国地方政府存在着债务资金承债主体和运营核算主体错位问题，应该拓展政府会计核算主体，分别按照部门主体、项目主体和基金主体归集债务信息，并在个别主体财务报告的基础上建立地方政府的独立债务报告制度，以全流程反映地方政府债务资金的来龙去脉，清晰界定不同主体的责任。会计主体假设是对会计核算的环境特征的表明，经济环境总是在不断变化的，假设也应随之变化。分析学者们关于主体的研究成果，可发现其研究结论并不仅仅局限在狭义政府（中央、地方政府及相关政府部门），研究方向正朝着广义政府概念、双元主体、多元主体拓展。

2. 地方政府债务会计确认和计量的研究。

（1）关于地方政府债务确认基础的研究。关于地方政府债务确认基础，安德鲁·利基尔曼（Andrew Likierman，1998）指出，政府会计核算应以权责发生制为核算基础，一方面可以强化对公共支出的计划和控制，另一方面可以为国家层面提供公共支出的整体战略信息。希克斯和切斯特（Hicks and Cheste，1999）、托尼·戴尔和伊恩·鲍尔等（Tony Dale and Ian Ball et al.，1999）认为，采用权责发生制的会计核算基础能够对政府资产和负债实施持续性管理，并可以使隐性债务显性化。汤姆·艾伦（Tom Allen，2002）指出，收付实现制的编制基础能够提供政府运营的相关信息，而采取权责发生制编制基础能够评估政府的财务责任。随着权责发生制政府会计观念在我国的不断引入和深入，我国学者普遍支持政府会计应采用权责发生制。邢俊娜（2004）认为，为了更详细、更充分地反映财政负债信息，应引入权责发生制原则，扩大财政负债核算范围。王鑫和戚艳霞（2012）剖析了当前经济环境下宏观管理理念和微观市场运作对政府债务会计权责发生制的现实需求和内在价值诉求，得出我国当前适宜采用渐进式的权责发生制结论。赵利明等（2012）提出，地方政府债务会计改革应该分两步走：①现行债务核算模式下，通过双分录原理，对净资产进行调整，同时记录地方政府债务预算收支；②引入权责发生制，采用"双计量基础"对地方政府债务核算进行变革。孙芳城和俞潇敏（2012）提出，预算收支表等预算报表以收付实现制为基础编制，资产负债表、运营成果表等财务报表通过权责发生制进行编制。陈穗红（2015）认为，政府会计应该适度引入权责发生制，以便于全面核算与披露政府的长期债务。陈菁和李建发（2015）从城投债视角出发，认为应将包括融资平台债务在内的债务纳入以权责发生制为基础的政府综合财务报告制度体系。郭煜晓（2018）提出，以权责发生制为基础来确认政府或有负债，意味着以未来"应支付"作为判断基准全面考察政府债务：符合直接负债确认标准的，计入政府的相关财务报表；不符合直接负债确认标准但属于或有负债的，则视情况在财务报表或附注中予以披露。

（2）关于地方政府债务计量的研究。关于地方政府债务计量的研究多集中在计量属性上。学者们普遍赞同：核算政府债务时，有必要在单一历史成本的基础上，适当补充采用公允价值、现值、现行成本、可变现净值等计量属性。比如，对于偿还金额不确定的债务，初始确认时采用历史成本，在使用过程中采用公允价值可及时反映风险的变动情况；对于非常重要的债务或者价值波动比较大的债务，可以以市场现值表现（王鑫和戚艳霞，2015）；对于诸如农村社保基金缺口、公共投资项目未来的资本性和经常性支出以及社会保障基金缺口等可以采用现值法（杨亚军等，2013）。对于政府或有负债，应该坚持两条原则：基于现值和期望现金流量法，即按照未来期限内需要支付的预计净现金流出量的折现额来计量或有负债（郭煜晓，2018）。其他方法还包括场数据（或历史数据）法、期权定价模型、模拟模型等（马蔡琛和尚妍，2016）。

3. 地方政府债务信息披露的研究

（1）关于债务信息披露方式的研究。我国尚未形成完整的地方政府债务信息披露制度，地方政府债务信息主要通过预算会计报告和财政预决算报告的形式与其他财政信息一同披露（陈志勇和王银梅，2014）。鉴于此，多数学者主张建立政府财务报告制度，应编制并完善政府资产负债表，以该表为主要载体，并辅以报表附注，两者结合提供详细的政府债务信息。张子荣（2014）以审计署公布的全国政府性债务审计结果为基础，试编了我国地方政府的可流动性资产负债表，资产栏是地方国有经营性资产和地方政府在中央银行的存款两类，负债方是审计报告公布的债务统计口径，建议完善资产负债表结构，提高地方政府负有债务的透明度。李冬伟等（2014）提出借鉴企业会计准则的做法，编制地方政府资产负债表和现金流量表，地方政府债务报表和表后附注共同组成地方政府性债务报告。李敬涛和陈志斌（2015）提出，政府的公共品负债应以政府资产负债表为主要披露载体，同时辅以表外披露的形式。赵全厚（2014）从风险管理与预警的角度出发指出，地方政府债务信息披露是风险管理与预警的重要手段，为此要建立常规的、公开规范的地方政府性债务核算制度，并提出试编政府资产负债表和现金流量表，将其进行如实披露。王芳等（2017）则主张编制专门的政府债务报表，通过政府负债明细表、政府债务资金用途明细表和政府或有负债明细表等披露债务情况。孔岚茜（2017）基于政府财务信息披露视角，从提高政府财务信息质量、完善政府财务信息披露制度、改善制度环境、构建地方政府债务融资风险管控机制四个步骤构建地方政府债务融资的管控机制。李红彩（2018）提出在地方政府的年度报表中建立单独的负债信息专栏，真实反映年度负债信息。张玉双（2018）认为我国地方政府债务信息披露应该借助于现代网络技术，采用超链接、声音、视频等更加直观的报告方式，而不是局限于目前现有的文本形式和静态的表格等形式，比如可以借助微博、微信等媒体平台，加强政府与公众的沟通，及时全面地在平台上公布政府财政信息。姜宏青等（2019）认为，应该拓展会计系统，建立多轨制的政府会计信息体系，政府会计在完善双系统会计核算体系的同时应建立政府绩效会计（或管理会计）信息体系，对会计事项按照绩效目标进行重新分类，全面反映债务项目的投入产出信息，强化合作各方的行为与合作过程、合作结果的信息组合，随时衡量和控制合作绩效。

（2）关于债务信息披露内容的研究。地方政府债务信息包含甚广，究竟哪些信息应该纳入披露范围，这一直是学者们研究的重点。有学者基于政府会计改革视角提出，所披露的政府债务信息既需要反映债务资金的筹集和运行是否符合预算规定，又需要反映政府债务资金的财政状况、成本和绩效（王鑫和戚艳霞，2015）。有学者基于透明度视角认为，政府应以全面、可靠、易理解、可比较和定期的方式，向公众和资本市场充分披露债务信息，包括债务存量、增量、发行、使用、偿付和管理方面的信息，而在这些信息中，至少有三个层次的信息披露需要特别强化：现状（究竟欠了多少）、可持续（当前政策可持续吗）、易损性（各种冲击因素会导致财政状况迅速恶化吗）（王雍君，2016）。还有学者建议对地方政府信息进行披露的同时，还要披露有关于债务的预测、时效性和专业审计标准等内容（马海涛，2011）。有学者基于债务风险防范视角进行研究：朱文蔚（2014）认为，地方政府债务信息披露内容应该涵盖地方政府债务的整体状况、预算年度举借与偿还金额、偿还资金来源、政府对外担保债务及债务余额等内容，进行预警标识，将细化的地方政府债务预算提交到同级人大审批。易玄和刘诗若（2018）认为，对于或有负债，可以从债务类型和偿还时间以及所属部门角度进行披露，对可量化部分进行详细披露，不可量化部分进行科学分类和描述，进行持续评估以降低因或有债务引发的风险。有学者基于信息的完整性视角进行研究：张锐（2018）认为，债券的发行要保持全程而完整的信息披露，在专项债券存续期内，地方政府应按有关规定持续披露募投项目情况、募集资金使用情况、对应的政府性基金或专项收入情况以及可能影响专项债券偿还能力的重大事项等。有学者基于公共品短缺问题视角进行研究：李敬涛和陈志斌（2015）认为，将公共品供给责任以政府负债的形式予以披露，是推进公共品领域政府问责的有效途径，为此，应尽可能地将公共品短缺涉及的公共品领域纳入政府负债的披露范围，重点包括环境治理、基础教育、医疗卫生、社会保障、公共安全等与公众切身相关的领域。门韶娟和纪美斐（2019）则认为，应该充分发挥政务信息公示平台的作用，向社会公布债务信息，如债券发行、当年债务到期金额、债务偿还和置换情况、债务资金使用情况和项目进展情况等，方便群众进行搜索和监督。

4. 地方政府债务会计研究综合述评。

纵观学者们对于地方政府债务会计的研究，可以发现，对构建政府债务财务会计信息系统学者们达成了共识，基本观点包括：会计主体不能局限于各级政府，应沿着广义政府概念向多元化发展；应引入权责发生制确认基础；建议补充多种计量属性；地方政府债务的信息披露尚待强化；应进一步拓宽政府债务信息披露的范围，增加对隐性负债、或有负债信息的披露；应同时披露地方政府债务预算会计信息和财务会计信息，增加信息完整性；加强债务信息审计，提高信息可靠性。这些观点成为构建政府债务会计系统不可或缺的基础理论。但是，这些研究还存在几点局限：（1）债务定位问题。把地方政府债务作为一个会计要素在政府会计中进行核算和披露，所提供的债务信息依然分散在预算会计和财务会计中，分散在各种报表中，依旧无法提供完整的债务情况。（2）债务主体问题。没有兼顾当前债务资金承债主体和使用主体的特点，基于部门主体核算和报告债务信息必然导致披露的信息笼统、模糊、可用性不强，不利于债务信息披露目标的实现。（3）债务会计体系问题。现有研究多是基于财务会计概念框架或政府会计准则研究债务会计，较少从系统或体系的角度出发研究债务信息如何生成并报告的完整过程，比如对联系资产研究负债问题的欠缺；联系会计环境变化研究政府债务会计系统的适应和变革的欠缺；区别不同类型的债务研究会计问题的欠缺等。我国地方政府债务的产生与发展经历了从不合法到合法的路径，大量的债务分散存在于基层政府、融资平台、各部门机构中，并且债务形式复杂多样，如何在改革的现阶段将此类债务，尤其是在地方政府之外的（比如融资平台）、隐蔽的仍应由地方政府承担偿还责任的债务进行清理并纳入政府会计核算体系？我国在治理体系和治理能力现代化的改革进程中，政府、市场和社会有了更多的合作与互动，在合作治理背景下如何构建政府债务会计的概念框架体系以形成地方政府债务会计的基础理论体系？如何重新对地方政府债务进行分类、确认、计量和报告？如何解决目前分散的、零散的债务信息披露问题？随着信息技术日新月异的发展，"互联网＋智能化"在经济领域的全面应用，如何借助于现代技术更加系统化、精细化、客观化地生成和报告债务信息？这些问题都需要深入细致的研究，成为政府债务会计研究的重要领域。

1.2.3　关于对隐性债务的研究综述

隐性债务是我国地方政府债务的一种存在形式，严格地说，"隐性债务"是个经济学的概念，而不是会计学的概念，但是这类债务需要通过会计学的研究予以显性化。因此，单独设置一个部分来综述学者们的研究观点。主要包括：

一是隐性债务的界定与识别问题。学者们普遍基于世界银行经济学家哈那（Hana，1998）的财务风险矩阵，从经济学视角进行定义和研究。隐性债务指的是，虽然法律没有做出明确的规定，但在政府职能中隐含着应当承担的"道义"责任，或者出于现实的政治压力而不得不去清偿全部或部分已经发生的债务（刘尚希和赵全厚，2002）。它主要来源于地方政府违法违规形成和迫于政府职责承担两个方面（封北麟，2018）。由于隐性债务举债方式的多样性和隐蔽性，识别不能仅考虑融资主体和方式等合同和法律规定，认定的核心在于法定债务限额之外，是否以财政资金作为还款来源，或推定构成财政兜底（吉富星，2018）。

二是隐性债务风险来源和后果问题。一方面，对目前隐性债务风险来源进行分析。《预算法（2014）》颁布后，融资平台逐渐被清理或谋求转型，隐性债务风险来源发生改变。债券举债规模的限制和稳增长的需要，促使地方政府借助 PPP 项目、政府投资基金或以政府购买服务的方式继续变相融资（刘立峰，2017；吉富星，2018）。由于此类融资仍然是地方政府引导，但是较大部分不会表现在地方政府或国有企业的资产负债表上，会带来较大的隐性债务风险（郑联盛等，2018）。虽然部分融资平台触碰到了"防风险"的监管底线，但是地方融资平台在 PPP、地方政府专项债券、专项建设基金等政府公共投资项目实施过程中仍然发挥着重要作用，整体依旧有生存空间（张立承，2018）。故地方政府风险区不局限于投融资平台，来源更加多元化。另一方面，根据政府负债引发的风险后果分类型进行研究。大体分为三类：（1）长期的资不抵债造成的规模风险（Cecchetti et al.，2011；庞晓波和李丹，2015）；（2）短期的偿债压力造成的流动性结构风险（陈志勇等，2015；刁伟涛，2015）；（3）债务增长过快导致的增量风险（赵剑锋，2016）。

三是政府负债信息披露问题。此部分主要是从会计学视角上进行研究。政府负债相关准则目前有较多不完善之处，特别是未置换的政府存量负债、具有担保和救助责任的或有负债、政府的社会保险责任等尚未规范如何进行核算和反映（应唯等，2016）。为了反映负债资金的全貌，应该对地方政府债务按照"多元会计主体"进行重新分类，形成含有项目负债、运营负债、承诺负债的债务信息体系，进而划分流动负债和非流动负债（姜宏青和于红，2016）。为了规范负债信息报告与披露，可以将流动负债和非流动负债根据负债形成原因按照金融负债、运营负债和承诺负债进一步科学分类，然后细化到列报科目（王芳等，2017）。

现有的研究成果对于我国地方政府隐性债务的客观存在予以肯定，对于隐性债务导致的风险分析与防控都基于不同的研究视角给出了建设性的对策。但是，现有研究也存在一定局限性：第一，采用经济学视角研究更加侧重于政府隐性债务总量和结构研究和风险计量，难以基于政府主体的运营和管理需要对隐性债务进行分类和管理。第二，现在的研究存在概念界定不清晰的问题。隐性债务、显性负债、隐性债务和或有负债等概念在不同学科的研究中存在概念交叉和混淆的状况，需要进一步厘清。第三，隐性债务的风险控制不是只估计出一个金额就可以做到，而是需要全面梳理隐性债务的形成路径，针对不同的路径采取不同的措施予以控制，才能有效地控制风险。第四，罗伯特·卡普兰曾经说过，"没有衡量就没有管理"，梳理隐性债务的形成路径仅仅是第一步，全面有效地衡量隐性债务才是控制的前提。因此，在研究地方政府债务会计的选题中，应该把隐性债务合并纳入其中，全面研究政府债务信息的生成与报告的理论与实践。

1.3　研究思路和内容

本书采取实证研究和规范研究相结合的方法，以我国地方政府债务管理的现实问题入手，以"发现问题—分析问题—解决问题"为基本思路，对地方政府债务的历史演进和现实问题进行梳理和分析，研究我国地方政府债务与其他国家相比的特殊性和共性问题，同时综述本领域专家学者的研究成果，在借鉴的基础上提出本书的研究问题，从而确定研究目标。在此基础上，选择我国地方政府债务会计研究的支持理论，以公债理论、事项法会计理论、政府委托代理理论、公共治理理论和预算绩效管理理论为依据，分析我国地方政府债务会计体系构建的理论基础问题，以此为依据展望未来的债务管理目标，提出建立我国"多元主体的地方政府债务会计系统"的思想,按照政府财务会计的基本框架体系,全面构建了多元主体的地方政府债务会计的基本理论,包括:地方政府债务会计的概念定位和重分类、会计主体的理论拓展、不同主体的债务会计的确认与计量、按照多重分类的信息体系建立政府债务独立报告的信息披露模式。

本书研究的内容(如图1-2所示)与特点:第一部分是研究背景。一方面,基于政府作为市场主体通过举债的方式进行可持续性融资所面临的风险与债务会计信息核算、披露的关系,说明本书研究的必要性,基于最近几年有关地方政府债务管理政策的大量出台,说明本书研究的紧迫性,基于政府对于预算资金管理绩效的全面开展和政府会计准则和制度即

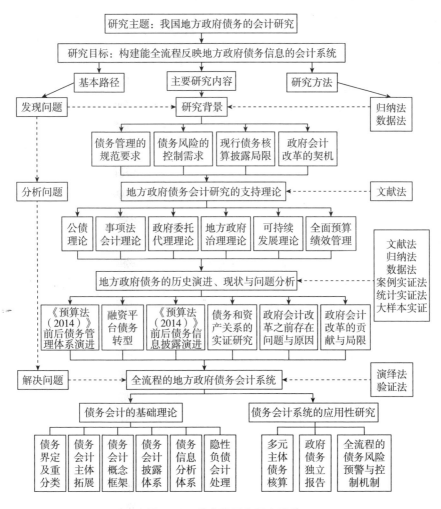

图1-2 基本构思和研究路线

将全面实施，说明本书研究的可行性。另一方面，按照文献研究的内容板块和时间顺序为线索，综述政府债务管理和政府债务会计的研究观点，评述研究结论的贡献与局限，界定本书的研究领域，以此确定本书的研究目标就是能够构建出全面反映和披露地方政府债务结构信息和总量信息的会计系统，以满足与政府债务有利害关系的信息使用者的决策和评价的需要。第二部分分析和阐述了相关理论对本书研究主题的支持意义和指导意义。将地方政府债务会计的研究放置于公债理论、政府委托代理理论、政府治理理论、可持续发展理论和事项法会计理论的框架内，阐述政府债务会计理论的形成渊源。第三部分以文献法梳理了我国地方政府债务管理的基本沿革。地方政府债务管理制度以《预算法（2014）》为分水岭，《预算法（2014）》实施之前和实施之后的制度沿革有着不同的管理理念和制度体系，分别做了梳理和分析，同时为保障本书研究的完整性，对实施《预算法（2014）》之后的政府融资平台的转型做了基本的研究和设计，至此之后融资平台的问题成为过去时不再探讨。第四部分探讨地方政府债务会计的现状与问题。以调研报告法对地方政府债务信息的披露现状进行描述和分析，也分为《预算法（2014）》实施前后分别调研，以分析其信息延续和变化情况；以实证法对我国政府债务和固定资产投资的关系进行分析，揭示我国政府债务以统计方式和以预算方式进行信息搜集难以和资金使用所形成的资产进行对应的弊端，阐明我国地方政府债务信息生成和披露的特点，剖析存在的问题并分析原因，形成需要变革的核心所在。第五部分以演绎法对我国地方政府债务会计的基本理论进行设计和重构，同时对隐性负债的形成路径和会计处理做出研究。第六部分对第五部分构建的债务会计理论体系进行应用验证。以项目主体为例对政府发行债券举债的事项进行会计核算和会计报告，将不同主体之间的会计关系进行梳理和演示，并对多重分类的债务信息披露模式做出设计，形成独立的债务报告信息模板。最后是研究结论和研究展望。

1.4　研究创新和研究价值

1.4.1　研究创新

1. 研究路径具有新颖性。

目前我国地方政府债务处于制度转型时期，存在不合法时期的遗留问题，新制度建设时期的不完善问题，需要全面客观的认识。将我国地方政府债务会计的研究放在历史演进的过程中分析和研讨，随着制度的变迁，地方政府债务从不合法到合法，到规范化再到绩效化的制度演进过程中，分析我国地方政府债务管理的时代特征，提出分阶段的改进对策。并立足于现阶段的改革目标，展望未来的债务会计理论需求，提出地方政府债务会计理论体系，其中地方政府融资平台及债务的转型策略研究、隐性债务透明化的会计策略研究等都具有时代特征。

2. 理论融合的新颖性。

地方政府债务属于财政学、公共管理学和会计学的交叉领域，将我国地方政府债务会计的研究放在政府大财务管理理论中分析和研讨，融合经济学和管理学的相关理论，并与会计学中的事项法理论和财务会计理论相结合，提出的政府债务全流程管理的财务会计理论体系不仅为经济学视角分析债务风险和债务资源的有效配置提供依据，而且为管理学视角重塑债务资金管理流程，管控债务风险、提高管理绩效，强化管理责任提供依据，同时为全面披露债务信息、满足不同信息使用者的需要、和谐财务关系提供会计策略。

3. 研究观点的新颖性。

首次提出将债务资金形成的资本性项目作为会计主体来生成和报告会计信息，提出建立全资金流程的地方政府债务会计理论体系。其内容包括：（1）拓展政府债务会计的主体，建立包括部门主体、项目主体、基金主体和政府报告主体并存的多元会计主体的会计系统，论证不同主体间的资金关系和信息关系，全面反映债务资金的来龙去脉，明确债务资金"借、用、还"各流程所涉猎主体的责任，以解决政府债务资金承债主体和使用主体错位导致的弊端。（2）以财务会计概念框架为依托，完整阐述权责发生制确认基础的全流程会计主体政府债务会计的基础理论体系。界定地方政府债务的概念，明确政府债务会计的目标，对政府债务进行重分类；按照权责发生制的确认基础，分别阐述不同主体的债务确认和计量原则；基于治理视角分析债务信息的需求与供给；提出并设计了债务会计信息独立报告的基本模式，并通过案例演示部门主体、项目主体和报告主体的会计信息生成与报告，形成理论验证。因此，完整构建了政府债务资金会计核算和报告的理论体系。（3）对隐性债务做了专题研究。基于隐性债务的形成路径对隐性债务进行重分类，按照重分类的债务项目分别提出显性化的会计控制方案。（4）提出对债务信息独立报告的观点。建立地方政府债务项目报告、部门报告和一级地方政府综合报告的体系，地方政府的债务报告是债务信息的文件载体，是地方政府综合财务报告的子报告，依据政府债务预算报表信息、财务会计报表信息和其他信息编制而成。一方面，作为向委托人报告受托责任的方式；另一方面，完整报告地方政府债务从债务决策到债务资金配置使用偿还和绩效评价全过程的运营管理信息。（5）基于全资金流程的债务信息系统提出债务风险的预警和控制策略。将风险预警指标和债务资金链相联系，建立模糊综合评价法预警债务风险；将政府内部控制体系嵌入债务管理流程，建立全流程的政府债务风险控制系统，克服了过去以结果性信息静态预警风险以及事后控制风险的弊端。

4. 研究方法的新颖性。

本书采取规范研究和实证研究相结合的方法研究债务会计理论与实践。整体上采取归纳法和演绎法形成地方政府债务会计理论，并通过验证法进行案例实务验证；局部研究中结合研究内容采用案例法、政策分析法等。其中，滚动窗口拔靴因果关系检验法首次应用于本领域。政府债务资金要用于资本性项目最终形成固定资产，考虑到政府债务资金管理的这一特点，将拔靴检验法用于我国地方政府债务以及所形成的固定资产的关系中进行时间序列的实证检验，分析国债管理和地方政府债务管理的差别，分析实证结果的问题，证明了我国地方政府债务资金管理中只重视投入管理、忽视结果管理的客观现实，并以此提出基于项目主体的核算和报告，将债务资金管理和其所形成的项目资产管理相对应，全部纳入政府会计核算和报告的范畴，完整反映债务资金和其所形成的长期资产。另外，结合全流程的债务资金信息的报告，重新按照流程设定债务风险评价指标，以模糊综合评价法实现政府债务风险的预警。这些方法的应用实现了将政府债务的会计信息和经济学、管理学的相关方法相结合的目的，由这些方法的灵活应用所阐述的问题分析、提出的研究结论具有创新性。

1.4.2 研究价值

1. 学术价值。

融合财政学、公共管理学和会计学的相关理论，基于政府的债务融资行为研究资金信息的生成与报告的理论与实践，开辟了研究新领域。既拓展了财政学和公共管理学的理论，也深化了政府会计的理论，同时为政府及相关机构的财务管理理论研究提供方向。

2. 应用价值。

在政府会计理论框架内设计了系统性的地方政府债务信息生成与报告

体系，应用价值在于：第一，能够指导相关会计主体建立和形成相应的信息系统，以全面反映和控制债务资金的来龙去脉；第二，能够指导相关会计主体建立和完善债务资金管理制度，基于资金流程优化风险控制制度；第三，能够指导地方政府基于资金流程明确不同主体的责任，有效建立债务资金全流程和资本性项目的绩效评估制度；第四，把债务信息的生成与报告体系分别嵌入各类债务管理政策中，可以促使各类政策的有效落地，并增加政策应用绩效评估的客观性。

第2章 地方政府债务会计体系构建的支持理论

2.1 公债理论限定了地方政府举债的范围

公债是国家或政府以债务人的身份，采取信用的形式，通过借款或发行债券等手段取得资金的行为，它是以政府及其部门为主体举借的债务，是筹集资金、取得收入的一种有偿形式。政府主要通过征税和举债两种方式获得资金收入，政府通过举债获得资金收入会产生消极和积极的"双刃剑"效果。英国著名的经济学家亚当·斯密对公债发行给予了严厉的批评。他认为公债将产业资本转用于非生产性用途，减少了存在资本，会妨碍再生产的正常进行。因此，只有在战争继续的期间内举债制度才优越于其他制度。英国古典学派的另一个代表人物大卫·李嘉图对公债也持有否定态度，他认为，举债的弊病除把生产资本用于非生产性支出外，还有掩饰真实情况，使人民不知节俭的弊病。政府无论是以税收形式，还是以公债形式来取得公共收入，对于人们经济选择的影响是一样的，即公债无非是延迟的税收，在具有完全理性的消费者眼中，债务和税收是等价的，这就是"李嘉图等价定理"。法国经济学家萨伊也坚持反对政府举债与赤字财政，他认为政府举债除了会通过消费资本的方式影响生产，还会因付息而给国家带来沉重的负担。由此可见，古典经济学家不主张政府举债，认为政府举债一方面会导致政府支出的增加，另一方面会挤压社会资金的运营空间，导致整个社会资金运营效率的下降（姜宏青，2016）。如果一个国家负债累累却不能有效减轻公债负担，那么这个国家必然陷入困境。现实中，也不乏地方政府因为过度举债而破产的案例。

随着资本主义经济的发展，一些经济学家逐渐认识到公债的好处，以凯恩斯学派为代表支持公债有益论。提倡积极的扩大财政支出、反对消极的节约开支的主张，认为扩大财政支出能摆脱经济危机，解决失业问题；

主张实行财政赤字政策，反对传统的平衡预算的观点；认为通过扩大政府财政支出，能够带来国民经济的发展，进而能够实现预算平衡。而针对支出增长造成的赤字，他们则主张通过发行公债来加以弥补。现代凯恩斯学派认为，政府举债无害而有益。因为借发行公债来扩大政府的支出，可以创造追加的国民收入，扩大就业人数，造福社会；国家的资产和负债可以相互抵消；政府取得公债的同时也增加了其资产，资产在运营过程中可能会增值，因此，举债不一定是净负债，也可能是净资产（叶振鹏等，1999）。从政府举债的结果来看，凯恩斯的主张不无道理，政府举债能够增加政府的资产，但是，债务的偿还也一定会导致资产的减少，何去何从？陈志武先生（2006）在《治国的金融之道》一文中用大量的数据说明中国政府在20世纪80年代中期以后敢于借钱花而使经济得到了快速发展的事实。"中国自1982年起，不仅财政赤字每年都有，而且赤字增加也在逐渐增长，由1982年的18亿元到2003年的2 916亿元，而且这期间国债余额也由当年的零增长发展到今天的2.9万亿元。靠赤字推动经济发展虽有悖我国传统的理财观念，但正是因为有了这些国债和赤字，当代中国在国际上的地位和影响力比任何时代都强。"不仅如此，类承曜（2003）通过对李嘉图等价定理的理论分析和计量经济分析，验证了李嘉图等价定理在我国并不适用。相比于通过增税的方式来扩大政府支出，发行国债增加政府支出对总需求扩张效应更大，积极的财政政策在我国是切实有效的。孙焙炜和邱珊珊（2012）发现，增加国债发行非但没有导致民间消费需求下降，反而拉动了内需，说明积极的财政政策将对社会总需求产生影响，从而进一步验证了李嘉图等价定理在中国的不适用性。与这种乐观的态度相比，陈志武先生对政府举债表现得更为谨慎，他认为，政府究竟是征税还是举债，关键在于政府的融资成本与纳税人的投资回报率的比较，如果纳税人的投资回报率高于政府公债利息，最优的国策是：少征税，把钱留给纳税人去投资，政府尽量发行公债来弥补财政赤字。而如果政府公债利息高于纳税人投资回报率，那么就减少靠赤字负债发展。同时，如果民间投资回报率高于政府投资回报率，那么政府既不应举债发展，也不应扩大税收，而是要退税。为此，政府举债成为获得资源、拉动内需和发展经济的可选择方案。

鉴于对政府举债可能产生的消极影响和优势的权衡，西方学者根据公债负担的世代转移理论，提出并形成了"世代间的公平理论"，即政府支出资金是通过举债还是征税方式来筹措，应当按照受益原则来确定。如果政府筹措资金用于消费支出，使当代人受益，就应当采取征税的方式，由当代人承受支出的负担；如果政府筹措资金用于投资性支出，提高未来生产力，使后代人得到利益，则应采取举债方式，把支出的负担转移给后代承担（魏杰等，1998）。这个理论也成为现代各国政府举债的"黄金法则"，即确保政府在整个经济周期中所借全部债务仅仅用于投资，现金支出部分将完全由税收补足。

政府作为公共主体，有着应对公共风险的责任，举债是政府应对公共风险的主要工具。政府不从事经营活动，其收入主要通过税收的形式获取，而政府需要承担应对公共风险的责任，当税收不足以应对公共风险时，举债便成为政府必然的选择。公共风险的不确定性意味着政府的举债行为亦存在不确定性，公共债务的规模、水平与结构难以精确衡量。基于确定性思维的债务管理模式与不确定性公共风险的不匹配性，导致政府举债行为屡屡越过制度规则，公共债务的水平突破指标控制（刘尚希等，2017）。因此，政府作为独立的市场主体、独立的资金使用和耗用主体，需要有符合其运营特征的融资方式，获得税收收入和举借债务是其获得资源的主要方式。同时，公共风险的不确定性导致政府举债行为的不确定性，如果不对政府举债行为进行全面的评估与限制，不确定的风险控制因素可能会导致债务风险的不可控，进而演变成更大范围的风险。即便如此，政府举借债务是一个政府融资行为，是一个市场主体的融资行为，面对的融资对象仍然是广泛的债权人，债务资金的本质意义并没有因为是政府举借而发生改变，仍然具有风险性和收益性。公债理论的实质是区分了政府组织和市场组织在举债行为上的差异性，确定政府举债的必要性的同时限定了举债的条件，把政府的运营放在历史的长河中确定债务的举借与偿还的条件，对于政府债务资金的管理更具有指导意义，特别是对于债务资金的会计核算与信息披露的要求更具有指导意义。

公债理论界定了政府举借债务的理由和债务资金的用途。现在各国举债所遵守的黄金法则即"确保政府在整个经济周期中所借全部债务仅仅用于投资，现金支出部分将完全由税收补足"表达的也是这一意思。我国《预算法（2014）》也明确了政府举债范围仅指预算中必需的建设投资资金，以及债务资金用于公益性资本性支出而非经常性支出。这就为我们研究地方政府债务提供了一个启示：既然政府债务理论上要求用于资本性支出，现实中，债务资金的获得有专门的方式，并依托项目方式运营管理；那么，是否可以按照"项目"对债务进行重新分类并以"项目"为主体来完整核算政府债务资金的筹措、投放、使用和评价？

2.2 事项法理论对政府债务事项信息构成的拓展

事项法也被称为事项会计，其思想最初产生于 20 世纪 60 年代。美国会计学家乔治·索特（George H. Sorter，1969）在《事项法会计理论（An Events Approach to Basic Accounting Theory）》一文中率先提出，事项法的核心理念是：会计的目的应是提供关于可能在各种决策模型中有用的相关经济事项的信息。事项法的提出打破了传统会计思维方式，是会计理论的一种新观点。相对于价值法基于共同需求所提供的高度综合的通用财务报告，事项法主张提供"原汁原味"的经济事项信息，会计报告的内容应是简单汇总或者不汇总、非结构化的经济事项信息，用户可根据自己需要决定使用何种事项信息、是否汇总及汇总的程度。这是对信息使用者需求的充分考虑和极大满足。同时，事项法克服了单一的计量方法和计量属性，主张多重计量，即对经济事项的计量尺度、计量属性应是全方位、多维度的，既包括定量属性，又包括定性属性，既有确定环境下又有不确定性环境下的事项信息描述与计量（徐宗宇，2003）。同时，数据处理过程中要尽量减少主观价值判断，简化处理，尽量保持经济活动数据原始性。比较来说，这使得价值法下无法纳入报表体系的许多非财务信息和非价值计量信息得以反映和揭示，提供更加充分的过程性信息和结果性信息，以此满足信息使用者的多元需求。

对于政府会计而言，双系统的政府会计建立了二元结构下的两个账套，即预算会计账套和财务会计账套，基于"价值法"会计理论构建的政府会计系统，如果不能借助经济事项在二者之间建立联系，那么政府会计对于实现二者之间的联系便会存在较大的障碍，也无法全面解脱公共受托责任，从而存在一定的局限性。"事项法"的基本思想就是要打破传统财务报表的会计信息供给模式，适当放松会计信息需求的基本假设，增加会计技术的适用性。政府会计通过将预算会计和财务会计适度分离，根本目的在于丰富会计信息维度，更深程度地反映政府资源流动和消耗过程，并充分考虑不同利益相关者的信息需求。"事项法"本质上就是要突破传统会计信息披露的边界，从信息使用者的角度出发来披露相关会计信息，从根本上提升政府会计信息的决策性与有用性（周卫华，杨周南，库甲辰；2016）。

事项法下能够完整披露并反映一个事项的来龙去脉信息，政府项目建设引发的债务是个独立事项，因此，可将事项法思想融入地方政府债务事项核算中，分解事项的构成，组合不同类型的信息，通过信息呈现不同维度的事项运营和管理过程或绩效，以此理念建立债务事项会计主体，将资本性项目和该项目的资金来源与使用相结合，既反映债务资金的来龙去脉和使用绩效，又反映由项目形成的资产与其他权益，同时将其他类型的信息与资金信息进行组合，完整呈现债务资金和资本项目管理的全过程。综合不同项目的会计信息，可以反映一级政府在不同领域的债务融资结构情况和不同时间跨度，进而提供政府基础设施建设和公共项目建设的投资结构信息。这样的改革理念在"互联网＋"大数据和市场经济的语境下不仅必要，而且可行。

地方政府债务管理新政中强调引入和推广 PPP 模式，进行政府公共项目和基础设施项目的建设以缓解债务压力，PPP 模式注重政府与社会资本不同方面的资金联合与合作，如果将合作的项目独立核算，不仅可以有效核算政府由于该项目产生的负债，而且还可以全面反映一个项目的不同权益或资本结构，反映该项目运营状况以及可持续性，进而全面反映该项目资金运营的来龙去脉以及各合作主体的权责关系。那么，一个一个的 PPP项目既成为合作各方权利义务的集中点，又成为各方会计核算和信息披露的新的载体，如果将这些项目的信息混同于合作各方的会计信息中，不但难以有效评价项目运营的绩效，也难以有效反映项目资金的来龙去脉，从而产生更大的信息混淆。因此，独立和完整的核算与披露这些项目的资金运营信息，反映各方利益相关者的权责关系，成为事项法理论给予我们的有效指引。

2.3　政府委托代理理论界定了债务会计目标

关于委托代理理论的起源，最早可追溯至 20 世纪 30 年代，美国经济学家伯尔勒和米恩斯（Berle and Means）在《现代公司和私有财产》一书中提出"两权分离说"，即主张经营权和所有权相分离，所有者将企业经营权让渡而仅保留剩余索取权。股东和经理之间存在的某种程度上的利益冲突和信息不对称，使得作为企业资本所有者的股东必须为经理的经营行为承担风险，两者之间形成委托代理关系。罗斯（Ross，1973）认为：如果代理人代表委托人的利益行使某些决策权，就会产生代理关系。詹森和梅克林（Jensen and Meckling，1976）指出，委托代理关系是一种契约关系，存在于任何包含有两人或两人以上的组织和合作努力中。如果委托代理双方都追求效用最大化，代理方不会总以委托方的最大利益而行动。由此可归纳出：知情者的私人信息影响不知情者的利益，不知情者承担风险。委托代理理论所要解决的核心问题就是委托人与代理人之间的信息不对称引起的逆向选择和道德风险，即主要研究信息不对称以及利益发生冲突的情况下，委托方如何设计合理的契约关系来监督与激励代理方。

在地方政府债务问题上就存在着复杂且多元的委托代理关系，具体来说：

1. 中央政府与地方政府的委托代理关系。

我国实行分税制的财政管理体制，中央政府与地方政府的权责划分取决于公共产品的区域性特征，属于地方性的公共产品由地方政府提供，中央政府赋予地方政府一定的权力及资源，包括人力、物力、财力等，委托其完成所划拨的任务，两者形成委托代理关系。出于自身目标的考虑，为了绩效考核、职务升迁或是提高地方 GDP，地方政府可能会出现不顾财力大力举债建项目的行为。一旦债务到期无法偿付，债务包袱则落在中央政府上。信息不对称的存在使得中央政府成为债务道德风险的承担者。

2. 地方政府上级政府与下级政府之间的委托代理关系。

我国实行五级政府制度，实行分级归口的管理体制，除了中央政府之外的政府都属于地方政府。科层制的政府层级管理利于政府间政策和命令的有效传达，利于上级政策的有效执行，也利于不同层级政府间的分工与合作。中央政府制定的国家发展战略，需要省级政府的发展战略予以落实，省级政府的战略需要落实到各市县级政府，各基层政府既要考虑本区域经济发展和民生需要的特点，又要在上级政府的战略指导下制定发展战略，进而满足全国"一盘棋"的宏观发展战略要求，上下级政策的落实通常跟着资源配置方式或资金流动的相应配给。因此，各级地方政府间同样存在委托代理关系。

3. 资源提供者与地方政府之间的委托代理关系。

政府是行使公共权力的代表，为了维持特殊的、站在社会之上的公共权力，就需要捐税和国债（列宁，1985）。地方政府债务就是地方政府运用公共权力所获取的资源或资金。那么，与政府举债行为相关的资源提供者包括：政府的债权人、债务到期提供还款资源的人，对于各类资源提供者来说，他们既然提供了借款、购买了债券或缴纳了税费等，就必然关心政府筹集资金的合理性以及政府对此类资金的使用情况，是否公平有效，是否符合目标，是否真正做到取之于民、用之于民。而实践中，地方政府占据信息优势，公众无法获取政府债务的举借、使用、偿还的全过程信息，只能部分观测到政府债务的余额，而在政府会计系统不健全的情况下，这一信息的真实性也存在争议。在这种委托代理情况下，政府需要向各类利益相关者提供有关债务的信息，利于公众了解和判断政府的行为的合理性和有效性。

4. 政府主管部门与债务资金项目的参与者之间的委托代理关系。

按照公债理论和我国《预算法（2014）》的规定，政府债务资金只能用于资本性项目，一个资本性项目从立项到建设，再到运营有较长的时间跨度，资金链较长，涉及多个合作单位或机构，比如项目建设单位、项目实施单位等。政府项目主管部门一般是通过招标选择合作者，与其建立委托代理关系。作为代理人的项目建设单位、项目运营单位拥有更多的关于项目工程进度信息和运营管理的信息，同时可能会出现追求利润而降低项目质量、偷工减料的现象，政府项目主管部门则成为风险承担者。因此，债务资金全程透明相关信息对于维护合作各方的利益关系以及保障项目目标的实现具有重要意义。

地方政府债务事项中委托代理关系的复杂性、多元性决定了监督机制的必要性，而实施有效监督的重要机制之一就是会计系统。会计信息是减少政府债务的委托代理关系中信息不对称的重要激励和约束机制。在政府债务发行之前（契约签订之前），全面、可靠的政府会计信息能够对政府的财务状况、运营业绩以及债务可持续状况进行考核，从而减少委托人逆向选择的可能；在政府举债、使用和偿还债务资金过程中（契约签订和履行阶段），政府会计通过向委托人提供债务资金的投向以及使用情况的信息，监督代理人执行契约的情况，减少代理人的道德风险。政府会计通过对地方政府债务的确认、计量和报告，有利于减小信息不对称的产生，从而有效地将地方政府的债务行为限制在政府会计体系允许的范围之内。利用会计系统来实施有效监督的着眼点不仅包括数量上的控制，而且还包括内容上的控制。这就要求政府必须对不同类型的债务资金建设项目进行充分核算和报告，以最大限度消除信息不对称，满足不同利益相关者的信息需求。

2.4 地方政府治理理论拓展了债务信息的纵横维度

与统治不同，治理是一种趋势，意味着国家（政府）—社会关系的调整；调整目的在于应对之前政治社会格局中的不可治理性；在调整中，更多强调的是政府之外的力量，国家中心的地位在一定程度上被新的国家、市场与社会组合所取代；再者，治理也是对两分法的否弃（王诗宗，2009）。治理是指民间或官方的公共管理组织在既定的范围内运用权威维持公共秩序，满足公众的利益诉求。治理的目的在于通过运用权力去控制、引导和规范公民的活动，从而最大程度上促进公共利益（俞可平，2002）。治理主体既包含政府机构，也包括民间机构，属于公共管理领域多种主体针对社会公益事项以法制、民主、回应、透明与效益等理念进行协调与合作，最终实现善治的目标。

因此，治理是个十分宏大的概念，既包括横向不同组织和区域治理，又包括纵向时间向度和可持续治理。治理的概念也体现了弹性和包容性，可以在很多层面进行解读。从治理的区域性特征认识治理，治理包括全球治理、国家治理、地方治理、社区治理、乡村治理等多层次治理。英国学者威廉·L·米勒、马尔科姆·迪克森和格雷·斯托克认为：地方治理是"关于地方服务的委托、组织和控制，这些地方服务包括地方区域内教育、卫生、基础设施以及经济发展等"。这一观念强调了地方公共服务的委托代理意图，以公共需求为导向，提供公共服务的组织的目标控制过程，从而履行地方政府的职能。孙柏瑛（2008）在总结了西方学者的一些具有代表性的观点后认为：地方治理是"在一定的贴近公民生活的多层次的地理空间内，依托于政府组织、民营组织、社会组织和民间组织等各种组织化的网络体系，应对地方的公共问题，共同完成和实现公共服务和社会事务的改革与发展过程。理想地方治理模式包含以下思想：是具有弹性的地方制度与组织结构安排；是地方政府改革和自主选择可持续发展道路的行动过程；其运作依靠在地方形成的应对公共问题的公共政策和公民参与网络；关注环境变化和挑战，视野始终放在地方的战略发展前景上"。这个观点具备了更多的管理思想，将地方治理的目标方式途径和内容予以整合，以区域发展战略引导各方管理行动，其治理思想更加具备了地方治理主体的自主性、运营性、权变性和合作性，重视制度在治理过程中的作用。然而，"地方治理"与"地方政府治理"二者虽然关系密切仍存在差异性，"地方治理"的范畴主体还包括除地方政府外的第三部门、私人组织等，强调多主体的合作对地方公共事务的治理；而地方政府治理主要指在治理理论的指导下地方政府如何通过分权、重组等改革提高能力以适应全球化等不确定因素的挑战；如何促进公民参与，如何促进多中心网络的建立、发展，如何在多中心合作中起到核心作用，以更好地处理地方公共事务，促进整个地方治理的发展的过程。因此，"地方政府治理"的观念更加适合以组织视角研究地方政府在促进地方治理方面的行为价值定位、行为方式和行为结果的影响力。

地方政府治理理论对地方政府债务研究的启示在于：（1）地方政府治理是以地方政府为主要治理主体进行的区域性管理，以地方政府职能为约束框架提供满足需求的服务，地方政府在区域发展和区域间合作方面承担责任和义务，同时也具有与之相关的自主决策的权力。因而，地方政府应结合区域发展决策债务资金的管理事项，并为之承担责任。（2）地方政府治理更加重视民主、透明和互动机制的建立，以及时透明的信息公开机制促进社会监督，公民参与和市场对政府行为检验的发展。其中就包括与债务事项相关联的所有互动机制和信息透明机制的建立。（3）地方政府治理包括内部治理和外部治理，外部治理在于政府和市场和公民社会的合作协调，内部治理在于明确政府组织的战略目标，完善和健全管理制度，改革政府流程，强调政府绩效和问责，强调回应性。债务事项从决策开始到偿还结束，就是融汇在政府治理的整个框架中和流程中。（4）我国地方政府治理的理念和发展战略必须在中央政府宏观治理的基础上树立和制定，必须服从于国家的法律法规制度体系，以保持整个国家不同区域发展的公平性和法制性。比如服务性政府的转型、《预算法（2014）》对政府债务的规范、国家层面债务规模和结构的控制要求等，成为各地方政府治理应该遵循的基本准则。

2.5 可持续发展理论对债务管理和风险控制提出质量要求

斯蒂格利茨认为，发展意味着社会变革，发展本身不是目的，而是实现社会变革的手段，发展能减少如贫困、灾害等社会负面现象带来的痛苦，从而使人类社会更加充满活力。迈克尔·托达罗将发展定义为：整个社会或社会制度向着更加美好和更为人道的方向持续前进，并提出生态、自尊和自由的发展三核心。所以，发展不能简单地等同于经济的增长，也不仅仅是人民富裕程度的提高，而是要看长远制度的协调和持续改善，重视发展的质量。这也是可持续发展理论诞生的基石。对于发展观的认识，国际社会普遍认可的观点是由以经济增长为核心的传统发展观向可持续的发展观的演变。传统意义上的发展观没有将增长的概念与发展的概念明确区分开来，认为经济发展就是经济增长，而且目前仍然有为数不少的发展中国家依然坚信大规模的资本引进能够带来经济的高速增长。然而，在历经数十年的快速经济发展后，多数国家都先后陷入了停滞，没有实现预期的发展目标。尽管这些国家在经济总量上实现了一定幅度的增长，但是社会状况、经济结构和政治经济体制等都没有明显的进步或提高，而且还出现了腐败、分配不公以及社会动荡等现象。这些现象的出现使人们重新思考现有的发展观。美国的丹尼斯·米都斯等人指出，绝大部分发展中国家都未按照人口和资本增长的比例同速增长，并且提出粗放型经济增长可能会面临资源、环境的发展瓶颈，人类社会可能会因为环境恶化以及资源消耗殆尽而最终走向灭亡。此后，国际上对可持续发展的反思不断涌现。2002 年，在南非的约翰内斯堡召开的世界可持续发展首脑会议上，通过了《约翰内斯堡可持续发展承诺》，从而在国际社会上确立了可持续发展的新理念与新目标。2003 年，中国提出了"全面、协调、可持续"的科学发展观，强调"统筹城乡发展、统筹区域发展、统筹经济社会发展、统筹人与自然和谐发展、统筹国内发展和对外开放的要求"，其本质体现的就是可持续发展观。2015 年 10 月 29 日，习近平在十八届五中全会二次全体会议上的讲话提出了创新、协调、绿色、开放、共享的五大发展理念。创新发展强调的是解决发展动力问题；协调发展强调的是解决发展不平衡问题；绿色发展强调的是解决人与自然和谐问题；开放发展强调的是解决发展内外联动问题；共享发展强调的是解决社会公平正义问题。"五大发展理念"全面归纳了可持续发展的基本要素，诠释了可持续发展的理论内涵，成为我国新时代改革发展的指导思想。

可持续发展理论对政府债务管理的指导意义在于：一是政府举借债务事项需要纳入政府中长期发展规划中，在国家战略框架内进行规划和决策；二是政府债务管理涉及政府及社会资源循环管理，也涉及风险管理，必须在可持续发展的前提下，对地方政府融资的财务风险以及政府长期偿债能力进行评价；三是政府举借债务涉及代际公平，必须基于国家治理目标的要求，保持政府、社会以及经济的可持续发展的状态下，实现资源代际配置和偿还。另外，政府举借债务本身的可持续运营是地方经济与社会可持续发展的基础，只有保证地方政府举债的资金与模式的可持续，才能保证政府利用举债这一手段去促进经济、社会的可持续发展，若无举债，仅仅利用税收的方式实现发展可能会导致诸多不平衡的问题，反之，中长期的经济与社会的可持续发展是中短期内政府举债可持续的重要基础，因为若无中长期可持续发展的经济预期作为保证，就很难撬动社会资本参与到政府举债的项目中来，并且政府举债也会因不确定性风险的加大而大大提高举债成本。这一点在国际上已经有了两个方面的案例——一方面是欧债危机以来，希腊因财政状况恶化而导致其信用评级下调，从而加大了希腊国债的举债成本，政府仅靠自身努力无法获取市场上的融资；另一方面，美国经济发展长期向好，资本大量回流，从而大大降低了美国政府债务的举债成本。

2.6 债务资金管理与全面实施预算绩效管理的契合

2018 年 9 月 25 日，中共中央、国务院印发了《关于全面实施预算绩效管理的意见》（以下简称《预算绩效管理意见》），针对当前预算绩效管理的突出问题，提出利用 3~5 年的时间，基本建成"全方位、全过程、全覆盖"的预算绩效管理体系，不仅对全面预算绩效管理提出了要求，而且明确预算绩效管理的约束性，切实做到"花钱必问效，无效必问责"。《预算绩效管理意见》要求将预算管理全部纳入绩效管理规范化的范畴，提出从"全方位、全过程、全覆盖"（以下简称"三全"）三个维度推动绩效管理的实施，具体来说有以下几点：

1. 构建全方位预算绩效管理格局。

构建全方位预算绩效管理格局，是指将各级政府收支预算、部门和单位预算收支以及政策和项目全面纳入预算绩效管理。各个层级分别对应不同的责任主体及主体责任，预算绩效管理的重点也各有侧重，而无论是各级政府的预算绩效管理，还是各部门单位的预算绩效管理，都包含了政策和项目的预算绩效管理，故实施政策和项目预算绩效管理是形成全方位预算绩效管理格局的基础。构建全方位预算绩效管理格局对地方政府债务信息的核算与披露提出的要求是：一方面，需要将各级政府、各部门和单位预算实施效果与政策、项目预算实施效果结合起来，从运行成本、管理效率、履职效能、社会效应、可持续发展能力和公众满意度等方面，既评价各级政府、各部门和单位债务的整体绩效，又评价其具体政策和项目绩效，意味着不仅需要以各级政府、部门为主体的债务信息，还需要以政策、项目等事项主体所生成的政府债务信息；另一方面，基于全面实施绩效管理的要求，需要将与政策和项目相联系的事项都纳入绩效管理体系，而绩效管理所需要的债务信息既包括数量、质量、时效、成本、效益的"价值信息"，又包括"非价值信息"，应该全面反映与评价绩效相关的综合的事项信息。

2. 建立全过程预算绩效管理链条。

"全过程"是指将预算绩效理念和方法融入预算决策、配置到使用的全过程，实现预算绩效管理一体化，构建事前绩效评估、事中绩效监控、事后绩效评价的"三位一体"的绩效管理闭环系统，这是实施预算绩效管理的核心内容。"全过程"预算绩效管理对地方政府债务资金的要求是：以地方政府债务资金的流动为线索评价绩效，债务资金流动到哪里，绩效就评价到哪里。政府的债务资金流动不外乎资金的筹集、资金的配置和资金的使用三大环节，资金的筹集和配置在政府组织内部进行，而资金的使用环节可以分为两大类：第一类是政府将发行债券筹集到的资金配置到属于政府会计涵盖范围的行政事业单位使用，这个部分按照政府会计的规范核算与报告；另一类是政府通过合作的方式将资金拨付给企业或者非营利组织使用，以组织为边界的会计核算，意味着这类资金"流"出政府的组织范围，在其他组织中使用。"全过程"的预算绩效评价意味着只要是政府投入的债务资金，无论"流"到哪里都应纳入绩效管理的范畴，因此，需要打破组织界限，以债务资金的流向为依据进行信息的搜集，进而进行绩效管理与评价。

3. 完善全覆盖预算绩效管理体系。

完善全覆盖预算绩效管理体系要求建立一般公共预算绩效管理体系与其他政府预算绩效管理体系，要求政府积极开展涉及一般公共预算等财政资金的政府投资基金、主权财富基金、政府和社会资本合作（PPP）、政府采购、政府购买服务、政府债务项目绩效管理，同时地方政府还要关注其对专项债务的支撑能力。"全覆盖"对地方政府债务核算与披露提出的要求是，将政府运营与管理的债务资金全都纳入预算绩效管理的范畴，既包括政府直接管理的债务资金，同时也包括政府委托第三方管理的债务资金。不同管理类型的债务资金在绩效评价方面，其目标与评价体系显然不同，应分别形成相应的信息予以全面评价。

对财政资金全面实施预算绩效管理，旨在强化政府责任和强调资金使用的效果。政府债务资金毫无疑问在"三全"绩效管理的范围内，债务资金绩效管理对债务会计信息提出的要求是：既需要反映部门、单位整体绩效的债务信息，又需要反映政策、项目等具体绩效的债务信息；既需要反映政府内部的债务资金运行绩效的会计信息，又需要反映债务资金运动全流程绩效的会计信息；既需要反映政府直接管理债务资金绩效的会计信息，又需要反映政府托管资金绩效的会计信息，从而对债务会计信息系统提出了更高的要求。

第3章　我国地方政府债务管理的历史演变

以古为镜，可以知兴替。站在历史的角度剖析我国地方政府债务的产生、发展及演进历程，一来是追本溯源，使之更全面完整地了解我国地方政府债务状况；二来是以史为鉴，为新时期地方政府债务的规范化管理提供借鉴。本书以中华人民共和国成立为起点，以2015年1月1日实施的《预算法（2014）》为界限，系统梳理了《预算法（2014）》实施前后的地方政府债务历史沿革。

3.1　《预算法（2014）》实施前我国地方政府债务的基本沿革

3.1.1　改革开放之前我国地方政府债务的情况

中华人民共和国成立至改革开放前，属于我国的计划经济时期。国家实行高度集中统一的财政管理体制，中央政府集中国家财权及财力，地方政府拥有很少的自主权。该时期内出现了我国地方政府首次发行地方公债的尝试。为筹集建设工业基地的基础资金，发展东北地区经济，中央政府批准并发布《关于发布1950年东北生产建设折实公债的命令和条例》。东北人民政府开始发行地方生产建设折实公债，此次公债以实物为计量单位，原计划发行3 054万份（折合人民币3 542.64万元），实际完成3 629万份（折合人民币4 204.6万元），实际完成率为118.69%；其发行对象为东北地区职工、农民、工商界、市民及其他人员，其中工商界所占比重最大，农民最小；公债分五年做五次偿还，公债利率为年息五厘，每年付息一次（夏锦良，1991）。1958年，中央政府通过了《中华人民共和国地方经济建设公债条例》（以下简称《条例》），决定从1959年起停止发行全国性债券，允许各省、自治区、直辖市在确有必要时可以发行地方经济建设公债。《条例》颁布后，江西、安徽、黑龙江等地根据自身情况，先后发行了少量的地方经济建设公债。但 1961 年起，我国开始构建高度集中的计划经济体制，中央政府不断加深对经济的集中程度，地方政府发行债券的行为暂时停滞。截至 1968 年我国还清所有的内债和外债，进入了长达近 20 年的"既无内债，又无外债"的时期。图 3 - 1 为这一时期的制度政策轴。

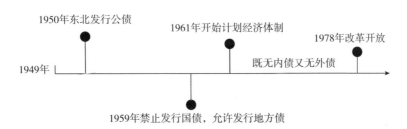

图 3 - 1　1978 年以前地方政府债务政策时间轴

3.1.2　改革开放之后我国地方政府债务的基本情况

直到 1978 年中央做出以经济建设为中心、实行改革开放的政策以后，地方政府债务才以常规性融资工具的身份重新登台。该时期内，地方政府债务的发展可以分为以下几个阶段：

1. 1979 ~ 1996 年是地方政府债务的初露端倪时期。

这一时期的制度轴如图 3 - 2 所示。

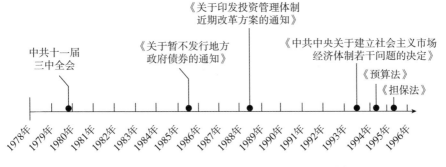

图 3 - 2　1978 ~ 1996 年地方政府债务制度时间轴

资料来源：全国地方政府性债务审计结果。

图 3 - 2 中显示，我国地方政府负有偿还责任的债务最早发生在 1979 年，有 8 个县区当年举借了政府负有偿还责任的债务。此后，各地开始陆续举债，其中，1979 ~ 1980 年，全国共有 4 个市级政府和 51 个县级政府

举借债务; 1981~1985 年, 全国共有 28 个省级政府、60 个市级政府、351 个县级政府举借债务; 1986~1990 年, 全国共有 33 个省级政府、181 个市级政府、1 184 个县级政府举借债务。① 1992 年, 上海市政府授权成立上海市城市建设投资开发总公司, 通过发行 "准市政债券" 筹措资金, 开创融资平台债务融资先河。此后, 其他各级地方政府纷纷采取该方式举债融资。1994 年, 我国进行了分税制财政体制改革, 中央上收部分财权, 下放事权, 地方政府承担的基础设施建设责任增大, 资金需求也随之增加, 财权与事权不对称引发地方政府的融资需求。在预算资金无法满足需求的情况下, 债务普遍成为地方政府填补基本建设资金缺口的工具。1995 年, 我国开始实行《预算法》, 规定 "地方各级预算按照量入为出、收支平衡的原则编制, 不列赤字。除法律和国务院另有规定外, 地方政府不得发行地方政府债券"。同年, 我国颁布的《担保法》明文列示, "地方政府及其职能部门无权对经济合同进行担保"。但事实上法律对地方政府的债务行为约束性十分脆弱, 各地区、各层级的地方政府自行举债、变相融资的行为普遍存在。截至 1996 年底, 全国所有省级政府、392 个市级政府中的 353 个 (占 90.05%) 和 2 779 个县级政府中的 2 405 个 (占 86.54%) 都举借了债务。该时期各级地方政府举债数量变化如图 3-3 所示。

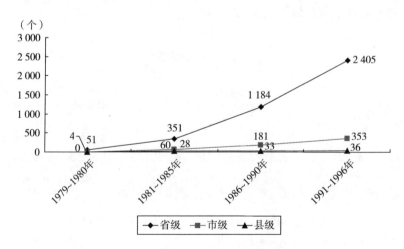

图 3-3 1979~1996 年各级地方政府举债数量变化

① 资料来源: 审计署, 审计结果公告 2011 年第 35 号: 全国地方政府性债务审计结果. 审计署网站.

2. 1997～2009 年是地方政府债务野蛮发展时期。

这一时期地方政府债务受两次危机的影响，逐步走向膨胀，图 3-4 为这一时期的政策时间轴。

第一次是发生于 1997 年的亚洲金融危机。通货紧缩、消费不足成为当时经济发展的主要障碍，与此同时，我国地方金融机构的风险日益暴露，非银行金融机构包括供销社社员股金会、城市信用社、信托投资公司以及农民基金会等，多年违规经营形成了大量不良资产，无法兑付社会和个人的巨额负债。此外，诸如粮食亏损挂账、养老金欠款、公务员和教师工资欠款等拖欠款项普遍存在。2001 年，根据农业部数据显示，中国乡级债务已达到 1 776 亿元，每个乡镇平均负债 400 万元。2002 年，审计署对中西部地区财政收支状况进行调查，发现截至 2001 年底，49 个县（市）中有 37 个累计瞒报赤字 10.6 亿元，49 个县（市）累计债务达 163 亿元。2003 年，西部某省开展撤并乡镇工作，隐藏的债务问题浮出水面，查明乡村两级负债达到 75 124.9 万元（姜宏青，2005）。

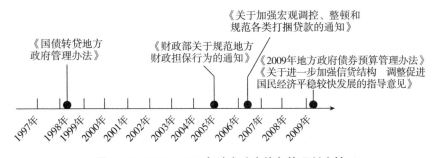

图 3-4　1997～2009 年地方政府债务管理制度轴

为维护社会与金融秩序的稳定，地方政府不得不承担其支付缺口。1998 年下半年，国务院决定增发一定数量的国债，由财政部转贷给省级政府，用于地方经济和社会发展。统计资料显示，1998～2005 年中央财政发行的约 9 900 亿元长期建设国债投资资金中约 1/3 是由中央转贷给地方，这在一定程度上也构成地方政府自行举债、变相融资的诱因（马金华，2011）。

第二次是发生于 2008 年的全球金融危机。面对国外严峻的经济形势，中央政府提出了"一揽子"计划，以投资刺激消费进而促进经济平稳较快发展，计划实施投资总额 4 万亿元，其中地方政府需承担 2.82 万亿元。在自主发债受限的现实下，融资平台举债成为地方政府融资的重要渠道。由于以政府信用为担保，各银行大力支持融资平台，地方政府融资平台如雨后春笋般大幅涌出。据银监会统计资料显示，截至 2009 年 5 月末，全国各省、区、直辖市共设立投融资平台公司为 8 221 家，其中县级平台高达 4 907 家（周睿，2014）。地方政府债务规模也随之急剧增长（如图 3 - 5 所示）。为了缓解地方政府在执行 4 万亿元刺激计划时所面临的财政压力，国务院批准由财政部代理地方政府发行 2 000 亿元政府债券，这在一定程度上又扩大了地方政府的债务规模。

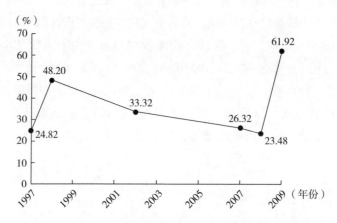

图 3 - 5　1997～2009 年以来地方政府债务余额增长率变化

这个阶段地方政府的债务只有国债转贷资金纳入预算管理体系，其余债务均以融资平台等变相举债方式存在，债务信息的不透明和债务资金管理的不规范，不仅增加了财政和金融风险隐患，而且导致诸多社会问题，包括财政收支信息失真，政府支出缺乏监督管理，致使有些地方政府大搞形象工程，腐败浪费财政资金的现象时有发生，政府的社会公信力下降，可以说，随着地方政府债务越滚越大，经济运行风险加剧，社会矛盾加剧。

3. 2010～2014 年是地方政府债务尝试规范改革期。

这一时期的地方政府债务制度时间轴如图 3 - 6 所示，经历了 2009 年的爆发式增长后，地方政府债务快速受到监管层高度重视。据审计署统计：截至 2010 年底，全国地方政府性债务余额为 107 174. 91 亿元，其中融资平台公司、政府部门和机构举借的分别为 49 710. 68 亿元和 24 975. 59 亿元，合计占比 69. 69%。① 面对规模巨大、结构复杂的债务，加强债务管理迫在眉睫。

① 资料来源：审计署，审计结果公告 2011 年第 35 号：全国地方政府性债务审计结果. 审计署网站.

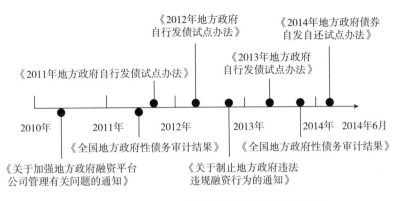

图 3 − 6　2010 ~ 2014 年地方政府债务管理制度轴

一方面,融资平台债务备受关注,面临清理整顿。2010 年 6 月国务院发布《关于加强地方政府融资平台公司管理有关问题的通知》,明确指出地方政府融资平台存在诸多的风险和问题。随后,国务院及相关监管部门先后发布文件以规范地方政府融资平台,2012 年 3 月银监会发布了《关于加强 2012 年地方政府融资平台贷款风险监管的指导意见》,要求银行原则上不得新增融资平台贷款规模。另一方面,地方政府债券债务试行变革。在"代发代还"地方政府债券成功运行 2 年后,2011 年地方政府开始实施"自发代还"债券模式。国务院批准上海、深圳、广东、浙江试点在国务院批准的额度内自行发行债券,由财政部代办还本付息。2013 年,新增江苏和山东为"自发代还"地方政府债券试点地区,发行和还本模式仍采用前述规定。2014 年地方政府开始实施新的债券模式——"自发自还"。经国务院批准,在以上 6 个试点地区的基础上,增加北京、青岛、宁夏、江西为试点地区,发债地区自行还本付息,由中央政府统筹管理,将发债额度控制在 4 000 亿元之内。

3.2　《预算法(2014)》实施后我国地方政府债务管理体系

3.2.1　《预算法(2014)》实施后我国地方政府债务的情况

2014 年 8 月通过的《预算法(2014)》赋予地方政府合法举债权。规定省级政府可以为自己或代表包括市、县等有融资需求的下级政府发行债券，由国务院确定并下发额度，并由全国人民代表大会审批。图 3 – 7 为 2014 年以后的地方政府债务政策时间轴。

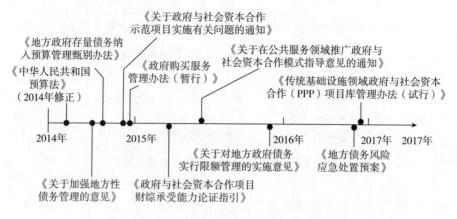

图 3 – 7   2014 年以后地方政府债务管理制度轴

一系列债务管理的规范文件相继下达，债务新政时期开启。一方面，地方政府举债融资机制初步形成。未来地方政府基础设施融资可通过：（1）地方政府债券，以省级政府为主体发行一般债券或专项债券；（2）PPP 政府与社会资本合作模式；（3）有收益的项目发行企业债券、项目收益票据等。另一方面，地方政府融资平台被剥离政府融资职能，面临转型。至于存量的融资平台债务，则由政府发行债券进行置换并纳入预算管理。据统计，2015 年财政部先后下达三批共 3.2 万亿元的地方债置换额度，置换包括地方融资平台等在内的地方政府负有偿还责任的存量债务，加上 5 000 亿元新增一般地方债和 1 000 亿元的专项地方债，地方债额度总共为 3.8 万亿元。① 2016 年置换债发行 4.87 万亿元，完成发行计划的 88%，新增债券发行 1.17 万亿元，几乎完成全部发行计划；全年完成新增债及置换债发行共计 6.04 万亿元（杨志锦，2016）。关于地方政府债务规模 2015 年统计如图 3 – 8 所示。2017 年，政府加强了对非标融资的监管，全面清查地方建设基金和 PPP，从而使得基建投资增速大幅度下降，进而使得地方政府债务无法续接，政府开始考虑对之前的一些政策进行调整。在此背景下，2018 年国务院办公厅发布《关于保持基础设施领域补短板力度的指导意见》，明确提出加大对在建项目和补短板重大项目的金融保持

---

① 国务院关于规范地方政府债务管理工作情况的报告 http：//www. mof. gov. cn/zhengwux-inxi/caizhengxinwen/201512/t20151223_ 1626635. html.

力度，合理保障融资平台公司正常融资需求，同时严禁违法违规融资担保行为，严禁以政府投资基金、PPP、政府购买服务等方式变相举债。

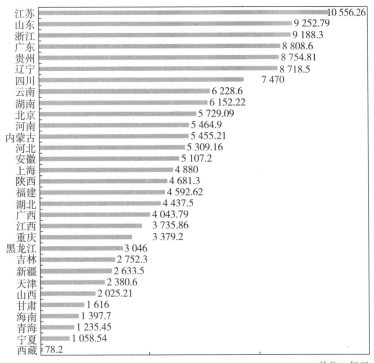

单位：亿元

图 3 - 8 2015 年末各省份政府债务余额

3.2.2 《预算法（2014）》实施后我国地方政府债务的基本制度框架

制度是一系列规则的集合体，用以管束组织、人们的行为，新制度经济学理论认为，只有通过制度构建，形成有效的约束与激励机制，才能规制或缓解组织中的各种机会主义行为，克服个体理性与集体理性的悖论。我国地方政府债务管理制度也是如此。地方政府债务规模的膨胀、债务风险的集聚、举债行为的不规范等诸多现实问题迫使债务管理制度的出台，指导并规范地方政府举债行为。2014 年 10 月 2 日，国务院办公厅正式对外发布《关于加强地方政府性债务管理的意见》（以下简称《债务管理的意见》），这是国务院首次发文全面规范地方政府债务管理，同时也标志着我国地方政府债务管理的制度框架初步形成。随后国务院、财政部以此意见为指导陆续发文，对地方政府债务管理的相关内容进行细化规定，也是进一步完善我国地方政府债务管理的制度框架。本书对 2014 年以来国务院和财政部出台的涉及地方政府债务管理的文件进行汇总分类，如表3-1所示。在分析地方政府债务管理制度时，有一个非常重要的背景不容忽视：2014年8月31日，中共第十二届全国人大常务委员会第十次会议通过《全国人民代表大会常务委员会关于修改〈中华人民共和国预算法〉的决定》，《预算法（2014）》出台。其中第35条明确规定，"经国务院批准的省、自治区、直辖市的预算中必需的建设投资的部分资金，可以在国务院确定的限额内，通过发行地方政府债券举借债务的方式筹措。举借债务的规模，由国务院报全国人民代表大会或者全国人民代表大会常务委员会批准"。也就是说，《预算法（2014）》放行地方政府在限额内发债筹资。在此情况下出台的《债务管理的意见》，既是对《预算法（2014）》诸多规定的衔接，也是对债务管理内容多方面的部署，搭建债务管理制度的基本框架。在此之后的诸多文件也皆是以此为核心、以此为指导，对债务管理的某一部分、某一内容进行细化规定，共同构成地方政府债务管理制度。对我国目前的地方政府债务管理制度框架（见图3-9）进行初步解读。

表3-1　　　　　　　　　　　我国地方政府债务管理文件情况

分类	文件名
地方政府债券	《关于加强地方政府性债务管理的意见》
	《2014年地方政府债券自发自还试点办法》
	《地方政府一般债券发行管理暂行办法》
	《关于做好2015年地方政府一般债券发行工作的通知》
	《地方政府专项债券发行管理暂行办法》
	《关于做好2015年地方政府专项债券发行工作的通知》
	《关于2015年采用定向承销方式发行地方政府债券有关事宜的通知》
	《关于做好2016年地方政府债券发行工作的通知》
	《关于做好2017年地方政府债券发行工作的通知》
	《2015年地方政府专项债券预算管理办法》
	《2015年地方政府一般债券预算管理办法》
	《关于试点发展项目收益与融资自求平衡的地方政府专项债券品种的通知》
	《关于做好2018年地方政府债券发行工作的意见》
	《关于做好2018年地方政府债务管理工作的通知》
	《关于做好地方政府债券发行工作的意见》
	《关于做好地方政府专项债券发行及项目配套融资工作的通知》

分类	文件名
政府与社会资本合作	《关于创新重点领域投融资机制鼓励社会投资的指导意见》
	《关于在公共服务领域推广政府和社会资本合作模式指导意见的通知》
	《关于运用政府和社会资本合作模式推进公共租赁住房投资建设和运营管理的通知》
	《关于进一步做好政府和社会资本合作项目示范工作的通知》
	《关于实施政府和社会资本合作项目以奖代补政策的通知》
	《关于规范政府和社会资本合作(PPP)综合信息平台运行的通知》
	《PPP物有所值评价指引(试行)》
	《关于进一步共同做好政府和社会资本合作(PPP)有关工作的通知》
	《政府和社会资本合作项目财政管理暂行办法》
	《政府和社会资本合作(PPP)综合信息平台信息公开管理暂行办法》
	《政府和社会资本合作(PPP)咨询机构库管理暂行办法》
	《关于规范政府和社会资本合作(PPP)综合信息平台项目库管理的通知》
	《财政部关于进一步加强政府和社会资本合作(PPP)示范项目规范管理的通知》
	《关于推进政府和社会资本合作规范发展的实施意见》
融资平台	《关于妥善解决地方政府融资平台公司在建项目后续融资问题意见的通知》
	《关于保持基础设施领域补短板力度的指导意见》
债务限额	《关于对地方政府债务实行限额管理的实施意见》
	《新增地方政府债务限额分配管理暂行办法》
预算管理	《地方政府存量债务纳入预算管理清理甄别办法》
	《地方政府一般债务预算管理办法》
	《地方政府专项债务预算管理办法》
	《关于全面实施预算绩效管理的意见》
债务风险	《关于印发地方政府性债务风险应急处置预案的通知》
	《关于印发〈地方政府性债务风险分类处置指南〉的通知》
	《关于加强保险资金运用管理支持防范化解地方政府债务风险的指导意见》
财务报告	《关于批转财政部权责发生制政府综合财务报告制度改革方案的通知》
	《关于修订印发〈政府部门财务报告编制操作指南(试行)〉的通知》
债务监督	《财政部驻各地财政监察专员办事处实施地方政府债务监督暂行办法》

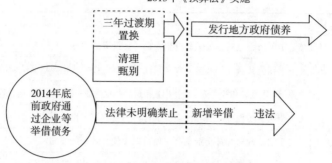

图 3-9　地方政府债务管理制度框架

系统梳理 2014 年以来我国国务院和财政部出台的涉及地方政府债务管理的文件，发现目前我国的地方政府债务管理制度是以《债务管理的意见》为核心，其基本内容包括：建立规范的地方政府举债融资机制、对地方政府债务实行规模控制和预算管理、控制和化解地方政府性债务风险、地方政府债务发行管理流程以及完善配套制度五方面。具体分析如下：

1. 地方政府举债融资机制。

建立规范的地方政府举债融资机制意味着政府债务由谁举、怎么举债有明确的规定，是债务管理的重要组成部分。现有文件主要是围绕两方面展开：

（1）地方政府债券管理。主要围绕政府债券的发行工作、预算管理、会计核算展开。如 2014 年 5 月，财政部出台《2014 年地方政府债券自发自还试点办法》，新增北京、青岛、宁夏和江西作为地方债券"自发自还"试点地区，对试点地区的债券发行进行规范。2015 年，财政部连续印发多份文件，包括《地方政府一般债券发行管理暂行办法》《地方政府专项债券发行管理暂行办法》《关于 2015 年采用定向承销方式发行地方政府债券有关事宜的通知》等，明确规定了地方政府债券发行工作。同时财政部下发通知对 2016 年、2017 年的政府债券发行工作进行安排。为落实《预算法（2014）》中将政府债务纳入预算管理的规定，财政部印发《2015 年地方政府专项债券预算管理办法》和《2015 年地方政府一般债券预算管理办法》，从预算编制、预算科目、预算执行、监督检查等方面对地方政府债券预算管理进行规范。2018 年，为加强地方政府债券发行工作的规范，做好地方政府债券发行工作，财政部先后发布了《关于做好 2018 年地方政府债券发行工作的意见》《关于做好 2018 年地方政府债务管理工作的通知》，从债券发行计划、债券定价、期限结构、信用评级与信息披露、投资主体、债券资金等方面提出意见。2019 年，财政部发布《关于做好地方政府债券发行工作的意见》，在 2018 年的基础上进行补充，推出地方政府债券柜台发行、规范地方债券发行现场管理等规范意见。

（2）政府与社会资本合作管理。为建立健全 PPP 模式与创新投融资方式，2014 年 11 月国务院专门印发《关于创新重点领域投融资机制鼓励社会投资的指导意见》，为社会资本参与重点领域建设指明了前进方向。2015 年 5 月，国务院转发财政部等三部委《关于妥善解决地方政府融资平台公司在建项目后续融资问题的意见》，重点提出两方面意见：一是规范和支持在建项目的存量与增量融资需求；二是部分项目采取 PPP 模式和发行地方政府债券的方式予以解决。随后财政部多次发文，对政府与社会资本合作在某领域运营的管理、信息公开等方面进行规定，重点包括《关于运用政府和社会资本合作模式推进公共租赁住房投资建设和运营管理的通知》《PPP 物有所值评价指引（试行）》《政府和社会资本合作项目财政管理暂行办法》《政府和社会资本合作（PPP）综合信息平台信息公开管理暂行办法》《政府和社会资本合作（PPP）咨询机构库管理暂行办法》《财政部关于进一步加强政府和社会资本合作（PPP）示范项目规范管理的通知》《关于推进政府和社会资本合作规范发展的实施意见》等。

2. 地方政府债务限额管理和预算管理。

（1）地方政府债务限额管理。财政部于 2015 年和 2017 年分别下发《关于对地方政府债务实行限额管理的实施意见》和《新增地方政府债务限额分配管理暂行办法》，对限额的具体标准进行明确规定。地方政府债务规模实行限额管理，地方政府举债规模不得突破批准的限额。地方政府一般债务和专项债务规模纳入限额管理，由国务院确定并报全国人大或其常委会批准，分地区限额由财政部在全国人大或其常委会批准的地方政府债务规模内根据各地区债务风险、财力状况、地方政府投资项目资金需求以及承担国家重大战略情况等因素测算并报国务院批准。

政府负有偿还责任且需通过财政资金偿还的外贷，纳入政府债务限额管理；政府负有担保责任的外贷，不纳入政府债务限额管理。市政府在国务院批准的限额内确定市、区级政府债务规模，报市人大或其常委会批准。各区级政府债务限额由市财政部门综合考虑各区级财力状况、债务率、项目资金需求等因素测算并报市政府批准。

2015 年以来，国务院及其财政等部门按照预算法等要求，在每年全国人民代表大会批准地方政府债务新增限额后下达分省债务限额，再由地方人大常委会通过批准政府预算调整方案的方式，批准发行地方政府债券，保障债券资金合法、合规地使用。但实践中，财政部每年 3 月在全国人民代表大会批准预算后，将国务院批准的分地区地方政府债务限额下达各地，各地依法调整预算报同级人大常委会批准后，发行地方政府债券。由于省级人大常委会召开会议批准涉及政府债券资金安排的预算调整方案的时间一般在 5 月左右，导致地方政府债券发行使用进度偏慢，出现上半年无债可用、下半年集中发债的情况，不利于提高债券资金使用效率，也影响了预算执行进度。尽管近年来财政部每年都提前通知地方做好发债项目准备，但仍不能解决上半年发债进度偏慢的问题。

2018 年 12 月 23 日在中共十三届全国人民代表大会常务委员会第七次会议上，财政部部长刘昆做关于提请审议授权提前下达部分新增地方政府债务限额的议案的说明。刘昆部长提议参照《预算法（2018）》关于提前下达转移支付预计数的规定和做法，从 2019 年起，授权国务院根据宏观调控政策需要，在当年新增地方政府债务限额的 60% 以内，提前下达部分下一年度新增地方政府债务限额（包括一般债务限额和专项债务限额），由地方根据需要在下一年度抓紧安排发债，提前下达情况报全国人大常委会备案。待全国人民代表大会批准下一年度地方政府债务限额后，必要时国务院将对已提前下达的各地债务限额做相应调整，确保年末地方政府债务余额不突破限额。2018 年 12 月 29 日，中共十三届全国人大常委会第七次会议表决通过了关于授权国务院提前下达部分新增地方政府债务限额的决定。根据决定，在 2019 年 3 月全国人民代表大会批准当年地方政府债务限额之前，授权国务院提前下达 2019 年地方政府新增一般债务限额 5 800 亿元、新增专项债务限额 8 100 亿元，合计 13 900 亿元。决定还授权国务院在 2019 年以后年度，在当年新增地方政府债务限额的 60% 以内，提前下达下一年度新增地方政府债务限额（包括一般债务限额和专项债务限额）。授权期限为 2019 年 1 月 1 日至 2022 年 12 月 31 日。这有利于地方政府更好地落实项目安排，及早发挥政府债券资金对稳投资、扩内需、补短板的重要作用。

（2）地方政府债务预算管理。2014 年，国务院出台《国务院关于加强地方政府性债务管理的意见》，规范地方政府债务管理机制，赋予地方政府依法适度举债权限。政府债务只能通过政府及其部门举借，不能通过企事业单位等举借，规定主体仅限于省、自治区、直辖市政府，省级以下无举债权，市县级政府可由省级政府代为举借。根据《债务管理意见》，发行地方政府债是地方政府举债的唯一来源，没有收益的公益性事业发展确需政府举借一般债务的，由地方政府发行一般债券融资，主要以一般公共预算收入偿还。有一定收益的公益性事业发展确需政府举借专项债务的，由地方政府通过发行专项债券融资，以对应的政府性基金或专项收入偿还。

另外，财政部在 2016 年先后颁布的《地方政府一般债务预算管理办法》和《地方政府专项债务预算管理办法》，对地方政府债务预算管理提出具体规范要求：第一，一般债务预算管理。地方政府一般债务预算管理办法规定：一般债务收入、安排的支出、还本付息、发行费用纳入一般公共预算管理。除外债转贷外，一般债务收入通过发行一般债券方式筹措。省、自治区、直辖市政府为一般债券的发行主体，具体发行工作由省级财政部门负责。市县级政府确需发行一般债券的，应当纳入本省一般债务预算管理，由省级政府统一发行并转贷给市县级政府。经省政府批准，计划单列市政府可以自办发行一般债券。第二，专项债务预算管理。地方政府专项债务预算管理办法规定：专项债务收入、安排的支出、还本付息、发行费用纳入政府性基金预算管理。专项债务收入通过发行专项债券方式筹措。省、自治区、直辖市政府为专项债券的发行主体，具体发行工作由省级财政部门负责。市县级政府确需发行专项债券的，应当纳入本省专项债务预算管理，由省级政府统一发行并转贷给市县级政府。

3. 地方政府债务风险的管理。

（1）建立债务风险预警机制。地方财政部门根据国家、省统一标准和各区（市）一般债务、专项债务等情况，测算债务率、新增债务率等指标，考核评估各区（市）债务风险状况，对债务高风险区（市）进行风险预警，建立约谈制度。列入预警范围的高风险区（市）要认真排查债务风险点，制定化解债务风险工作方案，严格举债投资项目审批，加大偿债力度，逐步降低风险。债务风险相对较低的区（市），要合理控制债务余额规模和增长速度。

市级财政部门负责建立政府债务预警指标体系，并根据本市经济社会发展和财政收支情况，定期对政府债务预警指标进行调整。政府债务主要预警指标如下：

一是偿债率。偿债率主要用于考察当年债务支出占地方财政一般预算收入的比例，确保当年有足够的财力偿还本息。

偿债率＝当年由财政性资金偿还的政府债务本息÷当年地方财政一般预算收入

二是负债率。负债率主要反映政府债务的存量情况，考察在财政收入动态增长的前提下，各级政府能够承受的债务总量。

负债率＝当年债务余额÷当年地方财政一般预算收入

三是债务逾期率。债务逾期率主要反映当前及历史债务的偿还情况，考察政府的还债能力。

债务逾期率＝累计逾期债务金额÷累计到期债务金额

四是债务率。债务率是年末债务余额与当年政府综合财力的比率，是衡量政府债务规模大小的指标。

债务率＝地方政府债务余额÷地方政府综合财力

（2）健全债务风险防控机制。2016年10月施行的《地方政府性债务风险应急处置预案》，根据政府性债务风险事件的性质、影响范围和危害程度等情况，风险级别划分为Ⅰ级（特大）、Ⅱ级（重大）、Ⅲ级（较大）、Ⅳ级（一般）。市县政府年度一般债务付息支出超过当年一般公共预算支出10%的，或者专项债务付息支出超过当年政府性基金预算支出10%的，必须启动财政重整计划。

有关区（市）、有关部门要对使用政府债务资金新建项目进行充分论证，对一般公共预算、政府性基金预算的偿债能力和有收益项目的收益预期进行客观评估；对项目建设进度、资金使用和偿债收益要予以监管，在确保债务资金安全使用的同时，督促使用单位加强财务管理、统筹安排偿债资金，确保偿债资金和收益不被挪用；对存量或有债务建设项目和偿债收入要进行有效监督，将政府连带偿债责任降到最低限度。

（3）建立债务风险应急处置机制。按照分级负责、风险自担的原则，各区（市）政府对本区（市）举借的债务风险负总责，市政府实行不救助原则。各区（市）政府要落实偿债责任和风险防控责任，制定应急处置预案，确保不发生区域性、系统性风险。市、区（市）政府出现偿债困难时，要通过控制项目规模、压缩公用经费、处置存量资产等方式，多渠道筹集资金偿还债务；确实难以自行偿还债务时，要及时上报，同时及时启动债务风险应急处置预案，积极化解债务风险，并严肃追究相关人员责任。要健全完善偿债准备金制度，防范化解政府债务风险。

（4）建立债务风险考核机制。《地方政府性债务风险应急处置预案》明确规定，省级政府应当将地方政府性债务风险处置纳入政绩考核范围，主要包括：第一，建立风险考核机制。以Q市为例，Q市是两个风险考核机制。一个是市财政部门负责对区（市）债务预警指标进行考核，考核结果纳入全市目标绩效考核体系，政府债务管理纳入全市科学发展综合考核，与政绩直接挂钩，政府债务的举借、使用、偿还和提供担保等情况列入领导干部经济责任审计范围，其审计结果作为考核领导干部的依据；另一个是市委的深化改革考核。第二，建立考核问责机制。把政府性债务作为一个硬指标纳入政绩考核。明确责任落实，各省、自治区、直辖市政府要对本地区地方政府性债务负责任。强化教育和考核，纠正不正确的政绩导向。对脱离实际过度举债、违法违规举债或担保、违规使用债务资金、恶意逃废债务等行为，要追究相关责任人的责任。

4. 地方政府债券发行管理流程。

（1）部门审批流程。地方债发行前一年，市县级政府财政部门会同行业主管部门上报下一年的一般债和专项债额度需求，由省级财政部门汇总上报财政部，经国务院报全国人大批准全年债务新增限额。财政部根据《新增地方政府债务限额分配管理暂行办法》，在全国人民代表大会或其常务委员会批准的债务限额内，根据债务风险、财力状况等因素并统筹考虑国家调控政策、各地区公益性项目建设需求等，提出分地区债务限额及当年新增债务限额方案，报国务院批准后下达省级财政部门，省级财政部门在财政部下达的本地区债务限额内，根据债务风险、财力状况等因素并统筹考虑本地区公益性项目建设需求等，提出省本级及所辖各市县当年债务限额方案，报省级人大批准后下达市县级财政部门（见图3－10）。

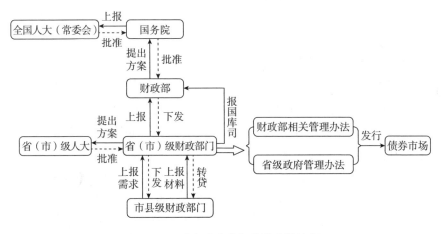

图3－10　地方政府发行债券审批流程

市县级财政部门通过方案制定、材料撰写，上报省级财政部门进行审核，省级财政部门报财政部审核通过后，向国库司申请组织发行，通过债券市场完成发行后由省级财政部门转贷给市县。

（2）发行方式及程序。地方政府债的发行市场包括银行间债券市场与交易所债券市场。其发行方式包括公开发行（公开招标和公开承销）和定向承销发行，其中公开发行单一期次发行额在 5 亿元以上的须通过招标方式发行。定向承销类仅在银行间市场进行发行，目前暂不可交易。根据相关规定，地方政府债应当在中债登办理总登记托管，在交易所办理分登记托管（见图 3 – 11）。

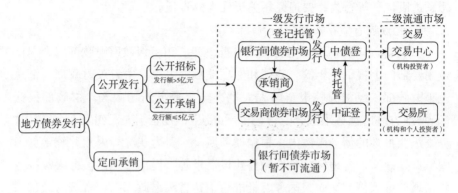

图 3 – 11　地方政府债券发行程序

（3）地方政府债券招标发行规则。本书以 Q 市 2018 年发行地方政府债券的基本流程为例，介绍以下政府债券招标发行的基本规则。

一是招标方式。2018 年 Q 市政府债券通过"财政部政府债券发行系统""财政部上海证券交易所政府债券发行系统"或"财政部深圳证券交易所政府债券发行系统"面向 2017 ~ 2019 年 Q 市政府债券承销团招标发行，采用单一价格荷兰式招标方式，招标标的为利率。全场最高中标利率为当期 Q 市政府债券票面利率，各中标承销团成员按面值承销。

二是中标原则。中标募入顺序：全场有效投标量大于当期招标量时，按照低利率优先的原则对有效投标逐笔募入，直到募满招标额为止。全场投标量小于或等于招标量时，所有投标全额募入。其中最高中标利率标位中标分配顺序，以各承销团员在最高利率标位的有效投标量占该标位总有效投标量的权重进行分配，最小中标单位为 0.1 亿元，分配后仍有尾数时，按照投标时间优先原则进行分配。

三是债权托管和确认。在招投标结束后 15 分钟内，各中标承销团成员应通过招投标系统填制"债权托管申请书"，在国债登记公司、证券登记公司上海、深圳分公司选择托管，逾期未填制的，系统默认全部在国债登记公司进行监管。

Q 市政府债券的债权确立施行见款付券方式，承销团成员不晚于缴款日（招标日后第 1 个工作日）将发行款缴入国家金库 Q 市分库，Q 市财政局于债权登记日（招标日后第 2 个工作日）中午 12：00 前，向国债登记公司提交《债券发行款到账确认书》，国债登记公司据此办理债权确认，完成债券登记。国债登记公司将涉及证券登记公司上海、深圳分公司托管的部分，于债权登记日通知证券登记公司上海、深圳分公司。

四是分销。Q 市政府债券分销，是指在规定的分销期限内，中标承销团成员将中标的全部或部分 Q 市政府债券债权额度转让给非承销团成员的行为。其中分销方式为：Q 市政府债券采取场内挂牌、场外签订分销合同等分销方式。分销对象为：Q 市政府债券承销团成员间不得分销。非承销团成员用分销获得的 Q 市政府债券债权额度，在分销期内不得转让。承销团成员根据市场情况自定价格分销。

5. 地方政府债务管理的相关制度发布。

地方政府债务管理的落实还需要相关配套制度的配合。《债务管理的意见》提出，要完善债务报告和公开制度，建立考核问责机制，强化债权人约束。就目前而言，债务报告和公开正逐步被提上改革日程。2014 年 12 月，国务院发布《关于批转财政部权责发生制政府综合财务报告制度改革方案的通知》，标志着政府综合财务报告制度改革在我国正式启动。这一改革能够让市场对政府信用、绩效以及偿债能力做出更加客观、公正的评估。2018 年 9 月，《中共中央 国务院关于全面实施预算绩效管理的意见》出台，要求积极开展政府债务项目绩效管理，能够更大程度上加强债务预算管理，切实做到"花钱必问效，无效必问责"，相关文件见表 3－1。

归纳这些文件的规范和要求，形成了当前至未来的地方政府债务管理和监督的"闭环"体系，见图 3－12。

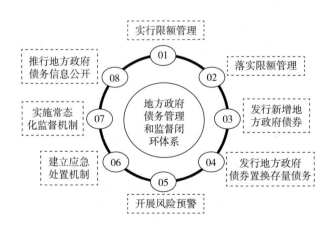

图 3－12　地方政府债务管理和监督的"闭环"体系

综合来看，继地方政府举债合法化后，地方政府债务管理制度建设被提上重要日程。国务院、财政部等密集出台相关政策的制度供给行为充分显示出：我国政府在观念上已认识到制度建设的重要性、迫切性，并且在实践中已踏出制度建设的脚步，进行制度建设的初步尝试，以制度规范约束政府举债行为，闭环体系的债务管理制度框架成为未来发展的方向。然而，我国地方政府债务管理走过的是一条"先有果，后有因"的路径，在没有建立完善的债务管理制度的情况下，举债行为和债务资金的使用已经遍地开花，也因此导致了一系列的弊端。随着债务资金规模的增加和范围的扩大，由这些弊端所积累的风险也在引起各方的关注。各部门迫于情势，陆续出台了相应的债务管理制度。尽管现有的地方政府债务管理制度已形成了基本的管理框架，但其内容构成、现有制度建设仍存在两个方面的问题有待进一步解决并完善。一是债务管理制度制定的层级问题。具体可表现为：（1）纲领性政府资金管理和应用性资金管理的政策体系尚不完善。纲领性文件介于《预算法（2014）》与具体债务管理制度之间，既是对《预算法（2014）》中涉及债务管理内容的衔接，又是对具体债务管理制度的统领。而我国目前的债务管理规范中尚未形成以预算法为基础的纲领性政策和实务性政策相连贯的政策体系。（2）原则性政策逐步出台缺乏和债务管理相关联的具体操作性文件指导实务。债务管理政策的最终点在于落地，如何落地、应按什么程序落地、怎么操作等问题，都属于具体操作性文件的内容范畴。而此类性质文件目前尚处于不完善状态，缺乏"具体操作手册"，各种不规范、变异的政府融资行为也由此产生，整个债务资金核算的制度和实务就处于这种亟须在债务管理政策体系中予以落地的状态。也就是说，政府债务管理制度的不完善将会直接影响到债务信息的生成与报告；反之，债务信息的不完善一定会影响债务管理制度的有效性。二是债务管理制度内容的涵盖问题。地方政府的债务资金从举借到使用，再到项目完成运营，涉及包括决策单位、提供资金的金融单位、债务担保单位、资金使用单位、资金监管单位和项目托管单位等多个主体的经济活动，这些单位在地方政府债务资金管理的链条中，承担不同的管理职责，如果在债务管理制度中不全面加以规范，难以体现其完整性，也难以对相关主体的经济行为进行约束，最终会影响资金的使用目标和管理效益。此外，现有债务管理文件更多的是对地方政府债务"定性"的管理及规范，缺少详尽可靠、可量化的技术指标及技术参数作为管理依据。地方政府债务管理制度不是一个孤立的制度，它上连国家宏观经济政策和法律法规体系，下连资本市场运行准则，中间是我国各地方政府自身的理财能力建设。这个制度的完善依赖于其他制度的有效性和相互适应性，反之，这个制度的建设也会倒逼其他制度的改革与完善（姜宏青、王硕，2012）。因此，完善地方政府债务管理制度，建立层次分明、内容覆盖全面的债务管理制度体系是十分必要的，其中债务资金信息系统的建设与信息披露就是债务管理制度不可或缺的部分，也是明确各相关主体责任的基本载体。

因此，本书就是基于这个"闭环"的债务管理政策体系的指引下，将债务资金的会计信息系统与之相连，通过完善债务会计信息的生成与披露，并对会计信息系统的衍生性制度（比如债务信息分析体系、债务风险预警指标和内部控制制度等）进行相关设计，促进债务管理政策体系的有效落地。

3.3 我国地方政府融资平台与转型

3.3.1 地方政府融资平台的调研报告

1. 基本情况介绍。

Q 城市投资建设集团（以下简称"城投集团"）成立于 2008 年，是该市政府直属国有投资集团，国内 3A 最高信用评级企业，总资产近千亿元。拥有土地一级开发、新区建设、城乡统筹开发、旅游投资运营、市政资源开发、城乡金融等领域的 15 家核心子公司。集团组建以来，先后完成 50 余项城市基础设施项目投融资及建设工作，对该市多个重点工程进行了战略性投资，每年承担城市基础设施建设投融资任务逾百亿元。

城投集团承担的政府投资项目分为两类：一是融资平台项目，指集团负责融资任务但不负责建设任务的政府投资项目。二是融资建设项目，指集团负责融资和建设任务的政府投资项目。城投集团现承担污水处理、水利治理、路桥建设、医院改扩建等 60 个市财力投资民生项目的融资建设任务。截至 2014 年末，集团与国开行等金融机构签订项目借款合同金额 246 亿元。2014 年底，市财政局对政府债务融资平台进行了政府债务甄别，确认城投集团的政府项目债务本金余额为 192.72 亿元，其中含 57 个政府负有偿还责任的债务 178.51 亿元及 2 个政府可能承担一定救助责任的债务 14.21 亿元。截至 2015 年 8 月底，当年政府项目市财力预算内偿还本金为 6.15 亿元，市财力债券置换偿还城投集团承贷的三个项目贷款总计为 13.17 亿元。

2. 融资平台项目运营分析。

（1）项目主体分析。融资平台承担的政府项目参与主体较多，按照业务流程，描述项目中涉及的参与主体如图 3-13 所示。参与主体可归纳为：第一，政府部门。包括发改委、财政局、规划局、国土资源和房屋与管理局、环保局、审计局、监察局等。具体来说，市政府确定社会发展规划，确定需要投资或发展的项目，由发改委进行立项、项目建议书、可行性研究、筹划报批等前期工作。规划局、国土资源和房屋与管理局等负责对项目的审批工作。发改委确定要投资建设的项目所需要的资金（通常是项目投资的 20% 为资本金），由财政安排配置。政府部门（如审计局、监察局、稽查办等）在融资建设全过程中行使监督管理职能。第二，城投集团。政府将项目交给城投集团，城投集团负责对项目进行融资建设，或者只负责融资，通过公开招标选择施工承包商和原料供应商等。第三，国家开发银行。主要负责对项目资金支付依据的合规性以及资金流向进行复核，按规定的流程办理有关贷款资金的拨付。第四，建设单位。通过投标方式从政府获得项目建设的特许权。负责提供项目建设所需的技术，组织项目的建设，并承担相应的项目风险。包括通过招投标方式产生相应的设计单位、施工单位、监理单位和设备、原材料供应商等。

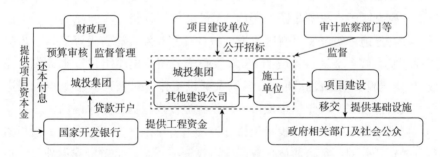

图 3-13 主体视角融资平台项目管理流程

（2）项目资金流分析。按照项目开展中资金的流向，我们将城投集团融资平台项目的资金管理分成三个阶段，即：资金筹集、项目建设和资金偿还三个阶段。将调研中的相关资料进行总结，我们按照资金的使用环节分别将其与相关的涉及的部门以及过程当中出现的资金使用凭证进行匹配，总结如表 3-2 所示。

表 3 - 2	项目资金流分析	
资金流	涉及部门主体	涉及凭证
资金筹集	项目工程开发建设指挥部、市发展和改革委员会、财政局、国家开发银行、城投集团	财政部关于贷款、资本金的通知
资金使用	建设施工单位、市政建设发展有限公司、财政国库支付局、国家开发银行、城投集团	项目进程证明、利用国家开发银行政策性贷款的付款申请、贷款资金支付审批单、政府投资项目贷款资金结报单、付款通知书、收款单位明细表
资金偿还	城投集团、财政局	债务偿还计划表

第一阶段，资金筹集。市发展和改革委员会批复项目后，城投集团要做项目概算，经市发展和改革委员会审批同意以后，财政局会拨付项目建设资金的20%，作为项目的启动资金（国家规定项目启动资金比例不得低于20%，一般1:4配比），存入国家开发银行，同时国家开发银行等提供配套贷款80%，作为项目的建设资金，该资金只能用于与该项目有关的支出。国家开发银行配套资金按照城投集团在国家开发银行与有关该项目的存款配套（见图3-14）。

图 3 - 14　资金筹集流程

第二阶段，项目建设。项目建设阶段涉及的资金问题主要是资金支付，项目资金支付的对象主要是项目的施工单位，施工单位分为城投集团内部子公司和通过招标引入参与建设的项目单位，二者资金流动有相似之处。具体来看：随着工期的进展，项目的推进，项目建设监理以及计量单位开具项目进程证明给建设单位，建设单位据此填写"政府投资项目贷款资金结报单"（该结报单一式四份，分别交于相关建设单位、国家开发银行、城投集团财务部和资金运营部）；交付财政国库支付局，财政国库支付局需按照项目实际工作进度、配套资金到位情况出具审核意见；财政局审核之后，将结报单送交国家开发银行，国家开发银行的客户经理、处长应该在收到材料之后2个工作日进行复核，复核无误之后，进行盖章；国家开发银行复核之后，将结报单送交城投集团，城投集团应该在收到材料之后 4 个工作日内对支付事项进行确认，开出付款通知书让国家开发银行付款。此外，在资金支付过程中应该特别注意的是，若付款事项低于 5 000 万元由总会计师负责签字，超过 5 000 万元由总经理联签；若付款业务发生退票业务，国家开发银行应于退票后 2 个工作日内，将退款通知书送达财政支付局（见图 3 - 15）。

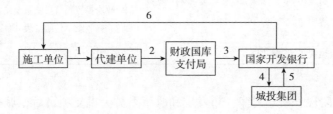

图 3 - 15　资金使用流程

第三阶段，资金偿还。在银行贷款宽限期 5 年内，由市财政负责偿还贷款利息。在银行贷款进入还本期后，先由集团利用利润、投资收益、资产盘活、其他自有资金等及时偿还贷款本息；如届时有困难不能及时足额偿还到期贷款本息，由市财政按照银行借款合同还款计划暂行代偿或偿还。

3. 融资平台项目存在的问题及建议。

通过对该城投集团项目的分析，发现其项目管理上存在的问题：（1）在城投融资项目多主体环境下，信息不对称可能影响政府监督的效率和效果。财政支付局作为政府的一方代表，担负有资金支付审核的责任，实务操作中可能会存在因为财政脱离项目建设，而对资金浪费等问题监管不力；项目建设分散在不同主体中，各主体之间独立核算，使得政府无法对整个项目形成一个完整概念。（2）融资平台的资金由政府全程掌控，资金支付由政府控制，其存在信息不透明或者不完全的问题，使得他方尤其是银行可能无法对资金有很好的管控和约束；融资平台债务核算不健全，通过调研信息获知，城投集团在资金借贷和偿还的某些环节还存在衔接问题，使得某些债务被隐藏；项目完工后出现资产移交困难问题。（3）城投集团债务规模高，使得抗风险能力降低。虽然城投集团融资平台管理依赖于财政支持，但是债务规模过大，使得融资平台管理在信用评级、项目承接和项目建设等方面面临不利的环境，并且面临资金流紧张的问题。

3.3.2 地方政府融资平台债务置换与运营转型

1. 《预算法（2014）》及其配套政策促进融资平台转型。

地方政府融资平台是由地方政府及其部门和机构等通过财政拨款或注入土地、股权等资产设立，承担政府项目投资融资功能，并拥有独立法人资格的经济实体。实际上广泛包括地方政府组建的不同类型的城市建设投资公司、城建开发公司、城建资产经营公司等，这些公司通过划拨土地等资产组建一个资产和现金流大致可以达到融资标准的公司，必要时辅以财政补贴等作为还款承诺，重点将融入的资金投入市政建设、公用事业等项目之中（巴曙松，2009）。融资平台是我国分税制改革与城镇化背景下，地方政府变相融资的产物，在加强地方基础设施建设、加快地方经济发展、提高居民生活水平等方面发挥了积极作用。可以说，长期以来，我国地方政府的投融资活动基本都是由融资平台完成的，在财政资金难以有效满足政府投资需求的情况下，融资平台通过开发、利用土地等公共资源，为公益性、准公益性项目建设提供了有力的资金保障，对城市建设和产业发展发挥了积极的作用（刘立峰，2015）。尤其是在 2008 年经济危机时期，中国政府宣布了 4 万亿元的经济刺激计划，中央允许甚至鼓励地方政府从银行借贷以支持基础设施项目。一时间，地方政府融资平台在全国迅猛发展，根据媒体报道，截至 2009 年 6 月，全国各省、区、直辖市合计设立 8221 家平台公司，其中县级平台高达 4 907 家。但与此同时，由于融资平台本身机制体制缺陷、运作不规范、信息不透明及缺乏有效监督等问题（梅建明、刘秦舟，2014），致使地方政府债务规模增加的同时，债务风险也在不断上升，潜在威胁财政金融及社会的安全稳定。

针对融资平台债务问题，中央政府下发了一系列政策文件对此进行规范，最为典型的是以《预算法（2014）》为核心的债务管理政策。此前，2010 年《国务院关于加强地方政府融资平台公司管理有关问题的通知》下发，融资平台即开始了缓慢的转型之路。《预算法（2014）》规定：经国务院批准的省、自治区、直辖市的预算中必需的建设投资的部分资金，可以在国务院确定的限额内，通过发行地方政府债券举借债务的方式筹措。除此之外，地方政府及其所属部门不得以任何方式举借债务。除法律另有规定外，地方政府及其所属部门不得为任何单位和个人的债务以任何方式提供担保。《预算法（2014）》赋予地方政府合法的举债权，真正解决了地方政府债务如何借的问题，融资平台隐蔽举债的后门被堵。国务院颁布的《关于加强地方政府性债务管理的意见》更是明确规定剥离融资平台公司政府融资职能，明确政府债务不得通过企事业单位等举借，只能通过政府及其部门举借，融资平台不得新增政府债务。这无疑加速了融资平台的转型。随后财政部颁布了《地方政府存量债务纳入预算管理清理甄别办法》，明确了将地方政府融资平台存量债务转化为政府债务的基本原则和方案。对平台债务的清理整理实际上是为融资平台的转型做前期准备。

如此看来，在《预算法（2014）》及其相关配套政策法规的实施下，融资平台的政府融资职能被彻底剥离，以前的运作模式已不可再继续。新规之下，融资平台公司如果不想面临退出市场的窘境，那么转型势在必行（姜宏青、于红，2017）。

2. 融资平台债务置换。

为贯彻落实国务院《关于加强地方政府性债务管理的意见》，按照财政部《地方政府存量债务纳入预算管理清理甄别办法》和相关工作部署，Q市于2014年11月全面启动存量政府性债务清理甄别工作。存量政府性债务是指截至2014年12月31日尚未清偿完毕的债务，包括存量政府债务和存量或有债务（包括担保债务和救助债务）。Q市制定了《Q市政府存量债务纳入预算管理清理甄别工作实施方案》，经市政府批准，授权市财政局和市审计局联合印发至各区、市政府和市直各部门、单位执行。两级政府由财政部门牵头，集中力量对全市各级政府部门、事业单位及投资公司进行了债务梳理自查，2 000多个建设项目进行了逐项审核，上万笔政府性债务进行了逐笔清理核实。

2015年5月31日，甄别结果经各级政府、市财政局、财政部驻Q专员办、市审计局予以确认，并按规定上报财政部，最终由国务院确认锁定政府性债务。Q市政府按照国务院批准的政府存量债务，锁定政府一般债务、专项债务余额。2015年3月，财政部要求到2018年底，被甄别为地方政府负有偿还责任的各种存量政府性债务（债务存在方式各异，大部分是银行贷款，以及拖欠工程款、企业债券和融资租赁等），全部置换为地方政府债券，因此从2019年开始，政府债务的合法形式只有政府债券。2016年，Q市政府债务余额为950.6亿元，政府债务总体运行平稳、风险可控，目前没有出现债务违约情况。

3. PPP模式与融资平台转型方向。

融资平台要转型，那么路在何方？归纳现有研究成果可发现：融资平台转型方向大体包括：以普通企业身份参与民生建设项目、多途径开发地方公共资源、管理运营公益性国有资产、以管资本为主投资运营经营性国有资产（国务院发展研究中心"国有企业改革突出矛盾与对策研究课题组"，2016）。对于转型方式，学者们普遍赞同分类解决，但在具体分类上稍有差异。李天德和陈志伟（2015）以公司规模、经营范围、债务偿还能力为依据，认为应将经营营利性项目的完全覆盖型平台转制为市场化企业主体，半覆盖型平台转制为公营机构，无覆盖型平台进行裁撤或并入政府有关部门。成涛林（2015）则根据融资平台经营业务开展情况，提出纯粹为了融资需要而专门设立的无实质性经营业务的融资平台，应予以关闭；主营业务主要集中于土地收储、整理开发、拍卖等领域的土地收储机构，可继续充当政府与市场中间人的角色；集团子公司型融资平台应完全按市场化方式运作。可概括为，空壳平台关闭，有经营和现金流的平台公司实体化转型，而积极参与 PPP 项目成为转型的一个方向。至于融资平台具体应如何参与 PPP 项目以实现转型，目前方式有二：一是作为第一个 P 代表政府参与本地 PPP 项目，担任代表政府方的项目实施机构角色，负责招标选择社会资本（刘小平，2015；李经纬，2015）；二是作为第二个 P 作为社会合作方，参与本级政府之外的合作项目，包括参与异地 PPP 项目和在其他社会资本中标本地 PPP 项目之后，与其开展下游的合作（赵琦，2016；吴亚平，2016）。可以说，国家大力推行的 PPP 模式为融资平台转型提供了新思路。PPP（public-private-partnership）意指政府与社会资本合作，在更为广阔的领域提供满足更多需要的公共产品和基础设施建设，具体是政府向社会资本提供特许权，由社会资本对建设项目进行设计、融资、建设、运营及维护等，并通过使用者收费和政府支付获取投资回报，政府负责监督项目建设过程、价格及质量以保证公共利益最大化。实际上，PPP 模式与融资平台转型之间有着一定的关联性。我国正处于城镇化建设快速发展的时期，城镇化率的提高、城镇人口的扩张必然带来城镇基础设施建设、公共服务建设等多方面的投资需求。《预算法（2014）》实施背景下，地方政府仅靠自身有限的预算收入和政府债券的发行额不能满足公共建设投资资金的需求，需要与社会资本合作共同融资建设。融资平台此前承担政府融资建设职能，在地方基础设施建设上发挥了重要作用，积累了丰富的经验，具备较强的运营能力。因此，两者的结合就成为融资平台转型和完善 PPP 的重要途径。再者，从 PPP 模式本质出发，PPP 是一种创新的国家治理模式和资源配置模式，是政府、社会、市场各方共治、机制共建、利益共享、风险责任共担的模式（刘尚希等，2016）。该模式具有多元功能，能够促进政府职能转型，充分调动民间资金，缓解人口老龄化和新型城镇化背景下的财政支出压力；提高公共服务供给的效率和质量；拓展社会资本的发展空间以及培育现代市场体系；联结"混合所有制"改革；改善投资质量与绩效，利于经济结构转型调整等（贾康，2015）；能够在政府和市场和社会之间建立良好的合作，利于优化各方管理职能，提供公共产品和服务；能够通过吸引社会资本的参与，有效缓解债务规模。因此，PPP成为转型融资平台存量债务和项目债务的新融资模式，可以作为融资平台转型的策略。与此同时，国家也出台一系列政策文件，推动融资平台的转型及PPP项目的发展。如《地方政府存量债务纳入预算管理清理甄别办法》（2014年）中提出，融资平台存量债务中适合PPP模式的就要大力推广，在建项目也优先考虑PPP模式。

4. 转型期融资平台参与PPP项目的做法分析。

然而，从实践效果来看，融资平台参与PPP项目时存在诸多问题。首先，营利性是社会资本参与的动机和目的，如何平衡营利性与公益性成为政府面临的一大难题。现实中为了促成PPP模式，"假PPP""违规承诺"等现象时有发生。一是出发点选择错误。一些融资平台想借PPP之名继续承担为政府融资建设职能，而非是走上市场化道路，而部分政府也乐于如此，借以化解自身债务或满足融资需求。二是角色定位混乱。一些融资平台在参与PPP项目时"身兼数职"，既作为社会资本方，又代表政府部门，同时还是政府的担保方，多重身份角色容易导致权责利分辨不清，影响其功能发挥，进而阻碍PPP项目的实施。三是实际运作不规范。部分地方政府按PPP模式引入社会资本，但通过"暗股协议""代持股协议"等方式实现本级融资平台控股；通过未来承诺将对金融机构的债务转为对合作伙伴的债务；或者虽不直接提供担保，但让本级融资平台提供融资或财政支出担保。这些现象表明融资平台与政府的关系只是由明转暗，实质上并未泾渭分明，这些假PPP的运作没有改变融资平台的实质，反而将更多债务隐性化，加大了政府运行项目成本的同时增强了债务风险。

究其原因，主要有以下三方面：

（1）理念认识片面化。部分地方政府把实行PPP的思想局限在缓解债务压力上，将推广PPP当作又一次甩债务包袱，将PPP简单等同于化解政府债务的工具或者新的融资渠道，认为不管真PPP还是假PPP，只要能吸引外部投资人、解决融资问题就是好PPP，只要能拉动GDP就是好PPP；一些融资平台也希望借助PPP的实行保留为地方政府融资的功能。这种思维导致了PPP运营和管理的不规范，变异也就随之产生。将PPP简化为降低政府债务、拉动投资、解决融资问题的手段和工具，是对PPP认识不清的表现，曲解了PPP的本质内涵。

（2）法律规范碎片化。PPP推广需要法治基础，强调契约精神。即一切行为必须在法律框架下和在合同约束下进行（吉富星，2015）。我国尚未建立一套完善的关于 PPP 的法律体系，目前有关 PPP 的法规多为部门和地方制定，法规层次较低，法律效力也不高，且存在财政部和发展改革委两个版本。两部门对于 PPP 的理解大致相同，但在不少细节上仍有出入，甚至还可能存在一定的冲突与矛盾。例如，就社会资本的范围是否包括融资平台，以及 PPP 项目运作方式、项目实施机构、采购依据、采购方式、储备方式等问题上，两者的规定是不统一明确的，这在一定程度上会让参与者无所适从，导致地方政府、实业界在执行过程中产生诸多困惑，不利于 PPP 项目的开展与推进。

（3）信息披露黑箱化。目前获得 PPP 项目信息的途径主要有两种：一是通过全国 PPP 综合信息平台项目库查询 PPP 项目的基本情况，包括项目名称、所在地区、所属行业、投资金额、PPP 实施阶段、拟合作期限、项目运作方式、回报机制、发起时间、发起类型、项目概况、联系方式。这是项目信息，不是资金运营信息。二是地方各级监管部门依法公布相关 PPP 项目采购、招投标信息，其披露渠道、时间及信息的翔实程度无标准统一的范式，视各地政府信息公开建设而定。PPP 项目涉及多个领域，业务复杂，包括预算管理、政府采购、资产管理、绩效评价等，也涉及合作各方的权责界定与履行，仅披露政府采购、招投标信息不足以满足 PPP 项目的公众知情权与监督权。同时从披露时间看，信息披露大都是形成项目实施方案之后，项目立项之前的决策信息包括公众参与等信息难以查阅到，也就难以从信息中评价 PPP 真假。因此，当前对 PPP 项目信息披露的力度是不够的，如此无法为政府及公众监督提供必要的信息支持，无法对参与各方形成有效的监督和约束，也无法防范政府的变相举债和过度承诺行为。

5. 融资平台转型和 PPP 的逻辑关系分析。

转型期融资平台参与 PPP 项目出现了诸多问题，在此背景下正确认识融资平台转型和 PPP 模式之间的关系就显得尤为重要。如何以 PPP 模式促进融资平台的转型？换句话说，转型后的融资平台在 PPP 项目中扮演什么角色？

在 PPP 项目运作流程中，由政府部门组织的所有事项并不包括融资平台，或者说融资平台不是政府部门，政府部门代表政府行使政府职能，是组织和管理主体，也是项目的合作一方，其余主体都是政府的合作伙伴，处于合作的另一方，因此，融资平台只能作为社会资本的合作方与政府进行合作参与 PPP 项目。融资平台在 PPP 项目中的身份是社会资本方，各角色是由它与各参与主体的相互关系决定的。具体来说：（1）与政府项目发起人的关系。其协议关系一般有两种：融资平台作为社会资本方参与政府PPP项目招标，中标后会与其他社会资本方及政府部门签订项目协议，就项目建设运营及移交各方面明确各方权责利关系。同时会与政府项目发起人组建项目公司，各方投入股本资金签订股东协议。因此，就政府部门而言，融资平台是项目合作者；就项目公司而言，融资平台是它的股东。（2）与银行等金融机构的关系。PPP项目的建设资金除了项目发起人和社会资本方的股本资金外，剩余的资金需求大部分是通过银行贷款筹集的，项目公司需与银行等金融机构签订贷款协议，对借款、用款及还款等事项进行限制。就金融机构而言，融资平台是其项目的借款人，同时也是债务的偿还人。（3）与承包商、供应商、运营商等各联合单位的关系。通常他们也是项目的投资者之一，项目公司与各联合单位签订正式合同，包括设计合同、建设合同以及其他咨询、管理合同等，由各联合单位负责项目的设计、建设、运营及管理，并承担相应的建设、运营风险（见图3-16）。

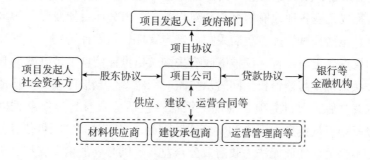

图3-16　PPP项目参与主体关系结构

在这种转型中，最明显的改变莫过于：（1）政企关系转变。以往地方政府与融资平台的关系是你中有我、我中有你、相互担保、相互兜底、政企不分，融资平台背靠地方政府这棵"大树"开展业务，地方政府直接指挥融资平台经营项目，两者之间缺乏科学明晰规范的责权利关系（成涛林，2015）。而转型后的融资平台以社会资本方的身份参与政府PPP项目建设，与政府构成公平对等的合作关系。（2）资金关系转变。以往融资平台承担政府项目建设时，通常是由政府为其提供担保，向银行等金融机构借款，融资平台实行融资或融资建设职能，待项目完工，债务归属政府债务范畴，由财政资金偿还。在转型完成之后，融资平台不再代政府举债融资，不再由政府提供偿债保证，企业和项目的信用取代了政府的隐性担保，将形成独立经营、自负盈亏的经营模式和完全市场化的融资模式。融资平台自将与项目公司中其他社会资本方共同向银行等金融机构签订贷款协议进行借款，并可通过对项目使用者收费和必要的政府支付完成对项目的经营维护以及偿还贷款，由此形成的债务应由社会资本方承担。

6. 推动融资平台转型发展的建议。

我国地方政府融资平台转型不应作为一个孤立事件来研究，应置身于更为广阔的改革环境中，应该和政府职能转型相联系，应该和完善市场机制相联系，应该和地方政府治理相联系，结合我国 PPP 应用和债务管理的实践，从四个方面提出推动融资平台转型发展的建议：

（1）设定转型原则，定位多元化目标。融资平台业务类型复杂，涉及领域较广，有必要针对不同的公司性质、经营范围、现金流量、债务负担分类推进转型，同时融资平台转型涉及存量政府债务的处理，也涉及未来与政府关系的重塑。因此，对融资平台转型的基本原则可以归纳为"分类设定、主体对等；存债化解、新债各负"。这个原则分成两层含义：第一，将融资平台进行分类，总体上将经营盈利性项目的完全覆盖型平台转制为市场化企业主体，只承担政府职能的无覆盖型平台进行裁撤；既有营利性项目，又有政府功能的平台予以资源整合，剥离政府职能部分。经过分类整理后的融资平台再与政府进行合作，就成为平等的合作主体，而不是上下级关系，也不是你中有我、我中有你的关系。第二，妥善解决存量债务问题，按照财政部的有关政策对融资平台的债务进行清理，清晰划分企业债和政府债，属于政府的债务，按照规定进行置换，并归纳到政府会计的核算体系中，全面纳入预算和按照规定进行信息披露。对于未来双方进行合作产生的新的债务，应清晰划分责任主体，企业债由企业负担，政府债务由政府核算并承担偿还义务。

另外，融资平台转型不仅仅是融资平台个体的问题，更涉及政府职能转型、政府和融资平台的关系，涉及诸多方面的资金关系和市场规则的制定。因此，融资平台转型的总体目标应该服从于地方政府治理的目标，即利于强化政府与市场和社会的合作发展目标，利于合作共治实现区域发展目标，利于实现公共利益最大化目标。具体目标的确定应体现多元主体的需求，例如，融资平台层面：完全结束"政企不分"、彻底"去行政化"，促使其走上市场化、规范化道路，成为真正独立的市场主体，实现自主决策、自主经营。地方政府层面：以融资平台转型为契机，重塑政府与市场和社会的关系，以多中心治理理念充分发挥各方主体的优势，合作共治提高公共产品和公共服务的质量和效率，同时将政府的举债行为规范化和透明化。

（2）明确角色定位，实现合作化改革。PPP模式背景下融资平台转型需要明确政府和融资平台的关系，也要明确融资平台和其他的参与主体的关系，只有厘清各参与主体的权责利、明确自身角色定位、明确分工的基础上，才能实现多元主体的合作互动。一方面，融资平台既不代表政府，也不代表其他主体，融资平台转型后就是政府的一个合作主体，就是PPP模式的一个参与方，与政府部门、其他社会资本方、金融机构、咨询公司、承包商及供应商等一起，按照在项目运营和管理中所在的位置明确相应的职责，行使相应的权利，并要求相应的回报。另一方面，政府的角色也应从传统公共服务的"管理者、提供者"转向"合作者、监督者"，定位于制定政策、规划和监管公共服务质量、降低政府与市场、社会合作中的不确定性，重新分配风险（刘尚希等，2016）。要尊重市场在资源配置中的决定性作用，放权给社会资本，由他们负责公共服务的建设运营。

（3）健全法律体系，促进法治化建设。完善法律体系既是加强PPP项目建设的基础，使项目运作有法可依、有法必依，同时也是促进政府法治建设的重要措施。因此，促进融资平台转型有必要加快进行PPP相关法律制度的完善，建立上位法体系，化解下位法冲突，建立健全法律体系。一方面，解决法律冲突，统一PPP立法。应积极推进《PPP法》的制定与落地，从更高层次上通过标准化的严格程序规范政府、市场、社会的分工合作，明确各参与主体的权责利关系，并对目前与其他法律不适甚至冲突的条款予以明确，促使PPP立法真正可执行、能奏效。另一方面，填补法律空白，完善PPP立法。对于法律中PPP的盲区，如土地、税收、审计等问题，应及时关注完善补充，以避免争议和冲突的产生。

（4）完善信息披露，实现阳光化运作。融资平台转型期间要切实做好信息公开工作，完善信息披露体系，把政府与社会资本的合作置于阳光下，是激发社会资本合作积极性、促进PPP市场长期稳健发展的重要手段，也是增强政府透明度、提升公信力、优化政府治理的必然要求。构建完整有效的披露机制，其前提应是各参与方达成共识，以及相关的法律制度保障。具体的信息披露可从两方面展开：一是明确披露主体，创新建立多层次、多模块的信息披露。以一个项目公司为披露主体进行多元信息披露，不仅包括PPP项目运作全流程信息，如项目实施方案、招标投标、采购文件、项目合同、工程进展等，以此判断其是否合法合规，还应涵盖项目资金运营信息，如预算管理、政府采购、资产管理、绩效评价等，以此有效满足使用者的多元信息需求；二是统一规划信息披露渠道、方式、披露载体及披露时间等，增强信息的一致性和可比度。同时还要注重提升信息质量，明确各参与主体在信息披露中的具体责任，加大对其违规行为的惩处力度，以切实保障公共利益。

第4章　我国地方政府债务会计的现状与问题分析

这个部分的研究同样需要梳理一个时间节点：2015 年《预算法 (2014)》实施，2013 年底到 2018 年地方政府债务一方面清理置换融资平台债务；另一方面实施地方政府发行债券融资等相关政策，同时将政府债券纳入预算管理。《政府会计准则——基本准则》2015 年颁布，接着陆续发布政府会计准则的具体准则，其中《政府会计准则——负债》具体准则和《政府会计制度》按照要求于 2019 年 1 月 1 日开始实施。从 2009 年财政部代替地方政府发行债券到《2014 年地方政府债券自发自还试点办法》实行，规范性的地方政府举债实践逐步开展，到 2019 年政府会计准则实施，10 年间的地方政府债务资金的运营管理活动未按照权责发生制的确认方式纳入会计核算体系。转型阶段，既有过去政策实施的延续与遗留问题，也有新颁布政策实施产生的信息，还有将要实施政策的信息预期，到目前为止，尚未形成新的会计准则和制度产生的政府财务报告。因此，这个部分难以总体归纳现状、问题与原因，就按照政策实施的时间节点分别归纳和分析，旨在完整分析制度转型期政府债务信息披露的问题与原因。

4.1　地方政府债务信息披露的现状

4.1.1　《预算法（2014）》实施前的信息披露现状分析[①]

1. 样本的选择。

为充分客观反映地方政府债务信息披露情况，网上调查选取省、市、

---

① 参考韦森森. 地方政府性债务信息披露研究［D］. 中国海洋大学，2017.

县三级地方政府共100个样本，同时为保持数据客观公允，全国省级地方政府采取普查法，共得31个样本（不包括中国香港特区、澳门特区和台湾地区）；市级、县级采用抽样调查的方法获取数据，共得69个样本。网上调查的信息来源为截至2016年11月的网站信息，包括审计局、财政局和政府信息公开网在内的各地官方网站、中国人民银行官方网站、融资平台、《中国统计年鉴》、前瞻网、银监部门等。样本选取情况具体如表4-1所示。

表4-1　　　　　　　　　样本选取具体情况　　　　　　　单位：个

区域	省级	市级	县级	合计
直辖市	4	0	0	4
华北地区	3	4	5	12
东北地区	3	5	3	11
华东地区	6	17	6	29
中南地区	6	7	4	17
西南地区	4	5	4	13
西北地区	5	5	4	14
合计	31	43	26	100

2. 数据的整理与分析。

（1）地方政府债务信息披露的总体分析。

①从时间维度分析。经查阅相关政策文件发现：地方政府涉及债务信息披露的文件最早可追溯至2005年，比如广西壮族自治区在《关于印发地方政府向本级人大报告财政预、决算草案和预算执行情况的指导性意见的通知》中要求向本级人大披露地方政府债务信息，此后各级地方政府陆续发布债务信息披露的相关文件。各年新增政府数量如图4-1所示。可以看出，越来越多的地方政府出台债务信息披露文件，尤其是在2012～2015年期间，发布文件的政府数量颇多，这也与中央政府先后在2011年和2013年公布全国性地方政府债务审计报告有关。总体来说，地方政府对于债务问题在全国范围内得到重视。

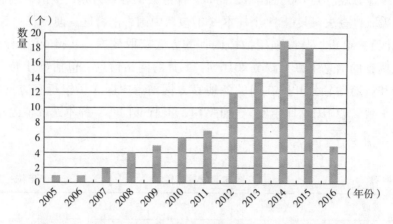

图 4-1　2005~2016 年发布债务披露规范文件的新增政府数量

②从空间维度分析。第一，从横向来看：一是不同省级政府披露水平参差不齐，差异悬殊。有些地方到目前为止在网站上仍查不到任何与地方政府债务相关的信息；有些地方只披露债务限额、债务余额等少数信息，如内蒙古和河北省；有些地方早在几年前就建立了政府性债务统计报告制度，比如黑龙江省早在 2011 年由财政厅下发了《关于建立地方政府性债务统计报告制度的通知》，要求各地和省直有关单位按季报告债务统计数据，规定报告包括：地方政府及其部门和机构、经费补助事业单位、融资平台公司等因公益性项目建设形成的债务余额，包括财政部门承担偿还责任的外债转贷、国债转贷、农业综合开发借款、地方政府性债券、解决地方金融风险的专项借款的债务余额等。补充报告中的债务是指不作为地方政府性债务管理，但政府可能承担偿还责任的政府部门单位欠款，在报告方式上，政府债务统计报告由政府债务统计报表和统计分析报告两部分组成。辽宁省政府发布《关于建立地方政府性债务月报制度的通知》，实行债务报表的月报、季报和年报；河南省债务统计报告和公开制度；陕西省财政厅"两政一教"县乡政府债务管理系统于 2007 年正式投入使用。二是同一省级政府下面的不同市及同一市级政府下面的不同县政府性债务信息披露情况差别也比较大，比如同样属于山西省，阳泉市关于债务信息披露的程度远远没有朔州做得好。有关地方政府债务管理规定的涉及方面以及债务信息披露内容的具体情况见表 4-2，括号内数字为该地区样本数量。

分类	华北地区 （14）	东北地区 （11）	华东地区 （26）	中南地区 （21）	西南地区 （14）	西北地区 （14）
文件数量	7	11	19	21	11	10
风险预警	8	7	9	9	7	4
管理机构	4	7	8	8	1	6
举债主体	6	5	9	9	5	7
资金来源	4	5	5	7	3	6
资金投向	9	3	5	5	3	4
债务限额	8	4	9	11	8	6
债务余额	7	3	8	11	6	5
债务置换	6	4	6	6	2	4
预算管理	5	7	13	8	6	7
债务类型	2	1	8	6	2	4
债务核算	0	0	1	2	0	0
违约比率	2	1	1	1	1	0
信息系统	2	2	1	1	1	1
债务偿还	3	3	6	4	3	0
责任考核	6	6	4	8	4	1
债务甄别	5	0	5	5	4	4
还款来源	1	1	1	0	0	0
债务转贷	2	4	4	1	1	1
偿债保障	5	7	11	7	7	5
融资平台	2	2	9	6	2	5
监督	1	0	5	1	1	3
总数	95	83	147	137	78	83

表 4 - 2　　地方政府债务管理规定及债务信息披露内容情况　　单位：个

　　将表 4 - 2 中数据进行简单处理，针对每一地区，用指标总数除以地区样本数量，得到该地区的样本平均值，见表 4 - 3。

表 4 - 3	区域样本平均值	单位：个
地区		平均值
华北地区(14)		6.79
东北地区(11)		7.55
华东地区(26)		5.65
中南地区(21)		6.52
西南地区(14)		5.57
西北地区(14)		5.93

由表 4 - 3 可以看出，不同地区的地方政府债务信息披露没有明显区别。由于统计的指标有 22 个，但是不同地区对于地方政府债务信息的规定或者披露的平均数只有 6 个左右，最大的也不到 8 个，这意味着地方政府债务信息只有不到 1/3 被地方政府的债务管理规定涉及或者披露，更有大量的信息没有得到应有的重视，仍有巨大的提升空间。

第二，从纵向来看，对于地方政府债务信息的披露，同一地区不同层级的政府存在以下四种情况。其一，上下级政府债务信息披露程度都较高，这种情况较为少见，如福建漳州、安徽。福建漳州设置地方政府债务报表，由下级政府定期报送。其二，上级政府债务信息披露程度高，但下级政府债务信息披露程度低，这种情况较为常见，如内蒙古。其三，上级政府债务信息披露程度低，下级政府债务信息披露程度高，这种情况也较为少见，如福建省和山西省。山西省政府对于地方政府的债务信息披露仅在其官网上披露债务限额与债券置换的数量，其他债务信息的披露仅限于政府为加强地方政府债务管理采取的举措，但是山西省朔州市财政局披露了本级与各县级债务信息，包括本级政府和下级政府性债务余额、增加额、增加原因、债务余额用途与结构、风险分析、债务管理取得的成效、债务工作等存在的主要问题。其四，上下级政府债务信息披露程度都较低。这种情况下最为常见，通过对 100 个样本的调查与分析发现，地方政府债务信息的披露普遍存在问题，存在很大的改进空间，具体情况如表 4 - 4 所示。

表 4-4 地方政府债务管理规定具体情况层级分布 单位：个

指标	省级 （31）	市级 （43）	县级 （26）
文件数量	42	34	8
风险预警	22	17	6
管理机构	12	17	5
举债主体	30	22	1
资金来源	30	12	2
资金投向	17	13	1
债务限额	20	21	3
债务余额	19	20	2
债务置换	16	9	3
预算管理	23	19	3
债务类型	9	12	2
债务核算	2	1	0
违约比率	3	3	0
信息系统	3	5	0
债务偿还	8	9	1
责任考核	19	9	1
债务甄别	12	10	1
还款来源	1	2	0
债务转贷	5	4	2
偿债保障	19	19	4
融资平台	13	12	1
监督	3	8	1
总数	328	278	47

将表 4-4 中数据进行简单处理。由于此前审计署对于省级政府有审计调查，里面披露的地方政府债务具有强制性和统一性，因此在统计的时候去掉了审计报告对于样本的影响，以各省披露的信息为准。处理方法：针对每一层级政府，用指标总数除以相应政府层级样本数量，得到该政府层级的样本平均值，处理结果如表 4-5 所示。

表 4 – 5	层级样本平均值	单位：个
层级		平均值
省级（31）		10.58
市级（43）		6.47
县级（26）		1.81

由表 4 – 5 可以看出，不同层级政府对于表 4 – 4 中 22 个指标的规定以及披露差异巨大，做得最好的是省级政府，其次是市级政府，做得最差的是县级政府。由于现在中央允许省级地方政府发行债券和进行地方政府债务置换，所以省级政府在发行债券时会有《××省一般（专项）债券信息披露文件》，且中央对于地方政府债务管理的规定反应也更加直接和迅速，因此，省级政府对于地方政府债务的管理规定和信息披露做得比较好。在实际样本调查中，发现县级政府的债务信息披露少之又少。一些县级政府债务信息集成在市一级政府进行披露，削弱了县级政府债务信息披露的主观能动性和披露程度，更多地则表现为由于条件的限制，许多县一级的网站，如审计局、财政局的网站都没有建设好，只是显示了地址和联系方式等，与省级、市级政府先进的网站建设不可同日而语，也是导致债务信息不可查的重要原因。

3. 地方政府债务信息披露的具体方面分析。

（1）地方政府债务信息披露渠道分析。主要渠道主要有：审计局、财政局以及政府信息公开等官方网站；审计报告；地方政府财政年鉴；新闻发布会；政府一般债券和专项债券的发行报告；其他，如青海省的政府信息公开接待室、图书馆、档案馆、报刊、电视、广播等。在这些渠道中，通过地方政府审计局、财政局以及政府信息公开等官方网站披露债务信息的做法是最常见的，审计报告是地方政府官方网站没有披露债务信息时获取债务信息的补充手段，政府一般债券和专项债券的发行报告仅适合于比较高的等级，如省级、计划单列市级政府发布信息，其他几种手段在披露地方政府债务信息时应用较少。

（2）地方政府债务管理主体披露分析。从债务披露的情况来看，到目前为止，地方政府债务管理方式至少包括以下四种：一是在财政部门内成立专门的债务管理办公室（处室、科室），统筹地方政府债务资金的借、用、还、披露和风险分析和预警等，如都江堰、烟台。二是采用多部门共同管理的模式，管理部门包括财政局、银监局、审计局、中国人民银行、发展改革委、纪委等，如三亚和广州。三是实行政府领导负责制，如吉林省、天津市。四是其他的管理方式，如巴彦淖尔市的政府融资部门联席会议制度等，将这四类方式结构化如图4-2所示。

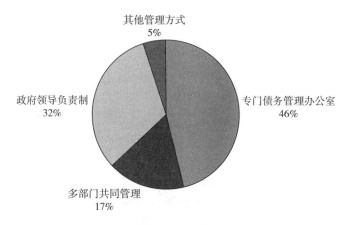

图4-2　地方政府债务管理方式分布

（3）地方政府债务风险预警指标披露分析。各地披露的用于债务预警风险的指标主要包含以下三类：一是在全国以及各个地方政府的债务审计报告中，披露的是债务率和逾期债务率两个指标；二是在地方政府一般（专项债券）信息披露文件中与审计报告相同，也是债务率和逾期债务率；三是在各地政府印发的关于加强地方政府债务管理的规范性文件中，有债务率（一般、专项）、新增债务率（一般、专项）、逾期债务率（一般、专项）、借新还旧率（一般、专项）以及综合债务率等指标。从地方政府网站实际公布债务统计与分析数据看，除上述指标外，还包括政府债务成本、汇率水平、再融资风险等。《湖南省政府性债务管理实施细则》中对综合债务率超出100%（含100%），但在150%以内（含150%）的地区给予黄色预警；对综合债务率超出150%的地区给予红色警告，也有了相应的管理规定。浙江省用"用好一个公式、算好三笔账"，形象地概括了地方政府债务管理的举措，实行"红、黄、绿"三级预警，并对不同安全区间的债务以及地方政府有不同的应对方案。上述指标有的根据当地债务情况赋予具体数值，也有的笼统带过，比如许多地方债务管理条例只是强调将其作为风险预警指标，但却无法获得这一指标在当地的具体数值。

（4）地方政府债务信息披露内容分析。不同的债务信息披露渠道披露的信息主要包括以下五个方面：一是在审计报告里披露的债务信息有债务管理制度、各级政府加强政府性债务的管理措施、举借主体、债务规模、资金来源、资金流向、偿债年度、债务率、逾期债务率以及存在的主要问题等。全国政府债务审计结果与地方政府债务审计结果披露文件格式几乎一样。二是在地方政府专项债券披露文件里披露的债务信息有政府债务总额、债务流向、债务分类、债务来源以及偿债主体等，还有加强地方政府债务管理的举措，包括主管机构的确立、发布的规范性文件以及债务风险预警办法等。三是在向人大报告里面披露的债务信息。在调查的样本中，大多数在人代会上只汇报地方政府加强债务管理的措施，极少涉及债务数据。四是在预算与决算报告里，披露的地方政府债务的信息包括债务收入与支出、债务利息支出、债务转贷收入与支出等。五是在其他渠道披露的债务信息有湖南省在本级政府债务综合报告中，以图表等形式清晰明了地披露了省本级政府性债务、当年偿还本金与利息、债务相关指标、债务限额、债务成本、债务资金来源、投向、分币种统计表、期限统计等情况，尽管债务信息披露的内容有限，但是在调查的众多省、市、县三级政府中，属于做得相对不错的地区。

此外，在地方政府债务管理规定中，对于前述 22 个指标均为定性涉及，在审计、财政以及其他相关网站查到的地方政府债务披露的信息中，需要披露定量的信息包括：债务余额、债务限额、每年还本付息额、债务风险预警指标具体数值、违约率、债务置换数量等。所有需要定量披露的数据中，只是对其有定性规定以及披露具体数值的情况，如图 4 - 3 所示。

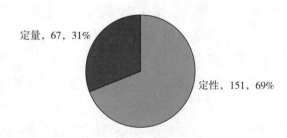

定量，67，31%

定性，151，69%

图 4 - 3　预警指标定性定量比例

从图 4 - 3 可以看出，地方政府对于债务管理与披露大多停留在定性规定的层面，具体披露相关的数据不足总量的 1/3，而且在实际统计时的标准设置十分宽松，如地方政府只要公布某一年份的债务限额，就记为披露了债务限额方面的具体数据，并没有严格限定每年均公布，否则统计结果将会更低。

在《预算法（2014）》实施之前，各级地方政府在债务信息披露方面缺乏公开意识，披露的信息存在不系统、不完整、口径不统一、碎片化以及不连贯等问题，难以形成可以分析决策的有用的信息体系。

4.1.2 《预算法（2014）》实施后政府债务信息平台的信息披露

《预算法（2014）》的颁布和实施规范了地方政府债务的举借，明确发行地方政府债券为唯一合法渠道，因此，以下信息平台的债务信息多侧重于地方政府债券信息的获取与披露。

1. 政府债务信息平台介绍。

通过查阅有关文献和相关网站，发现县级以上地方各级政府债务信息主要通过以下三个信息平台公布：

（1）县级以上各级地方政府及财政部门门户网站。地方政府结合预决算公开工作，随同预算、调整预算、决算一并公开本地区、本级及所属地区地方政府债务限额及余额，债券发行、使用安排及还本付息等政府债务信息。

（2）省级财政部门、发行场所门户网站。省级财政部门、发行场所门户网站主要用于公开预决算范围之外的地方政府债券等债务信息，如地方政府债券付息兑付与行权公告、发行计划、第三方评估机构公布的政府债券信用评级报告等。其中，"中国债券信息网"作为中央结算公司（简称"中债登"）的债券市场信息系统，是地方政府债券的重要信息披露平台。

（3）财政部专设地方政府债务信息公开平台或专栏。财政部在其门户网站上设立"地方债管理"专栏，用于支持地方财政部门公开地方政府债务（券）相关信息，主要包括对地方债务管理相关法律法规、制度政策及其对政策的权威解读，根据各地政府债务预决算结果披露地方政府债务余额和限额情况，每月公布全国地方政府债券发行及债务余额情况、披露相关地方政府和金融机构违法违规情形、整改情况及处理结果等查处问责情况、分享各地区加强地方政府债务管理的经验做法以及地方动态及新闻报道等内容。

2. 政府债务信息分类与披露方式。

（1）政府债务信息分类。根据目前政府债务信息平台上披露的信息，我们以 Q 市地方政府信息披露为例，将政府债务信息分为以下几类（见表 4 – 6）。

表 4 – 6　　　　　　　Q 市地方政府债券信息分类及文件举例

信息分类	具体内容	备注
发行文件	债券招投标书	《2019 年 Q 市第一批政府专项债券招投标书》
	债券信息披露文件	《2019 年 Q 市政府一般债券（一至二期）信息披露文件》
	债券发行文件	《2018 年第三批 Q 市棚户区改造专项债券发行信息披露文件》
发行结果	发行结果的公告	《2019 年 Q 市专项债券 1～6 期发行结果的公告》
财务报告	财政收支情况	《2019 年 1 月份 Q 市财政收支情况》
	经济运行情况	《2018 年 4 季度 Q 市经济、财政有关数据》
付息兑付与行权公告	地方政府债券付息兑付公告	《Q 市 2019 年 3 月地方政府债券付息兑付公告》
评级文件	政府债券跟踪评级报告	《2018 年 Q 市政府债券跟踪评级报告》
发行计划	债券发行计划	《关于公布 Q 等 7 省市地方政府债券发行计划的通知》
其他公告通知	其他公告	《关于组建 Q 市 2017～2019 年政府债券承销团的通知》

（2）政府债务信息披露方式。目前我国地方政府性债务信息公开方式主要有审计署公布的全国范围内地方政府性债务审计公告、地方政府性债券发行公告、其他与地方政府性债务高度相关的新闻报道三类。

第一，审计部门公开的地方政府负债审计公告。审计署公布的地方政府债务审计结果主要从政府层级、资金来源、借债主体、偿债期限以及资金投向等维度对地方政府债务信息进行披露，并对国家进行债务管理采取的措施、债务规模与债务结构、负担情况以及债务管理的问题都做出了详细说明，是相对全面的一种披露方式。审计署公布的地方政府债务审计结果可以让社会公众对地方政府债务情况有相对准确的了解。但是，由于全国性政府债务审计需要耗费大量的人财物等资源，且耗时较长，这种全国范围内的地方政府性债务审计难以常态化，因此除 2013 年审计署发布的全国政府性债务审计结果从多维度（如借债主体、资金投向等）对地方政府负债信息进行披露外，没有在全国范围内进行地方政府债务审计，之后年度政府各部门披露的债务信息按照各部门特点进行有选择的披露，债务审计大多采用重点审计和专项审计的方式。由于地方政府债务始终处于发展之中，2013年的数据和审计结果已经难以满足分析和解决问题的要求。因此，我们很难把审计公告作为分析我国地方政府债务现状的有效信息披露方式。另外，随着权责发生制财务报告制度改革的完成以及地方政府债务管理的规范化，对政府财务报告的审计将趋于常态化，该种政府债务性审计也将随之减少，地方政府债务审计更有可能在专项资金审计或经济责任审计中有所涉及。

第二，财政部门公开的地方政府债务信息。一是政府财务报告。随着《权责发生制政府综合财务报告制度改革方案》的实施，政府财务会计与预算会计的相互补充对地方政府债务进行确认、计量、报告与披露，从而提供高质量和高透明度的信息。一方面，政府财务会计通过政府综合财务报告中的资产负债表可以反映政府在某一时点资产和负债的规模、结构分布，从而可以得出政府的经济发展状况、偿债能力等信息；另一方面，权责发生制的会计基础有利于对资产和负债进行持续性管理，能够使隐性债务显性化。再者，通过政府综合财务报告等相关财务报表可以完整地披露政府的财务信息、债务信息以及净资产信息，为或有负债的确认和政府债务信息分析提供了准确的数据信息支持。二是地方政府债券发行公告。按照《预算法（2014）》规定，省级人民政府开始在财政部规定的额度内发行地方政府债券，并将债券形式、票面利率、发行额度、利息支付方式以及债券期限等债券要件借助中国债券信息网（中央结算公司）、传播媒体以及其他网络信息平台，以发行公告的方式向全社会公开。

第三，财政部根据地方政府自行上报的债务余额进行汇总发布。2011年财政部预算司印发了《关于做好地方政府性债务统计工作有关问题的通知》，明确以地方政府性债务统计软件为依托，建立地方政府性债务季报制度，并从2011年8月起建立地方政府性债务月报制度。2014年10月23日财政部公布了《地方政府存量债务纳入预算管理清理甄别办法》，对截至2014年12月31日尚未清偿完毕的地方政府及融资平台的债务进行统计。各地方政府按照审计口径下的可能承担一定救助责任的债务等三类进行分类填报，经主管部门审核汇总后报送财政部门，再由财政部汇总后公之于众。

第四，与地方政府性债务高度相关的管理公报与时事新闻。中央层面上的管理公报，如 2018 年 12 月全国人大常委会审查并批准的《关于提请审议授权提前下达部分新增地方政府债务限额的议案的说明》，按照 2018 年新增地方政府债务限额的一定比例，提前下达部分 2019 年新增地方政府债务限额，便于地方提前启动发债工作，加快债券资金使用，保障重点项目资金需求。

地方层面上的管理公报，如《山东省人民政府关于提请审议批准 2019 年山东省部分新增政府债务限额方案（草案）的议案》明确了 2019 年山东省部分新增政府债务限额方案。

时事新闻报道方面，部分财经新闻媒体时常报道地方政府性债务新闻，如某财经类网站对山东省地区经济财政和负债情况进行了分析，同时梳理了各地级市和县级市的城投平台，并基于地区因素和个体因素对不同行政级别的城投平台进行评分。

第五，第三方评估机构公布的地方政府债券信用评级报告。主要是指由第三方评级公司公布的包括发行债券名称、发行债券信用评级、地方政府信用质量分析、债券信用质量分析在内的政府债券评级报告。

3. 政府债务信息平台的优势与不足。

（1）政府债务信息平台的优势。一是能够提供充分、可靠的地方政府债务信息。《地方政府债务信息公开办法（试行）》将公开作为一种常态，坚持"谁制作、谁负责、谁公开"以及"真实、准确、完整、及时公开"的原则，并对未按规定公开政府债务信息的责任人员给予处分，这些举措使得地方政府信息平台上披露的债务信息在质和量上都有着极大地提高。我们在调研时，据某市财政局的一名地方政府债务官员讲到，他们有时需要获取政府债务的相关信息时，也会选择到中国债券信息网等债务信息平台上下载相关数据，这一事件更加表明了政府信息披露平台信息披露的可靠性以及充分性。

二是强化社会监督，提供政府债务透明度。通过信息披露平台将真实、可靠、有价值的债务信息公开，使得政府发行债券从"暗箱"转到了"阳光"下，便于广大社会公众获取相关信息，增进群众对政府发债工作的了解，形成"鱼缸效应"，强化对政府债务工作的社会监督，提高政府债务的透明度，有利于规范地方政府债务发行的程序，将地方政府举债行为规范化和透明化。

三是信息披露类型较为全面。在政府信息披露平台上公布的地方政府债务文件中，既有发行债券金额、期限以及与债务有关的经济、财政数据等定量信息，也有债券质量、政府偿债能力、发行规则等定性信息，既包括资金性信息，也包括非资金性信息，从而可以使得信息使用者更加全面地了解地方政府债务有关情况。

（2）政府债务信息平台的不足。一是无法实现"全流程"信息披露。对债务信息的披露，仅限于债务的发行及其结果等信息，而将该部分资金拨付给具体项目中使用后的关于债务资金的运营、使用情况等过程性信息并未在该平台上公开披露，按照"全流程"绩效管理的要求，债务资金在使用过程中应该受到有效的监控，而不能及时地公开该部分信息，也就不能实施有效的债务绩效管理与评价工作。

二是政府债务信息披露不够具体，无法获取债务项目细化的信息。政府信息披露平台对汇总的政府债务信息进行收集、披露，却不能披露构成披露文件中汇总金额的明细数据，因此，仅对债务的总金额进行披露，而不对债务的构成、形成的原因、偿债资金来源等做出具体详细的说明，不利于债务规模的把握和债务风险的控制。

4.《地方政府债务信息公开办法（试行）》新政策要求公开的债务信息。

为进一步做好地方政府债务信息公开工作，增强地方政府债务信息透明度，防范地方政府债务风险，2018年12月20日财政部颁布了《地方政府债务信息公开办法》（以下简称《办法》），并于2019年1月1日开始试运行，要求公开的信息主要涵盖以下几个方面：

（1）预决算公开信息。《办法》提出，县级以上地方各级财政部门（以下简称"地方各级财政部门"）公开的预决算信息包括：①上一年度本地区、本级及所属地区地方政府，以及本地区和本级上一年度地方政府债券（含再融资债券）发行及还本付息额（或预计执行数）、本年度地方政府债券还本付息预算数等；②当年本地区及本级地方政府债务限额、本级新增地方政府债券资金使用安排等；③上年末本地区、本级及所属地区地方政府债务限额、余额决算数，地方政府债券发行、还本付息决算数，以及债券资金使用安排等。

（2）新增债券发行公开的信息。新增债券主要包括新增一般债券和新增专项债券。省级财政部门应当在新增专项债券发行前，提前5个以上工作日公开以下信息（见表4-7）。

表 4 –7 　　　　　　　　　　　新增债券发行公开信息汇总

债券类别	信息类别	具体指标
一般债券	经济社会发展指标	本地区国内生产总值、居民人均可支配收入
	地方政府一般公共预算情况	
	一般债务情况	一般债务限额及余额、地区分布、期限结构
	拟发行一般债券信息	规模、期限、项目、偿债资金安排
	第三方评估材料	信用评级报告
	其他按规定需要公开的信息	
专项债券	经济社会发展指标	本地区国内生产总值、居民人均可支配收入
	地方政府性基金预算情况	本地区、本级或使用专项债券资金的市县级政府地方政府性基金收支、拟发行专项债券对应的地方政府性基金预算收支情况
	专项债务情况	本地区专项债务限额及余额、地区分布、期限结构等
	拟发行专项债券信息	规模、期限及偿还方式等
	拟发行专项债券对应项目信息	项目概况、分年度投资计划、项目资金来源、预期收益和融资平衡方案、潜在风险评估、主管部门责任等
	第三方评估信息	财务评估报告(重点是项目预期收益和融资平衡情况评估)、法律意见书、信用评级报告
	其他按规定公开信息	

（3）债券存续期公开的信息。地方各级财政部门应当组织开展本地区和本级一般债券存续期信息公开工作，督促和指导使用一般债券资金、专项债券资金的部门应该在每年 6 月底之前公开以下信息（见表 4 –8）。

表 4 –8 　　　　　　　　　　　债券存续期公开的信息

债券类别	具体指标
一般债券	截至上年末债券资金余额、利率、期限、地区分布等情况
	截至上年末债券资金使用情况
	截至上年末债券项目建设进度、运营情况等
	其他按规定需要公开的信息
专项债券	截至上年末债券资金使用情况
	截至上年末债券对应项目建设进度、运营情况等
	截至上年末债券项目收益及对应形成的资产情况
	其他按规定需要公开的信息

（4）其他类别的信息。除以上三类需要重点关注的信息以外，还需及时公开以下信息：违法违规情形公开。涉及违法违规举债担保行为问责的，各级财政部门应当在收到问责决定后20个工作日内公开问责结果。债券资金调整用途公开。地方政府债券存续期内确需调整债券资金用途的，按规定履行相关程序后，由省级财政部门予以公告或以适当方式告知债券持有人。债券重大事项公开。债券存续期内，发生可能影响使用一般债券资金地区的一般公共预算收入的重大事项的，或对应项目发生可能影响其收益与融资平衡能力的重大事项的，有关部门应当按照《国务院办公厅关于印发地方政府性债务风险应急处置预案的通知》等有关规定提出具体补救措施，经本级政府批准后向省级财政部门报告，并由省级财政部门公告或以适当方式告知债券持有人。财政经济信息。地方各级财政部门在公开政府债务信息时，应当根据本级政府及其相关部门信息公开进展，一并提供本级政府工作报告、预决算报告、预算执行和其他财政收支的审计工作报告等信息或其网址备查。政府债务管理制度。地方各级财政部门应当及时公开本地区政府债务管理制度规定。

4.2　我国地方政府债务与固定资产投资关系的实证研究

我国《预算法（2014）》明确规定，举债资金只能用于公共基础设施领域的公益性资本支出，也就明确规定了债务资金的用途是资本性支出，一方面，地方政府通过发行债券获得资金，地方政府债务增加，货币资产增加，将债务资金用于资本性支出，形成长期资产，流动资产就转为固定资产。资本性支出越多，必定会引起相关固定资产投资越多，这也间接说明了政府债务的增加会引起政府固定资产投资的增加。另一方面，我国债务尚未纳入会计核算，靠统计或审计摸排形成的债务数额，难以获得各类债务确切的、有效的信息，导致与举债所形成的资产信息的对应关系不明显。因此，必须对我国政府债务资金的投向做对应性研究，分析我国政府债务资金所形成的项目资产类别和规模，真正将债务资金的借、用、还和政府长期资产的增减变动相联系，反映政府债务资金投向结构的合理性。因此，检验分析我国债务资金投放与政府固定资产投资的关系，通过使用拔靴检验、滚动窗口检验等计量模型，分析由两者的关系所折射出来的各种问题（姜宏青、张艳慧，2018），以实证的方法并针对实证结果和政府债务有效管理目标提出，应将政府债务和政府债务资金形成的长期资产

（或固定资产）全部纳入政府会计核算和报告的范畴。

4.2.1 研究方法介绍

本书使用拔靴因果关系检验的方法对政府债务与固定资产投资之间的相互作用进行检测。该检验方法的基础源自格兰杰因果关系检验，采用滚动窗口的形式对全样本和分样本的因果关系分别进行检测，最终得出检验结果。

格兰杰因果关系检验的原理是假定被用来检测的时间序列是稳定的。然而，当这样的假设前提不能成立时，全样本因果关系检验的统计量也不再服从标准渐进分布，从而对 VAR 模型的估计也会产生一定的困难。对此，本书主要通过运用 RB（the residual – based bootstrap）方法修正的 LR 统计量来检验政府债务与固定资产投资的关系。

以下方程是生成二元 VAR（p）的模型，本书利用这一方程进行基于 RB 方法修正的 LR 统计量的因果关系检验。

$$y_t = \phi_0 + \phi_1 y_{t-1} + \cdots + \phi_p y_{t-p} + \varepsilon_t, \ t = 1, 2, 3, \cdots, n \qquad (4-1)$$

公式（4-1）下标中的 p 代表通过施瓦茨信息准则（SIC）确定的最佳滞后期；$\varepsilon_t = （\varepsilon_{1t}, \varepsilon_{2t}）$ 是一个均值和协方差矩阵均为零的白噪声。若将变量 y_t 分为两个分向量 $y_t = （x_t, z_t）$，其中 x_t 和 z_t 分别代表固定资产投资和政府债务。那么式（1）就可以表示为：

$$\begin{bmatrix} x_t \\ z_t \end{bmatrix} = \begin{bmatrix} \phi_{10} \\ \phi_{20} \end{bmatrix} + \begin{bmatrix} \phi_{11}（L） & \phi_{12}（L） \\ \phi_{21}（L） & \phi_{22}（L） \end{bmatrix} \begin{bmatrix} x_t \\ z_t \end{bmatrix} + \begin{bmatrix} \varepsilon_{1t} \\ \varepsilon_{2t} \end{bmatrix} \qquad (4-2)$$

其中，L 代表滞后算子，定义为 $L^k x_t = x_{t-k}$；在定义式（4-2）中，$\phi_{ij}（L） = \sum_{k-1}^{p+1} \phi_{ij}, kL^k, i, j = 1, 2$。

根据式（4-2），再增加限制条件 ϕ_{12}，k = 0（k = 1, 2, $\cdots$, p），就可以检验政府债务不是固定资产投资的格兰杰原因的原假设；同样的，通过施加限制条件 ϕ_{21}，k = 0（k = 1, 2, $\cdots$, p）也可以检验固定资产投资不是政府债务的格兰杰原因这一原假设。

如上所述，全样本因果关系检测的结果可以由 RB 的概率值 p 和修正过的 LR 统计量表现出来。那么，如果原假设 ϕ_{12}，k = 0（k = 1, 2, $\cdots$, p）被拒绝，就证明政府债务对固定资产投资存在显著的因果关系，即政府债务的变化会影响固定资产投资的变动。同理，如果原假设 ϕ_{21}，k = 0（k = 1, 2, $\cdots$, p）被拒绝，则可得出固定资产投资与政府债务具有显著因果关系的结论，即固定资产投资的变化会影响政府债务的变动。

检验全样本因果关系一般是建立在 VAR 模型中的参数不存在结构性变动的基础上，但是在实际情况中，时间序列在全样本时间区间内普遍存在结构性变动，这就会致使检验全样本因果关系的结果出现偏差，也就是说时间序列之间的相互因果关系并非一成不变。因此，在确定全样本具有因果关系的同时，也检测了参数的稳定性，来验证时间序列是否存在结构性的变动。为了检验参数在短期条件下的稳定性，本书采取 Sup – F、Mean – F 和 Exp – F 统计量来检验。这些检验是从 LR 统计序列中得出的，一般可以用来解决可能存在的未知时点上的单结构突变问题。具体来说，临界值和概率值是通过对从常参数 VAR 模型中产生的 10 000 个样本进行蒙特卡洛模拟求均值而构成的渐进分布获得的。此外，Sup – F、Mean – F 与 Exp – F 统计量还必须修正样本两边各 15% 的区间。因此，真正应用的是剩余的（0.15，0.85）的区间。

由于虚拟变量和样本分割等结构性变动检验技术存在先验偏差的问题，本书基于修正方法的拔靴估计，使用拔靴分样本滚动窗口因果关系的检验方法，这一方法可以克服参数不稳定性问题并且能够避免先验偏差。检验分样本滚动窗口因果关系，就是先把全样本分割成一定尺寸的小样本，然后再进行因果关系的检验，最后再将分割后的小样本从全样本序列的首端逐步滚动到尾端，详细步骤如下：将全长为 T 的全时间序列分割成长度为 l 的小样本，并把每个分样本的末端设定为 $\tau = l$，$l + 1$，…，T。如此可以构造出 T – 1 个分样本。根据 RB 修正后的 LR 检验，每一个分样本通过因果检验都能得出一个实证结果。依照时间顺序把所有可能观察到的概率值 P 和 LR 统计量会聚在一起，就形成检验分样本滚动窗口因果关系的最终结果。本书将使用这一方法来验证政府债务与固定资产投资之间的关系，并观察其相互关系是否随时间变动而改变。下述式（4 – 3）描述了政府债务对固定资产投资产生的影响。

$$l \ (1) \ = N_b^{-1} \sum_{k-1}^{p} \hat{\phi}_{12,k}^{*} \qquad (4 – 3)$$

其中，N_b 代表拔靴重复的次数，$\hat{\phi}_{12,k}^{*}$ 代表在式（2）中 VAR 模型中获得的拔靴估量。

$$l \ (2) \ = N_b^{-1} \sum_{k-1}^{p} \hat{\phi}_{21,k}^{*} \qquad (4 – 4)$$

相似的，式（4 – 4）描述的是固定资产投资对政府债务的影响，其中 $\hat{\phi}_{21,k}^{*}$ 代表在式（4 – 2）中的 VAR 模型中获得的拔靴估计量。

本书采取 90% 的置信区间，最低限制和最高限制分别为 $\hat{\phi}^*_{12,k}$ 和 $\hat{\phi}^*_{21,k}$ 的第 5 位和第 95 位。除了置信区间外，分样本窗口尺寸的选取将直接影响实证结果，由于滚动回归数目的增加可以转化为更多细节性的信息，因此，增量间距越小，越有益于提高滚动窗口检测的精确程度。出于对样本数据和检测精度的考虑，本书选取的窗口尺寸为 24 个月，属于较小的窗口尺寸标准，由于滞后期的存在，在这个尺寸的滚动窗口可以保证 VAR 模型中确切的观测数目，并不会影响到实证结果。

4.2.2 研究假设

国际举债的黄金法则指出，政府在整个经济周期中所借全部债务只能用于资本性投资，我国《预算法（2014）》明确规定，举债资金只能用于公共基础设施领域的公益性资本支出，也就明确规定了债务资金的用途是资本性支出，那么政府举债越多，资本性支出就应该越多，必定会引起相关固定资产投资的增多，这也间接说明了政府债务的增加会引起政府固定资产投资的增加。同时，根据公债理论政府举债主要是为了支援基础设施的建设，以推动经济的发展，而政府对基础设施等固定资产的投资需要大量资金，在政府税收和融资选择有限的情况下，势必会通过举债来进行融资，因此，政府对固定资产投资的增加会引起政府债务的增加。通过上述分析提出研究假设，即政府债务与固定资产投资之间存在相互影响的因果关系。

4.2.3 实证过程

1. 数据选取。

本书的研究分两组进行，即国债与政府固定资产投资的实证分析和地方政府债与地方政府固定资产投资的实证分析，在此需要对政府固定资产投资和地方政府固定资产投资的内容做一下解释。此部分实证要验证的是债务资金的投入是否形成相应的项目资产，因此政府固定资产投资理论上是指中央政府发行国债资金用来进行基础设施建设所形成的资产，地方政府固定资产投资是指用地方政府发行的地方政府债券资金筹建的道路、机场等公共基础项目资产，由于现实中这些基础项目分散在各处，缺乏相应的统计数据，只能用固定资产投资来概括政府在公共基础项目投资形成的项目资产。对于固定资产投资的计量则采用的是 Wind 数据库公布的每月固定资产投资完成额。

在数据的选择上，本书选取政府对全国范围的固定资产投资以及地方政府对地方固定资产投资的数据，由于政府会计体制的局限，很难找到政府对固定资产投资的详细数据。因此，本书的固定资产投资分别指的是政府固定资产投资（全社会固定资产投资减去民间投资）和地方政府固定资产投资（地方固定资产投资减去民间投资），政府债务分别指的是国债和地方政府债。数据全部来源于 Wind 数据库。全国的样本数据时间窗口为 2010 年 1 月到 2018 年 12 月，地方政府的样本数据时间内窗口选择的是 2009 年 1 月到 2017 年 10 月。固定资产投资反映了债务资金的去向，政府债务反映了资金的来源，通过这两方面的数据不仅可以反映出政府资金的供求关系，还可以显示出资产和债务的动态关系。在使用数据的过程中，将用到滚动窗口检验的方法来进行实证研究，一定程度上会损失部分数据，但并不会影响实证检验的精度。

2. 实证结果。

（1）单位根及全样本因果关系检验。为了研究政府债务与固定资产投资的关系，先对这两组时间序列进行单位根检测，PP 检测的结果显示，两组时间序列均能在99%的置信水平上拒绝原假设，不具有单位根，证明这两组时间序列均为零阶单整序列，至此，可以检验拔靴全样本因果关系，检验结果见表 4 - 9。

表 4 - 9　　　　　　　　　拔靴全样本格兰杰因果关系检验

原假设	固定资产投资(x)不影响政府债务(z)		政府债务(z)不影响固定资产投资(x)	
	统计量	P 值	统计量	P 值
检验结果(国债)	18.72	0.00	32.32	0.00
检验结果(地方政府债)	6.12	0.02	18.58	0.00

从检验的结果可以看到，在全样本因果关系的检验中，两组时间序列的 P 值都小于 0.1，可以拒绝原假设，即全样本因果关系检验结果表明政府债务与固定资产投资两者互有因果关系。但是，在实际情况中往往还会存在结构性变动，因果关系往往也会随着时间的改变而发生变动。在固定的时间区间中只考虑单一的因果关系将会偏离实际情况，因此，在因果关系检验中应该考虑参数的稳定性检验和结构性变动。

（2）参数稳定性检验及结构性变动检验。在进行参数稳定性检验的过程中，本书将使用 Sup - F、Mean - F 和 Exp - F 统计量来检验以上模型中的政府债务与固定资产投资，并使用 LC 关系检验方法检测 VAR 系统中的参数稳定性，具体的检验结果见表 4 - 10。

表 4 - 10 参数稳定检验

分类	函数	x 方程参数		z 方程参数		VAR 系统参数	
		统计值	P 值	统计值	P 值	统计值	P 值
国债	Sup - F	50. 32	0. 000	131. 04	0. 000	41. 37	0. 000
	Mean - F	33. 73	0. 000	22. 52	0. 000	21. 81	0. 000
	Exp - F	22. 34	0. 000	61. 19	1. 000	16. 68	0. 000
	LC 检验	2. 00	0. 005	1. 45	0. 006	3. 45	0. 005
地方政府债	Sup - F	117. 10	0. 000	26. 31	0. 000	42. 31	0. 000
	Mean - F	39. 09	0. 000	6. 98	0. 025	20. 78	0. 000
	Exp - F	34. 22	1. 000	9. 95	0. 001	17. 50	0. 000
	LC 检验	2. 10	0. 005	0. 71	0. 174	2. 81	0. 005

从检验参数稳定性的结果能够看出，在90%的置信水平下两组数据均没有办法拒绝参数不稳定的假设，也就是说检验结果表明存在结构性变动。仅通过全样本分析不能精确描述政府债务和固定资产投资在完整固定时间序列上的因果关系，而且结果为 VAR 模型中估计的参数使用全样本数据在短期不稳定的假设提供了有力的支持，必须通过分样本进行因果关系检验。

（3）滚动窗口拔靴分样本因果关系检验。通过参数稳定性检验，我们得出政府债务与固定资产投资在实际情况中存在结构性变动，因此在选取的时间区间内拔靴全样本因果关系检验没有精确展示出两者之间的因果关系。因此本书采取了滚动窗口拔靴分样本因果关系检验来进一步检测两者在所选取的固定区间内的因果关系及其正负相关情况。全国数据检验的结果见图4-4和图4-5。地方政府数据检验的结果见图4-6和图4-7。

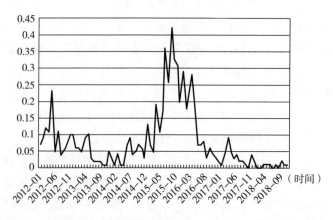

图 4 - 4　拔靴分样本因果关系检验 P 值（国债—政府固定资产投资）

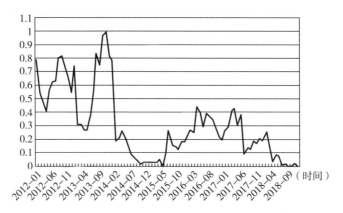

图 4 – 5 拔靴分样本因果关系检验 P 值（政府固定资产投资—国债）

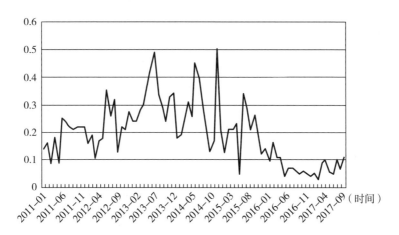

图 4 – 6 拔靴分样本因果关系检验 P 值（地方政府债—地方政府固定资产投资）

如图 4 – 4 和图 4 – 5 所示，由检验结果我们可以发现，所有 P 值小于 0.1 的时间区间表示拒绝两者无单向因果关系的原假设，即代表变量间具有单向的因果关系。因此，国债在 2012 年 8 月到 2015 年 1 月、2016 年 8 月到 2018 年 12 月对政府固定资产投资存在因果关系，政府固定资产投资对国债的因果关系仅仅体现在 2014 年 7 月到 2015 年 6 月、2018 年 4 月到 2018 年 12 月。两者之间的交集表示具有双向因果关系，也就是在 2014 年 7 月到 2015 年 1 月、2018 年 4 月到 2018 年 12 月存在双向因果关系。

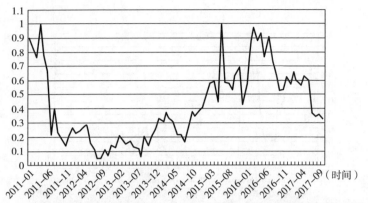

图4-7 拔靴分样本因果关系检验 P 值（地方政府固定资产投资—地方政府债）

从图4-6和图4-7可以发现，地方政府债在2016年6月到2017年10月对地方政府固定资产投资存在因果关系，而地方政府固定资产投资与地方政府债的因果关系仅体现在2012年8月到11月，两者之间并没有交集，即不具有双向因果关系。

综上可以看出，虽然政府债务与固定资产投资在全样本条件下存在因果关系，但是在所选择的特定区间内存在结构性变动，使得政府债务与固定资产投资具有双向或单向的因果关系。因此必须进行分样本条件的检验，才能使最终检验结果更加精确可信。

验证政府债务与固定资产投资间的因果关系后，本书又进行了滚动窗口系数和的拔靴估计来检测政府债务与固定资产投资之间因果关系的影响方向。全国数据的检验结果见图4-8和图4-9，地方政府数据的检验结果见图4-10和图4-11。

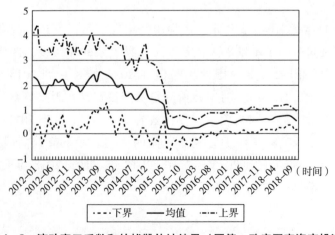

图4-8 滚动窗口系数和的拔靴估计结果（国债—政府固定资产投资）

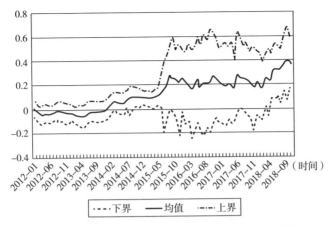

图 4 – 9 滚动窗口系数和的拔靴估计结果（政府固定资产投资—国债）

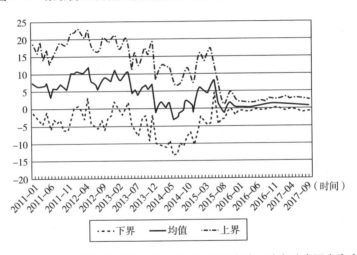

图 4 – 10 滚动窗口系数和的拔靴估计结果（地方政府债—地方政府固定资产投资）

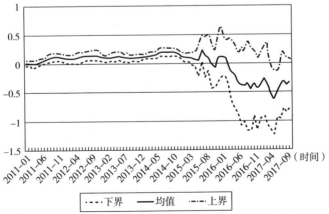

图 4 – 11 滚动窗口系数和的拔靴估计结果（地方政府固定资产投资—地方政府债）

如图 4-8 和图 4-9 所示，以零刻度线作为临界值，当滚动窗口系数的平均值在零刻度线以上时，表明固定资产投资（国债）对国债（固定资产投资）存在正向因果关系，反之，若平均值在零刻度线以下，则证明存在负向因果关系。如果滚动窗口系数的上下界与平均值都高（低）于零刻度线，则表明其具有非常显著的正（负）向因果关系。基于此，从图 4-4 和图 4-5 可以看出，在图 4-8 和图 4-9 检验所限制的时间区间内，在 2012 年 8 月到 2015 年 1 月、2016 年 8 月到 2018 年 12 月国债对政府固定资产投资呈现出显著的正向影响，即国债发行规模的增加引起政府固定资产投资的增多，而在 2015 年 2 月到 2016 年 7 月没有明确的因果关系；2014 年 7 月到 2015 年 6 月、2018 年 4 月到 2018 年 12 月这两段区间内政府固定资产投资对国债呈现出显著的正向影响关系，即政府对固定资产投资的增加会增大国债发行的规模。

从图 4-10 和图 4-11 可以看出在 2016 年 6 月到 2017 年 10 月地方政府债对地方政府固定资产投资呈现出正向的影响关系，即地方政府债的增加会引起地方政府固定资产投资的增加，但这种关系并不是非常显著。而地方政府固定资产投资对地方政府债务的影响并不明确，仅在 2012 年 8 月到 11 月出现正向的影响，即增加地方政府固定资产投资会引起地方政府债的增加，其余期间都是弱向的不确定的关系。

4.2.4 结果分析与政策建议

1. 实证结果分析。

首先，从公债理论的角度来看，政府债务和固定资产投资之间具有因果关系。政府举债最初目的是弥补财政赤字和筹措长期建设资金，增加基础产业和基础设施以及其他国家重点建设项目的投资力度。为了实现政府举债的功能，我国国债的发行和管理一直受到严格监管，资金的使用也严格按照流程进行，信息披露也较完善。因此，在实证结果中国债对政府固定资产投资的正向因果关系也恰恰证明了公债理论中的国际黄金法则，说明我国对国债资金的运用是有效的。此外，有两个因素需要关注：一是 2013 年审计署对我国地方政府债务进行调查审计发现，现存债务规模巨大，存在风险隐患，要求严格控制发债规模，明确发债用途。二是 2014 年 11 月国务院专门颁布了《关于创新重点领域投融资机制鼓励社会投资的指导意见》的文件，为社会资本参与重点领域建设指明方向，同时规范了政府对一些基建项目的资产支出范围。这也可以解释在 2014 年 7 月到 2015 年 6 月政府固定资产投资对国债的正向影响。

其次，地方政府债务与地方政府固定资产投资的关系受到政策制度的影响。2015年1月1日正式运行的新《预算法》赋予地方政府合法举债权，财政部等部委连续发文规范地方政府债务，包括：规定地方政府预算中必需的建设投资的部分资金，允许在国务院规定的限额内，以发行地方政府债券的形式来筹集。且明确提出举债资金只能用于公益性、资本性支出，不能用于日常性财政支出。除此之外，地方政府不可以通过任何其他方式借债，也不得以任何理由为任何机构或项目担保，剥离了地方政府融资平台的融资功能。同时，政策制度的影响一般都具有滞后期，这也可以解释为什么在2016年6月到2017年10月地方政府债对地方政府固定资产投资呈现出正向的影响关系。

最后，对检验细节和其他方面因素的解释，需要考虑现实情况和数据本身的特征。2008年金融危机过后，政府为了带动经济恢复，计划实施总投资4万亿元，地方财政支出缺口大，投资资金不足，导致地方融资平台发行债券成为政府筹资的重要途径，地方政府与融资平台的隐性委托关系无形中增加了地方政府的债务负担。为了规范地方政府债务的管理，相关部门从2010年开始颁布了一系列的政策文件。受到这些政策的影响，地方政府固定资产投资与地方政府债务的治理出现一定程度的变动，因果关系相对不明显。此外，从数据本身来看，由于各个部门政府财政支出的口径不同，数据划分不细致，固定资产投资额可能包含一些其他因素，如国有企业对固定资产的投资，因此仅能大致代表地方政府固定资产投资，也难以对地方政府债产生显著的因果关系。但从整体来说，该方法对政府债务与固定资产投资两者的关系进行了因果检验，其结果本身是精确的。

2. 政策建议。

从理论探究到实证结果，都证实了政府债务与固定资产投资之间存在因果关系。通过对比分析发现，地方政府债务与地方政府固定资产投资的因果关系远没有国债与政府固定资产投资的关系明确，这也反映出我国地方政府债务治理中还存在一些问题。站在会计学视角，结合我国正在进行的政府会计改革，针对这一结果给出以下建议：

第一，基于项目运营来管理地方政府债务。前面所述的公债理论和《预算法（2014）》都规定了政府债务资金只能用于公益性、资本性项目，不能用于经常性费用支出。依据这种规定，我们可以按照项目类别来管理地方政府债务资金，单独管理因建设某些项目所负担的债务，设置项目会计主体，把债务资金的借、用、还统一到一个项目运营完整的核算系统中，项目主管部门负责监管债务规模的大小和风险。这样不仅可以很好地反映地方政府债务的结构，还可以有效监督债务资金的运用，有效避免隐性债务的存在和蔓延。

第二，完善信息分类体系，对资产、支出、负债信息进行多重分类。在查找债务资金支出的相关数据时发现，我国政府取得的债务资金都零散地分布在各项财政支出中，找不到一条完整的债务资金链条，也无法确切得到债务资金运用在固定资产投资的数据。目前，我国政府的整个核算体系都是按照部门预算来管理的，没有独立提供债务资金用途的信息，也缺乏以债务资金建设的项目支出和项目资产的信息。这对于基于供给侧改革反映债务结构性数据的政策监管要求还有很大的差距。我们现在处于互联网大数据时代，应该充分利用计算机网络技术的优势，对会计信息按照不同需求进行多重分类。以项目作为主体，对债务信息、支出信息和资产信息按照不同视角进行重新分类，细化分类项目，依托双轨制的政府会计系统按照重分类的项目形成相互印证的会计信息，为债务决策服务，为债务风险控制提供客观依据。

第三，加强对资产和负债的同步管理。从会计恒等式"资产＝负债＋净资产"的角度来看，若负债增加，净资产不变，则意味着资产也增加。因此，不能孤立、单方面地只关注负债的影响因素和增减变化的信息，要密切关注负债和资产的动态关系。一方面，债务资金可以形成资产；另一方面，资产可以成为偿还债务的资金来源。结合资产信息研究负债，可以更加客观地评价债务规模和风险。比如，有的地方政府虽然举债规模大，但和政府控制的资产或者项目形成的资产规模来匹配的话，风险可能并没有债务数额本身显示的那么大。因此，想要规范管理债务，就要完整核算资产，做到债务和资产的同步管理，既可以有效验证债务资金的投向，又能合理评估风险。

3. 研究局限。

本书选用拔靴检验和滚动窗口因果关系检验方法对政府债务和固定资产投资进行了时间序列的因果关系检验，在数据选择方面存在一定的局限性。本书选用的"政府固定资产投资"是通过全社会固定资产总投资减去民间总投资得出来的，因此，这个项目中不完全是政府对固定资产的投资，还会包含一些国有企业的投资，还可能有一些公共设施没有统计在内，用替代性的数据表示政府对基础设施等固定资产的投资可能存在一定的误差性。这种误差性反过来也说明本书研究的意义所在，传统的财政收支分类和经济统计分类的模式难以准确反映债务资金的投向和结构，而新的政府会计制度从 2019 年 1 月 1 日施行，其中设置了"公共基础设施"资产项目，相信随着新的政府会计准则（制度）的逐步实施和完善，后续的政府债务和长期资产之间的关系研究会更有针对性。

4.3　我国地方政府债务会计存在的问题与原因分析

4.3.1　政府会计改革之前我国地方政府债务会计存在的问题

通过对我国地方政府融资平台债务和政府债务管理的调研分析，以及债务信息披露的实证分析，可总结出目前我国地方政府债务会计存在的最核心的问题是无法提供全面、完整的地方政府债务信息，具体表现在以下几方面：

1. 融资平台债务信息存在的问题。

（1）融资平台债务信息统计的局限。融资平台债务是在地方政府不允许举债的法律背景下，以地方政府为担保从金融机构取得或者其他方式获得的企业债务，用于政府职能范围内的基础设施建设和公共项目建设的资金，该项债务按照约定应该由政府用财政资金进行偿还。由于该类债务没有纳入政府预算管理的范畴，究竟有多少债务成为关注的重点。《国务院关于加强地方政府融资平台公司管理有关问题的通知》（2010 年），要求建立融资平台公司债务管理信息系统，以实现对融资平台公司债务的全口径管理和动态监控。财政部组织建设并推广运用地方政府性债务管理系统，要求所有政府融资平台均应按照《地方政府融资平台公司公益性项目债务核算暂行办法》（2010 年）的要求定期向财政部门上报《债务增减变动表》等基础报表，以将债务相关信息录入政府性债务管理系统。管理系统的建立为了解融资平台债务规模、做出债务管理决策提供一定的数据支持。然而，该系统是基于数据统计的视角管理债务信息，在统计口径、信息报告、管理目标等方面与会计视角债务核算的要求存在差异，实际上只起到数据汇总的功能。实践中也发现，由于未建立标准统计口径，导致纳入管理系统的债务不全面、统计数据的不完整、申报口径不一致等问题。如部分融资平台公司采用理财产品、信托产品举借的债务和向其他企业的融资以及政府回购项目，未在债务管理系统中反映①，也存在企业债与政府债界限不清晰因而选择性申报的问题。

（2）置换债务的会计确认与资产管理相分离。自融资平台被剥离政府融资功能后，由融资平台举借的政府承诺偿还和担保的债务，也在逐步置换成政府债券，面向对象主要是融资平台存量债务。发行地方政府债券置换存量债务，对到期债务合法延后，能够有效缓解债务偿还压力、化解债务风险，置换后债务纳入财政预算管理，政府变为债务人，债务明确化将进一步改善债务信息的规范性和透明性。但是债务置换是以政府债券形式取代原先种类众多的政府债务，置换后的债务属于政府承诺偿还的部分被纳入预算管理，并未改变政府与融资平台债务的关联关系，项目运营仍然在融资平台进行，所形成的资产也在平台管理。实践中存在由政府举债形成的资产项目移交障碍的问题，导致大量政府资产没有进入政府会计核算范畴。

（3）PPP模式对政府融资平台债务的影响。《地方政府存量债务纳入预算管理清理甄别办法》（2014年）中提出，融资平台存量债务中适合PPP模式的就要大力推广，在建项目也优先考虑PPP模式。PPP成为转型融资平台存量债务和项目债务的新融资模式，通过吸引社会资本的参与，可有效缓解债务规模。然而，PPP模式是由政府独立提供公共产品转变为政府和社会资本合作提供公共产品，在融资实践中，某些地方政府将政府承担的银行债务转变为对合作伙伴的债务，致使短期债务长期化、显性债务隐性化。

融资平台时期由于债务信息统计与报告的不健全，导致政府债务信息在《预算法（2014）》实施之前呈现出不完整、不连贯、不系统的特点，各级政府选择性地统计和报告融资平台债务，也让债务信息存在不可比的特点，不利于政府宏观层面的决策和利用。一方面，不能完整反映债务资金的来龙去脉，在各个会计期间之间缺乏连续性；另一方面，不能将债务资金的来源和占用相对照，权益和资产相平衡，无法验证政府债务所形成的有形资产或服务潜力。

2. 地方政府债务会计核算存在的问题。

（1）债务的会计核算体系不健全。2015年之前除了国债转贷及主权债务在预算会计中核算债务收入和债务支出，其余地方政府债务都在融资

---

① 资料来源：财政部应进一步提高地方政府性债务管理系统数据质量，http://www. mof. gov. cn/mofhome/jiangsu/lanmudaohang/dcyj/201211/t20121129_706542. html.

平台反映和报告（前面已经论述）。2015年配合《预算法（2014）》的实施，《政府财政总预算会计制度》做了修订，制度规定从政府层面能够反映政府发行债券、国债转贷及主权债务的信息，采取修订的权责发生制核算长期债务。一方面，总会计制度的修订只是调整的债务资金的取得和分配，不能反映资金的使用和最终形成的资产；另一方面，没有调整行政事业单位会计制度，整体上没有形成完整的对债务资金全程反映和监督的会计体系。不能反映期末地方政府实际承担的需要偿还的债务金额。

（2）会计核算口径不统一、不规范。首先，没有准确界定政府性债务和政府债务的概念。一字之差对于债务的统计与披露影响巨大。其次，在具体范围上，在进行地方政府债务调研时发现：地方政府核算与披露间最大的阻碍在于口径不统一，这种不统一主要体现在不同部门之间、同一部门基于不同目的在不同阶段对地方政府债务口径不统一。地方政府债务信息分散在不同的部门，由于缺乏统一的分类、核算与统计标准，各部门在计量债务时以各自的视角进行归集，处于各扫门前雪和各自为战的状态。在信息汇总披露时不能避免因核算口径不同产生的债务数据统计差异，这样的结果既使更多的外部会计信息使用者无所适从和难以选择，对政府披露信息的机制产生怀疑，对政府透明信息的诚意产生怀疑；也难以客观预警债务所带来的财政和经济运行的风险，即便是政府本身在使用债务信息时也难免需要评价不同的计量结果间存在的差异。

3. 地方政府债务会计信息披露存在的问题。

（1）债务信息披露渠道的不标准、不规范。地方政府债务信息的披露可能通过审计局、财政局或信息公开的任何一个网站，这本是多渠道披露以方便使用者获得信息。但调查发现，相关网站在信息披露的设置上存在不合理的现象，多数没有为债务信息设置明确统一具体的模块，债务信息披露多是以通知公告、新闻通迅等方式公开，信息归类工作做得不成功，将债务信息混杂在预算信息、决算信息中公开，导致在查询的时候需要花费大量的时间在信息堆里挑拣债务信息，造成效率低下。少数网站设有债务信息公开栏目，但查询困难、"张冠李戴"甚至是"名存实亡"现象时有发生。如河北省2014年审计报告需要密码才能打开；在贵州省财政厅官网上以"政府债务"为关键词搜索，查询信息分布在"新闻中心"栏、"网上服务"栏、"政策文件"栏，唯独"信息公开"栏一条也没有；如山东省财政厅网站的"政府性债务"专题，本身是披露债务信息的一个很好尝试，但是这一栏目下仅分为"调查研究"和"工作动态"两列，披露的是报道性学术性文章以及山东省关于发行政府债务的通知和公告，而对于政府债务的实质性披露却很少。

（2）债务信息披露内容的不全面、不完整。基于重要性原则，所披露的地方政府债务信息应该包括政府债务的总体规模、结构及变动趋势、政府债务举借、使用、偿还和管理情况，使用绩效、债务风险、预警指标、偿还计划、债券置换过程中的具体问题，比如如何置换、针对哪些债务置换、过程绩效、潜在的债务风险等。但是在实际调查发现，各级政府所披露的债务内容在全面性、完整性方面远远达不到要求。各地披露债务内容有多有少、差距悬殊，信息的可比性大打折扣；所披露的内容多是措施类，包括如何加强债务管理、防范债务风险等，极少涉及具体的债务情况；即便披露涉及具体债务，其信息多是债务余额、债务限额之类的总括数据，缺乏明细资料；债务多是反映当年负担，缺少和以前年度的对比资料，也没有对未来的规划资料，对举债主体、偿还计划、使用项目情况等也没有公开披露。此外披露中涉及的债务多指地方政府负有偿还责任的债务，对于隐性或有债务，既无定量法分析，也无定性描述，更没有对其风险进行评估。这些披露的零零散散的债务信息不具有连续性和可比性，不能综合反映债务全貌，不足以为提高政府债务管理水平、评价债务资金使用绩效、开展地方政府信用评级和风险防范等提供信息支持，因而，不具有决策价值和可利用价值。

（3）披露的债务信息可比性低。信息披露内容和披露形式的规范统一有助于增强信息的可比性。但从我国地方政府债务信息披露的实证调研结果来看：在抽取的 100 个样本中，除了在地方政府性债务审计报告和地方政府一般、专项债券披露文件这种模板式的文件中披露的债务信息基本相同之外，对于地方政府债务的披露很难找到两家披露的信息相同的，甚至同一地区不同级别政府这种问题都很常见，导致缺乏横向和纵向比较性。也就说，各级地方政府对其债务信息的披露实质上是有自主裁定权的，包括信息披露的具体内容、形式等。各地对地方政府债务信息的披露五花八门、各式各样，这就导致原本就已残缺、不完整的信息更加不具有可比性。

（4）债务信息披露不及时。信息需要具有时效性，可以这么比喻，对于市场上的投资者来说，时间就是金钱，及时的信息披露，有助于投资者做出正确的投资判断。对于地方政府债务信息而言，其披露不及时的问题比较突出，一是收付实现制的确认基础总是在经济活动发生后才反映相关信息，导致时间上存在滞后性。二是地方政府对于债务信息的披露到目前为止还没有形成一个常态化的机制，导致地方政府债务信息无论是通过哪一种渠道，都不能保证及时准确地传达给信息需求者，存在严重的时间迟滞。例如青海省审计厅，虽然规定对应主动公开的政府信息，在形成或变更之日起20个工作日内予以公开，但是对于政府债务信息的披露却没有做到。陕西、广西、山东等都有政府性债务月报制度，只是对内上报，外界无从涉及。而不及时的或者已经过时的债务信息不仅在有用性上会大打折扣，而且还会对使用者造成一定的误导。

（5）债务信息披露的时间跨度短。主要体现在两个方面：一是披露的地方政府债务信息自披露以后很快会被新的信息覆盖，导致经过一段时间以后，历史数据不可查；比如很多市在政府信息公开网站上公布预决算信息中包含地方政府债务信息，但出现在信息公开一栏，而由于政府本身事务复杂，新出现的没有归类的信息很快将这条债务信息顶下去，达到网站公布的信息储存上限便会被自动删除。二是债务信息涵盖的期间短，往往只有本年度的限额、余额、本年需要偿还的利息等信息，对其他期间债务情况披露不足。

（6）披露债务信息避重就轻。在政府向本级人大汇报，以及在大多数官方网站，有关于地方政府债务的信息，仅仅是加强债务管理、防范债务风险、设计预警指标，但是没有披露具体的债务情况。比如辽宁省在决算报告里对于债务的表述是"贯彻执行国家政府性债务管理政策、制度，制定全省政府性债务管理制度、办法并组织实施，管理全省政府性债务，按规定管理外国政府和国际金融组织贷（赠）款，参与涉外债务谈判"，而没有披露债务的具体数值。

（7）披露债务信息上传下达。中央在多个场合、多个文件中提出加强地方政府性债务管理，隐性债务显性化，建立地方政府综合财务报告制度，提高地方政府性债务性信息披露水平，实际的效果在各个省级政府中参差不齐。在地方政府性债务信息披露的纵向比较中，发现同一地域不同级别的政府披露情况存在差别，省级政府尽管推出多项举措加强债务管理，但是下级政府采取措施有限，并且存在类似于审计署的"年年审，年年有"的问题。

（8）债务管理制度规范对多元化信息需求的忽略。随着《关于加强地方政府性债务管理的意见》的公布，国务院相关部委和各地方政府也后续出台了政府债务管理的相关文件，对政府债务信息的披露做出相关规定。各文件所强调的债务信息披露是以政府各部门的管理有用为导向，主要是向各级政府部门、行政部门、审计部门提供加强债务管理及监督所需要的信息，而忽略了不同利益主体多样化的信息诉求，比如基于政府信用评级的信息需求、债券投资者的信息需求、政府 PPP 合作各方的信息需求等。

（9）债务信息分析利用率较低。到目前为止，地方政府债务信息基本上用于：第一，债务预算管理的需要；第二，债务限额与发行债券的需要；第三，利用债务规模和债务结构等信息评价债务风险；第四，中介机构评价政府信用等级的需要。一方面，由于我国地方政府债务信息尚未形成有效的信息系统客观完整的生成与报告，不同机构对债务的统计与估算存在差异，因此，信息使用者在上述信息利用方面存在一定的谨慎性；另一方面，地方政府债务信息还可以用于诸多宏观决策、微观管理和评价层面，但是由于债务信息本身的局限，难以实现其信息目标。

4.3.2 政府会计改革前我国地方政府债务会计存在问题的原因分析

当前，我国地方政府债务会计之所以存在诸多问题，既有主观上观念认识的原因，又有客观上法律制度、技术环境的原因。观念认识原因主要在于对举债融资的认识不到位，观念尚未变革；而制度环境原因一部分在于旧法律、旧制度的弊端，另一部分在于现行相关制度的不完善甚至是缺失。

1. 对地方政府举债的思想认识不到位。

我国地方政府举债走过了一条由不合法转至合法化的道路，而关于债务的思想认识，多数地方政府的观念还未转变，仅停留在举债融资上，认为举债只是一种融资方式，是解决政府财政资金不足的一种方法，关乎政府官员任期内政绩考核，属于政府内部事务。在这种思想下，政府举债更多的是考虑本任期内政绩实现的问题，同时不愿也缺乏主动对外披露债务信息的意愿，这也是当前债务信息不透明的原因之一。然而，从地方政府债务涉及的领域来看，地方政府举债既是各级地方政府筹措资金的手段，又涉及政府宏观经济调控政策；既是政治问题，又是经济问题，债务资金的来源与支出更涉及民生；既关乎利益，又关乎风险。即是说，地方政府债务管理不仅关乎政府内部管理的绩效问题，更关乎宏观经济发展、财政政策和货币政策的履行，以及资本市场的稳定发展，涉及非常广泛的信息使用者对这类信息的搜集、分析和利用。再者，从政府委托代理理论来说，政府使用债务资金未来需要税收偿还，就有必要对资金的使用去向、使用绩效、偿还等情况进行说明，有必要进行对外信息公开。思想认识的高度决定行动的效果，如果认识不到位，极易导致行动上的偏差，因此有必要对地方政府举债融资的观念进行变革。

2. 《预算法》（1994 版）及相关制度的弊端。

可以这么说，地方政府债务是个历史遗留问题，现今政府债务所暴露的诸如信息核算披露不完整、不清晰、不合理等问题，追根溯源，在于相关法律制度的限制，尤其是以 1994 版《预算法》为核心的一系列法律制度。

（1）地方政府举债权的限定。1994 年颁布的《预算法》第一章第二十八条明确规定：地方各级预算按照量入为出、收支平衡的原则编制，不列赤字。除法律和国务院另有规定外，地方政府不得发行地方政府债券。而且《担保法》也明文列示：除国家规定的需要地方政府、财政担保的向外借款外，社会经济活动中，地方政府不能向国内任何提供资金的单位和个人进行担保。也就是说，除国债转贷等合法债务外，地方政府举债行为是违反《预算法》等相关法律规定的，属于非法或违规行为。因此，地方政府在举债问题上大都巧借名目，融资平台债务也由此产生。鉴于不具备合法性，地方政府债务一直处于遮遮掩掩的状态，更别提进行会计核算和报告，或者通过正当机制进行统计披露了。债务发生时信息统计工作就是糊里糊涂，重拾债务并披露免不了出现内容不完整、不清晰的问题。

（2）会计核算基础的局限。此前，我国政府会计，更确切地说是预算会计，采用的是收付实现制核算基础，在这种核算基础下，能够按预算管理要求及时体现政府债务收支，有利于政府预算的实施和控制。但对于会计核算来说，收付实现制下只能核算当期收到现金的直接显性债务，而对于当期已经发生的尚未用现金偿付的直接隐性债务，以及可能引起财政支出增加的或有债务是无法进行核算的。然而，地方政府债务多数具有长期性，比如基础设施建设负债、养老金负债等。收付实现制下无法全面反映这些债务，从而造成政府债务核算范围过窄，致使大量的政府或有债务游离在政府会计核算、政府监测和管理之外。同时，也不利于全面监控政府债务资金的取得、使用和偿还，不利于保障财政资金的使用安全，不利于考核这一届政府的业绩。

3. 缺乏层次分明的债务管理制度。

地方政府债务管理是一项复杂的系统工程，需要有一套科学完备的制度加以规范和引导，包括债务资金的举借、使用、营运、偿还、监管、信息披露、效果评价等。这套制度至少应包括几个层次的内容：第一层次是基本法律规范，即预算法、会计法等基本法律，规范组织债务管理的行为；第二层次是专业规范，设计和规范债务管理的技术标准；第三层次是管理规范，是债务管理的操作标准和执行细则；第四层次是监督制度，即审计制度、公共监督制度等，是对债务管理行为进行鉴证和监督的标准。就目前而言，这套制度还处于起步探索状态，部分层次内容缺乏。现行债务管理制度多是由国务院、财政部、银监会等各部门主导，迫于债务问题严峻情势，"补丁式"出台。制度内容杂乱无层次，既无纲领性规范，又无具体操作性规范，"朝令夕改"的现象也时有发生。制度规范是实践的指导，政府债务管理制度的不完善将会直接影响到债务的会计核算、信息供给等。

4. 缺乏有效的会计信息系统。

地方政府债务会计信息的全面性、可靠性和高透明度是加强政府债务监管和有效控制债务风险的必要条件。当前我国社会经济环境和信息使用者信息需求的变化要求政府会计对政府举债、使用和偿还政府债务的全过程进行动态跟踪反映，以满足管理者和决策者实施有效过程控制、积极防范风险和客观评价资金绩效等目标。全面的、高质量的会计信息的生成依赖于会计信息系统功能的发挥。而到目前为止，地方政府债务尚未建立起一个科学有效的会计信息系统，因而缺乏专门的债务信息报告体系。财政部牵头的那套地方政府债务信息管理系统，因为对政府性债务界定不清、系统不完善等原因，试行了一段时间以后没有取得较大效果，况且信息只在政府内部流通，并无对外报出。现行的会计核算体系中，存在债务核算范围狭窄、科目设置不合理、确认基础的使用局限性、报告体系不完善等问题，债务信息只作为很小的部分分散在预算和会计系统中，财务报告中对债务信息的披露只是一个笼统的数字，既不完整也不系统，无法提供全面、真实的债务状况和绩效信息，使得信息使用者依据现有信息对债务情况只能"雾里看花"，难以据此判断债务资金管理效率，无法准确评价政府受托责任履行情况和公共治理水平，也难以满足利益相关者的多元需要。

5. 多头归口管理体制。

美国州和地方政府将政府运营管理的资金划分为不同类型的基金，建立了全面的政府基金会计，以基金而不是政府各部门为会计主体，设置完整的账户进行核算，并提供专门的财务报告，这种会计模式可以有效地划分部门行为和基金管理行为，完整提供一个基金资金的来龙去脉信息。而我国地方政府实行的是"归口分级"管理的财政管理体制，以部门为主体进行预算和资金管理并划分责任归属。这种多头归口管理体制，使得债务信息存在割裂和分散的状态，很多机构单位在披露，但是又不完整。地方政府债务具有多元化的特征，本身在地方政府债务口径不统一的情况下，债务又存在于多个部门、项目和基金。比如不同的项目建设所借政府性债务，存在不同的融资平台，则由该融资平台管理，地方政府只负责拍板做决定，筹资和偿还依赖于不同的融资平台，使得政府无法对每一项目建设产生的债务进行全过程了解，进而无法形成债务资金流向的完整概念，导致糊涂账难以算清。另外，不同归口和不同层级的政府及相关部门的管理水平和管理制度存在差异性，导致对上级政府的制度遵从性产生偏差，难以形成全国范围内统一的、高质量的债务管理信息。

6. 监督体系不健全。

地方政府债务从根本上讲是信贷化的财政资金，应将其纳入每年同级财政预算执行审计的必审内容，并列入同级人大的监督范围。同时，债务资金的使用情况也是一个地方党委、政府主要领导的发展意识、贯彻落实国家经济政策和重大决策部署、运筹能力和控制能力的集中体现，应将其列入任期经济责任审计的重要评价内容。此外，债务资金还涉及政府委托代理关系，涉及"取之于民，用之于民"的意愿体现，应将其列入社会公众监督范围。然而，当前我国对地方政府债务的监督体系是不健全的。首先，是法律制度监督缺位。主管部门虽然颁布多条规定，要求地方政府对债务信息进行披露，但仅仅是原则性的，没有指出具体的披露方式与披露内容。其次，是会计监督缺位。现阶段预算会计与财务会计对于债务的监督机制尚未确立，导致有关债务的结果性和过程性信息均不能良好产生与披露。最后，是社会监督缺位。到目前为止，还没有地方或者个人因为违规举债而被问责。人大对于地方政府债务的监督作用有限，信用评级机构缺乏，且缺乏中立性，风险预警系统等问题依然没有解决。

4.4 政府会计改革对债务信息生成与披露的贡献与局限

4.4.1 政府会计改革对债务会计的贡献

《预算法（2014）》的实施既是政府债务管理的转折点，也是撬动本次政府会计改革的重要支点。随着《政府会计准则》的基本准则、具体准则和《政府会计制度》相继颁布，2019 年 1 月 1 日开始实行，到目前为止初步建立了双系统的政府会计信息体系（见图 4 - 12 和图 4 - 13）。

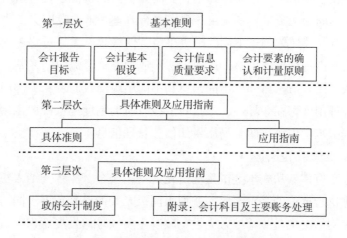

图 4-12　我国政府会计准则体系基本架构

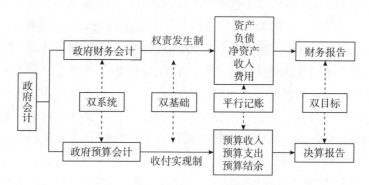

图 4-13　双系统的政府会计的组成

在政府会计的准则和信息体系中，"负债"作为一个会计要素在其中被规范，并按照会计确认计量的规则形成预算报告和财务报告的信息，本次政府会计改革对地方政府债务信息的生成和报告的贡献主要体现在两大方面：一是从总体上在法律制度层面提出债务信息披露的必要性，二是在具体会计程序上提供债务核算及报告的规范性。

1. 法律制度层面上：提出债务信息披露的必要性。

（1）赋予地方政府合法的举债权。《预算法（2014）》第35条明确规定：经国务院批准的省、自治区、直辖市的预算中必需的建设投资的部分资金，可以在国务院确定的限额内，通过发行地方政府债券举借债务的方式筹措。举借债务的规模，由国务院报全国人民代表大会或者全国人民代表大会常务委员会批准。这意味着，自此地方政府即可成为合法的举债主体。如此一来，地方政府就不能像以前一样无视债务信息的披露要求，而是有义务、有责任、有必要将所举债务情况说清楚、说明白、说透彻。

（2）地方政府债务纳入预算管理。《预算法（2014）》要求将政府债务纳入预算管理，这就要求各级地方政府必须在预决算报告中汇报政府债务的举债规模、债务投向、建设项目、债务融资效益等相关信息，必须严格按照预算要求执行。应公开并接受社会各方的监督，确保执行的合法合规性。

2. 具体会计程序上：提供债务核算及报告的可行性。

按照政府会计准则的相关规定，我国政府财务会计对债务信息的确认和计量以部门为主体，按照债务的期限分类，以权责发生制确认债务利息，并计量期末会计主体实际承担的债务额。在长期债务的分类中，同时按照政府主权债务、债券债务以及转贷债务等分类核算，与收付实现制的预算会计中的债务收入相互配合，形成债务信息的互补关系。

（1）明确地方政府债务的定义和涵盖范围，以及在政府会计中的分类。《基本准则》首次从财务会计视角对地方政府债务下定义，规定：负债是指政府会计主体过去的经济业务或者事项形成的，预期会导致经济资源流出政府会计主体的现时义务。同时将负债按照流动性，分为流动负债和非流动负债，具体包括应付预收款项、应付职工薪酬、应缴款项等以及长期应付款、应付政府债券和政府依法担保形成的债务等。债务范围的明确化将增强债务信息披露的全面性，同时也利于后期会计的核算及报告。

（2）推进权责发生制改革。这也是本次政府会计改革的重点所在。采用权责发生制对地方政府债务进行确认和计量，不仅能够真实反映直接显性债务的规模，更重要的是能够将政府直接隐性债务及或有债务纳入会计核算范围，对此进行较为准确地核算，能够全面反映政府债务情况，确保债务信息的完整性。由于确认和记录交易的时间大大提前，权责发生制在提高信息质量、提升透明度和提供风险预警信息方面具有更大的优势，因而能够更好地反映政府的负债规模和结构、年度变化，更为及时、全面地揭示和防范债务风险。此外，采用权责发生制实现政府会计技术层面上的国际趋同，利于各国间横向比较。

4.4.2 政府会计改革在债务信息核算与披露方面的局限

转制中的政府会计与我国目前对债务管理的信息要求和风险管理的目标相比，政府会计改革仍然存在一些局限：

1. 准则与制度的衔接不够完善。

新旧交替中的政府会计准则和制度尚未完成整个制度体系的衔接。一方面，权责发生制的确认基础尚未覆盖政府资金管理的所有方面。比如2017年发布、2018年1月1日实行的《社会保险基金会计制度》就没有使用权责发生制确认基础，其中的养老保险金等政府应确认的负债就构成隐性债务。另一方面，双系统的政府会计只是针对行政事业单位会计进行规范，尚未覆盖全部会计核算体系。比如2015年修订发布的《财政总预算会计制度》中，配合《预算法》的要求，在政府总会计层面核算地方政府债务，但是，这个制度中对债务的核算是预算会计和财务会计在一个系统中规范，收支科目规范预算会计，负债要素中规范应付债券等债务核算，并纳入一个报告体系报告债务信息。

2. 债务会计体系的不完整性。

从债务核算内容来说，现行的会计核算仅反映部分债务资金的存量，不能完整反映债务资金在项目建设与运营过程中的来龙去脉，信息流与资源流相分离；只能反映直接显性债务，却不能完整披露直接隐性债务及或有债务，不能完整反映由债务资金所形成的资产的信息。从债务分类来说，现行的债务分类只能反映举债途径，不能完整反映债务资金的涉猎领域或者用途，不能有效反映债务资金的不同存在阶段，对于债务结构性信息和管理主体的信息反馈是不完整的。从政府会计的体系设计来说，将政府债务仅仅作为一个会计要素进行货币计量的核算，缺乏与该要素相关联的项目信息、各承担主体信息、时间信息及其变动性信息披露的规范，势必不能在宏观上提供地方政府债务的结构性信息及变化趋势的信息。

3. 以部门为主体的债务会计的信息局限。

我国政府会计是以部门为主体的会计核算体系，而债务资金的形成和运营是以项目为基础的跨期管理事项，两者在时间跨度、涉猎范围跨度以及责任跨度上都存在差异。因而，导致信息管理和项目管理的不协调性。一方面，将项目债务和部门或机构自身的债务混淆，难以清晰界定各债务责任的边界；另一方面，没有对项目资金，特别是由于项目产生的债务独立报告，无法体现单个项目债务资金的举借、使用和偿还情况，难以反映债务资金全貌，也不能反映与项目有关的各主体在项目运营方面的权责关系。实践中，由于项目的主管部门、建设部门、融资部门相分离，致使由债务资金形成的资产完工后，由于权责不清晰，难以避免产生资产移交困难的问题，对完整核算政府资产产生不利影响。

4. 以货币价值计量披露导致的信息缺损。

政府会计准则中规范按照权责发生制对债务信息采用单一的货币计量手段：（1）不能全面反映债务资金的来龙去脉，不能基于项目完整反映资金的进度、建设效率、参与人的责权履行清晰情况，造成大量有用的非价值信息的缺损。（2）在价值计量过程中，加入了会计人员的估计和判断，在货币计量及对数据的加工、汇总及合并中损失了部分有用的事项信息。（3）政府债务资金涉及面广、结构复杂、参与主体多，债务用途主要是资本性项目建设，在对该项目运营与管理的经济性、效率性、公平性等方面做绩效考核时，需要全面的信息，而不仅仅是价值计量的信息。（4）政府举债既是政府面向市场筹措资金的手段，也是政府宏观公共政策的实施方式，还需要评价政府内部管理绩效，其信息使用者对政府债务信息的需求差异较大，从地方政府治理视角而言，单一货币计量的供给方式不能实现债务新政所要求的目标。

5. 债务信息在财务报告中的局限。

目前我国尚未建立一套统一的政府债务核算与报告制度，负债仅作为一个会计要素在政府财政总会计和行政事业单位会计中，遵循各自的会计制度分散形成和披露；同时债务信息也作为政府预算资金管理的一个部分，在预算决算报告中呈现。这种货币计量的"点"状披露方式，没有说明政府为什么举债、怎么举债、债务资金用于何方、结果如何、未来打算如何偿还等信息，致使披露的债务信息不具有连续性，不能综合反映债务全貌，很难形成一级地方政府对债务资金管理的理念、方法、结果等完整的信息。预算及会计报告中仅披露一部分价值计量的债务信息，而且是个总括信息，从披露的信息组合上来说是不完整、不全面的，也就难以及时有效地揭示债务资金的风险。

6. 政府会计规范债务信息的局限性。

随着政府会计改革的不断深入，在政府会计准则和已经出台的政府总会计制度中对地方政府债务的核算和披露做出了规范，以双轨制的模式分别核算收付实现制的债务信息和权责发生制的债务信息，其贡献在于对当前产生现金流量的债务信息和本期及未来各期承担的债务义务进行划分，利于地方政府有效规划债务资金的使用和归还。其局限在于：第一，能够纳入制度规范进行核算的地方政府债务仅仅是其中的一部分，对于隐形债务的信息生成与报告规范不够；第二，以政府主体核算的债务，主要是以金额计量的负债信息，不能体现政府举债行为的合规、合理和有效性；第三，在债务信息生成与披露的框架结构方面缺乏完整性和立体性。因而，在债务会计的改革方面仍然存在很大的空间。

4.5 政府债务管理政策与债务信息生成和报告的不匹配

4.5.1 地方政府债务管理政策要求与债务信息生成的不匹配

国务院财政部 2018 年以来连续发文要求打好防范化解金融风险攻坚战，要以结构性去杠杆为基本思路，分部门、分债务类型提出不同要求，清理政府项目债务。为进一步加强地方政府债务管理，2018 年 2 月 24 日财政部颁布的《关于做好 2018 年地方政府债务管理工作的通知》（以下简称《通知》）提出：落实全面实施绩效管理要求。建立健全"举债必问效、无效必问责"的政府债务资金绩效管理机制，推进实施地方政府债务项目滚动管理和绩效管理，加强债务资金使用和对应项目实施情况监控，引导各地按照轻重缓急顺序合理安排使用债务资金，地方政府债务资金只能用于公益性资本支出，不得用于经常性开支，要优先保障在建工程项目建设，提高债务资金使用绩效。文件还提出要"加快实现地方政府债券管理与项目严格对应"，严格遵循地方政府举借的债务只能用于公益性资本支出的法律规定，地方政府债券发行必须一律与公益性建设项目对应，一般债券和专项债券发行信息披露时均要将债券资金安排明确到具体项目；债券资金使用要严格按照披露的项目信息执行，确需调整支出用途的，应当按照规定程序办理，保护投资者合法权益。要实现上述政策要求，必然需要详细完整的政府债务信息做支撑，这就要求全面核算地方政府债务信息，而实际中的地方政府债务信息的生成与政策要求并不相匹配。

1. 地方政府举债规模与其债务管理能力不匹配。

地方政府举债不仅要与偿还能力相匹配——这是必须遵循的经济规律，也要与其债务管理能力相匹配，使之利于提高债务资金的使用绩效，更有利于防范债务风险的发生。我国地方政府大规模举债，除了中央和地方财权、事权不匹配以外，很长一段时间以来，"投资盲目性和融资随意性"是导致很多地方政府债务高企和风险集聚的又一主要原因。这也显示出地方政府债务管理的能力较弱，债务举借缺少事前规划，拟建项目往往在尚未确定资金来源的情况就已开工建设，项目建设资金需求与举债计划发生错配，难以使举债资金与举债项目完全匹配，从而达不到债务资金应该达到的预算绩效。

2. 债务资金承债主体和资金使用主体的不匹配。

我国地方政府实行的是"归口分级"管理的财政管理体制，以部门为主体进行预算和资金管理并划分责任归属。同时，我国地方政府债务资金的运动涉及多个部门或主体：债务决策主体、承债主体、资金使用主体和资金运营主体。我国地方一级政府是债务资金的承债主体，而资金的使用主体是各个公益性资本项目，这些项目分散在政府各个部门中，导致承债主体和资金使用主体相分离，项目债务资金的使用信息又嵌在各个托管部门，难以对债务资金使用和对应项目实施情况监控，不利于全面实施项目债务资金的绩效管理。

3. 债务信息的生成需求与现有债务信息生成渠道不匹配。

通过政府会计系统，按照流程生成相关的债务信息是最透明的一种信息生成方式，而目前我国尚未建立一个可以全面核算地方政府债务的会计信息系统，各地方债务信息基本靠摸底申报的统计数据和相关机构的估算或推算来获得。如为了全面摸清地方政府隐性债务底数和相关资产，2018年财政部设立了地方全口径债务监测平台（http：//lfpt. mof. gov. cn），要求各地将截至2018年8月31日的隐性债务余额、资产等数据，填报至财政部设立的地方全口径债务监测平台。此次摸底主要从举债主体、举债渠道、举债资金用途等三大方面入手进行统计，思路较为明确，便于操作。但这仍属于统计渠道，并不是通过政府会计系统按照流程生成的信息，因此地方政府在填报隐性债务时可能存在一定的隐瞒心理，导致实际数据与统计数据有差距。

4.5.2 地方政府债务管理政策要求与债务信息报告的不匹配

全面实施预算绩效管理是推进国家治理体系和治理能力现代化的内在要求，是深化财税体制改革、建立现代财政制度的重要内容，也是优化财政资源配置、提升公共服务质量的关键举措。为解决当前预算绩效管理存在的突出问题，提高财政资金的使用绩效，2018年9月，中共中央、国务院颁布了《关于全面实施预算绩效管理的意见》（以下简称《意见》），要求加快建成全方位、全过程、全覆盖的预算绩效管理体系。《意见》明确指出，要实施政策和项目预算绩效管理，将政策和项目全面纳入绩效管理，从数量、质量、时效、成本、效益等方面，综合衡量政策和项目预算资金使用效果。对实施期超过一年的重大政策和项目实行全周期跟踪问效，建立动态评价调整机制，政策到期、绩效低下的政策和项目要及时清理退出。《预算法（2014）》规定，政府举债资金只能用于公益性资本项目，这也就说明政府举债资金所建设的项目也要实现全方位、全过程、全覆盖的绩效评价，这就需要提供详细的债务资金使用信息和项目资产信息。而实际公布的政府债务信息与政策所需并不匹配，即信息的供需不匹配，具体体现在以下几个方面：

1. 财政资金预算绩效管理信息需求与债务信息披露现状不匹配。

政策要求从数量、质量、时效、成本、效益等方面，综合衡量政策和项目预算资金使用效果，一方面，需要将各级政府、各部门和单位预算实施效果与政策、项目预算实施效果结合起来，从运行成本、管理效率、履职效能、社会效应、可持续发展能力和公众满意度等方面，既要评价各级政府、各部门和单位整体绩效，又要评价其具体政策和项目绩效，意味着不仅需要以部门为主体的会计信息，而且需要以政策、项目等事项主体所生成的会计信息；另一方面，基于全面实施绩效管理的要求，需要将与政策和项目相联系的事项都纳入绩效管理体系，而绩效管理所需要的信息既包括数量、质量、时效、成本、效益的"价值信息"，又包括"非价值信息"，应该全面反映与评价绩效相关的综合的事项信息。

实际操作中，披露的信息主要是发债主体的信息，用债主体的信息未披露，且发债主体的信息披露内容不完整。调查发现，仅通过中债登网站发布"债券发行公告""债券信息披露文件"等相关文件，对省级债务概括、信用评级情况、中长期经济规划、财政收支状况、地方债务状况等信息进行披露，未披露用债主体信息及真实的债务水平指标，且发债主体涉及平台的项目投资、建设进展、盈利水平等信息也未披露。在地方债券发行过程中，并没有详细披露项目信息，尤其是专项债券信息，具体项目情况及收益来源等信息均未得到充分披露。

2. 政策关注重点与债务信息披露重点不匹配。

《通知》提出推进地方政府债务领域信息公开，及时公布债券资金具体使用项目以及项目概况等，以便强化政府债券资金绩效管理，提高政府债券资金使用效益，但从披露信息的地方政府实际情况来看，符合要求的并不多，清华大学课题组公布的《2018年中国市级政府财政透明度研究报告》显示，在295个地级及以上市政府中，共有207个公布了全市债务余额和债务限额情况。其中，大多数市政府对一般债务和专项债务的余额与限额分别进行了公开。但具体的债务项目方面公开情况较差，仅38家市政府对债务的具体使用项目有所公开。69.9%的地级及以上城市公布了省级划定给本市的债务限额和当年的债务余额，但普遍没有对具体的债务结构和项目情况加以说明。由此可见，地方政府债务信息的披露重点集中在余额和限额等存量信息和预算信息，而绩效管理政策要求的却远远不止包括存量信息。

3. 地方政府债务披露信息与相应的项目资产信息不匹配。

通过运用拔靴检验及滚动窗口因果关系检验等方法对政府债务与固定资产投资之间的影响关系进行实证检验发现，一方面，政府债务和政府固定资产投资之间存在相互影响的关系；另一方面，难以找到和政府债务直接对应的长期资产的信息，这与会计恒等式的基本原理不相适应，也不能完整反映政府因为债务资金的投放而形成的长期资产信息，也就无法验证地方政府是否遵循了《预算法》的规定，即政府举债只能用于资本性项目，也无法准确衡量地方政府的债务风险，实现地方政府债券管理与项目严格对应。"全过程"意味着以财政资金的流动为线索评价绩效，资金流动到哪里，绩效就评价到哪里，而这种债务与资产不匹配的情况难以实现全过程的债务资金绩效管理。

第 5 章 我国地方政府债务会计基础理论研究

5.1 地方政府债务的界定及重分类

5.1.1 地方政府债务的概念界定

以地方政府债务为研究对象，首先应界定清楚地方政府债务的概念。波兰克瓦（Polackova）认为，凡是政府应当承担的支出责任，均可视为政府的债务。政府承担社会管理责任，在道德约束、公共预期和政治压力下，政府可能、甚至必须承担大量在法律上没有明确规定的推定债务。从经济社会视角理解，这些债务应该划入地方政府债务范畴，也就是说，地方政府债务内涵中包括"不确定性"，即地方政府的债务不仅要看账面上已经发生的，还要看现实中必然发生的，不仅要立足现在，还要面对未来可能发生的（王旭坤，2016）。从我国政策文件中对地方政府债务的界定来看也存在差异，国务院印发的《关于加强地方政府性债务管理的意见》中，用的是"地方政府性债务"的表达，地方政府性债务，是指地方机关事业单位及地方政府专门成立的基础设施性企业为提供基础性、公益性服务直接借入的债务和地方政府机关提供担保形成的债务，分为直接债务、担保债务和政策性挂账。而按照《政府会计准则——负债》（2018 年）中的规定，负债是指政府会计主体过去的经济业务或者事项形成的，预期会导致经济资源流出政府会计主体的现时义务。现时义务，是指政府会计主体在现行条件下已承担的义务。未来发生的经济业务或者事项形成的义务不属于现时义务，不应当确认为负债。同时应满足：履行该义务很可能导致含有服务潜力或者经济利益的经济资源流出政府会计主体；该义务的金额能够可靠地计量。其中对债务的不同表达可能导致理解的偏差，有必要先对相关政策中涉及的几对概念进行辨析。

1. "政府性债务"和"政府债务"。

前者是对政府自身承担的债务和不属于政府承担但是政府承担偿还义务或救助责任的债务的总称,其中包括因国有企业破产或者环境污染等导致的政府偿付义务。而后者仅指政府以及政府相关部门承担的需要偿还的债务。纳入政府会计主体的相关部门包括政府以及行政机构、事业单位、人民团体等以财政资金支持其运营的部门机构和单位。这些组织均不以营利为目的,以提供公益性服务或政府行使公共职能为手段使用或耗用财政资金。而国有企业已经是营利性组织,以市场化的模式进行运营,不包含在政府会计的核算体系之内,因此,基于政府会计视角研究政府债务,不适合用"政府性"债务的提法,一方面,政府承担偿还义务的债务纳入政府会计系统进行核算和披露;另一方面,政府承担担保义务或救助义务的债务,只有在相关条件具备的时候才以"或有债务"的事项纳入披露或计量核算的范畴,平时不具备披露和确认的条件时不需要进行确认和披露,因此,政府承担的担保义务和救助义务的债务一旦符合条件纳入政府会计确认和核算的范畴,那就是政府债务,而不是政府性债务了。因此,本书以政府债务的方式表达政府承担的未来应该偿还的义务。

2. "债务"和"负债"。

从法律意义看,债务是"债权"的对称。是指债的法律关系中,债务人依法对债权人所承担的为一定行为或不为一定行为的义务。债务的履行就是债权的实现,债务和债权共同构成债的内容。法律意义的债务的外延除了包括资金财产的偿还义务,还包括一定行为的偿还义务,涵盖更加宽泛。从经济意义看,是由于借的行为导致必须返还的资金。除了借入的资金以外,如果发行的是债券的话,还必须返还本息(本金 + 利息),这也被称为债务。从会计意义看,负债是指由过去交易、事项形成的,由单位或个人承担并预期会计导致经济利益流出单位或个人的现时义务,包括各种借款、应付及预收款项等。从会计核算的语义用法来说,是将"债务"使用"负债"来表达,负债强调主体的责任和权益,强调某会计期间应承担的义务,强调负债的可计量性,用负债和资产相对应,表达法律意义上的债务和债权关系。从会计信息的分类来看,对会计对象(事项)的概括性分类为会计要素,负债是会计要素之一。会计学上确认为负债的条件更为具体,包括涉及的会计期间、金额以及和资产的对应关系。

以政府债务和负债的概念来分析,将国务院《关于加强地方政府性债务管理的意见》（2014）和《政府会计准则——负债》（2018）中的内容规范进行比较（见表 5 - 1）。

表 5 - 1 　　　　　　　　　　　政府债务和负债概念比较

关于加强地方政府性债务管理的意见		政府会计准则——负债	
发行债券	一般债券	举借债务	发行的政府债券
	专项债券		向外国政府、国际经济组织以及向上级政府借入转贷资金形成的借入转贷款。
合作模式借入债务	PPP	结算负债	应付及预收款项
	购买服务等		暂收性负债
其他债务	存量债务及担保等	预计负债	符合条件确认为负债的或有债务

从表 5 - 1 分析，左侧是政府债务的管理规范，首先，规定举债主体只能通过政府及其部门举借，不得通过企事业单位等举借。其次，政府发行债券的债务在负债的举借债务中核算，同时上下级政府之间的转贷事项也属于举借的债务。再次，合作模式中借入的债务并没有具体规范，只是在《关于加强地方政府性债务管理的意见》中规范"积极推广使用政府与社会资本合作模式（PPP 模式），吸引社会资本参与公益性项目建设并获得合理回报，既拓宽社会资本投资渠道，也减轻政府举债压力。"最后，存量债务已经在 2015 ~ 2018 年置换成政府债券，担保的债务属于政府承担的部分按规定纳入预算管理。右侧是政府会计负债的内容，第一，举借债务。政府发行的债券和政府会计主体向金融机构或其他国际机构借入的款项都在"举借债务"中核算。第二，结算负债。这一部分负债是结算过程中形成的应付或暂收款项，这部分款项是因为采取权责发生制的确认基础需要在当期确认的负债，是在交易过程中由于服务或产品提供的时间和款项结算的时间存在差异而形成的应付款项，如果延长时间，交易全部完成，该项应付义务就消失了。所以，这部分负债是具有会计意义的金额，没有债务人举借的行为要素在其中，不符合"债"的组成要件，按照法律和经济学的定义，都不符合债务的概念，因而在左侧的管理意见中就没有规范。第三，预计负债。是指符合确认条件的或有负债。政府提供担保或者承担偿还或救助义务的债务如果符合会计的确认条件，就可以作为"预计负债"进行核算。

从上述比较分析可知，债务和负债的本质是一致的，都表示一定主体承担的应付义务。但是它们的内容涵盖并不相同，会计学中的负债包括结算义务，政府债务中的合作和担保救助事项可能产生的义务也没有全部包括在会计负债中。本书不探讨结算债务的核算，而是对左侧的债务如何建立和完善会计核算和信息披露体系做研究，因此，在语言表达方面应用政府债务的概念，而不是负债。

3. "隐性债务"和"或有负债"。

隐性债务是涉及政府的道德义务或预期责任的负债，而这些债务并非法律或合同规定，而是基于公众的期望、政治压力以及社会对其理解的国家的整体作用而由政府承担的义务（Hana，1998）。隐性债务是没有统计披露出来的政府义务，是和显性负债相对应的概念，是经济学范畴的概念。从管理学范畴来认识负债是基于一个主体研究义务的承担与偿还，这不是隐性和显性的问题，而是确定与不确定的问题。确定的负债是一个主体应该承担的偿还义务，不确定的负债是一个主体不一定要承担的债务。负债是一个会计要素，其信息由会计信息系统予以确认计量和报告，确定的负债是按照其确认的标准以确定的金额在相应的会计期间中确认和报告，不确定的负债按照导致负债不确定的因素进行分析，以当期负债发生的可能性为判断依据确认为预计负债或作为或有负债予以披露。隐性债务和或有负债既有联系，也有区别：一是从两者的定义内涵来说。"隐性"强调的是没有显露出来的政府应该承担的道义责任或其他义务；或有负债是会计学的概念，"或有"强调的是负债发生的不确定性，一个主体是否要确认一项债务需要根据未来某个条件发生与否才能确定。二是从两者的范围来说。隐性债务既包括政府确定承担的负债，也包括政府可能承担的负债，因此，可以划分为"直接负债"和"或有负债"两部分，在范围上具有一部分重叠性。三是信息披露不同。隐性债务的"隐性"就是指由于种种原因导致的没有在相关信息系统中出现的负债，也包括没有在会计信息系统中确认和报告。而"或有负债"部分可以根据其发生的概率确认为预计负债或在政府财务报告中披露。"直接负债"部分，在满足了会计确认三个条件之后，即可确认为当期负债。考虑到隐性债务和或有负债存在相互包含又相互区别的关系，因此，从管理学视角研究隐性债务，一是根据负债发生的确定性和不确定性，将隐性债务划分为"直接负债"和"或有负债"两部分，更有利于对隐性债务进行完整信息披露和流程管理；二是对确定和不确定的负债按照会计标准进行报告，纳入政府负债信息系统，可以为经济学视角研究隐性债务的风险和控制提供信息依据（见表5－2）。

表 5 - 2　　　　　隐性债务与或有负债概念比较

或有隐性债务：	或有显性债务：
1. 定义上：	1. 定义上：
(1) 政府主体因过去的交易或者事项形成的潜在义务,或不是很可能导致经济利益或服务潜力流出主体或该义务的金额不能可靠计量的现时义务（"或有"）。	(1) 政府主体因过去的交易或者事项形成的潜在义务,或不是很可能导致经济利益或服务潜力流出主体或该义务的金额不能可靠计量的现时义务（"或有"）。
(2) 且该义务法律没有做出明确的规定,但在地方政府职能中隐含着应当承担的道义责任,或者处于出于现实的政治压力而不得不去清偿全部或部分已经发生的负债（"隐性"）。	(2) 且该义务有法律的明确规定、政府的公开承诺或政府的特定政策需要清偿的负债（"显性"）。
2. 范围上：如利用地方政府融资平台、PPP 项目、政府购买服务、政府投资基金、棚户区改造、融资租赁、信托理财产品、信托贷款、企业债券、境外发债、保险资金等渠道违规融资等；国有银行的不良资产、国有企业未弥补亏损、其他金融机构的不良资产	2. 范围上：如其他公共部门的债务、间接担保的外债、国债投资的配套资金、政策性银行的不良资产、政策性担保公司不良资产、资产管理公司不良资产、政府各部门为引资而担保的其他债务等
直接隐性债务：	
1. 定义上：(1) 政府会计主体过去的经济业务或者事项形成的,预期会导致经济资源流出政府会计主体的现时义务（"直接"）。	
(2) 且该义务法律没有做出明确的规定,但在地方政府职能中隐含着应当承担的道义责任,或者处于出于现实的政治压力而不得不去清偿全部或部分已经发生的负债（"隐性"）。	
2. 范围上：如社会保障基金缺口、农村社会保障缺口、国债投资形目资金缺口、政策性融资担保等	

资料来源：①刘尚希,赵全厚. 政府债务：风险状况的初步分析 ［J］. 管理世界,2002(05)：22 - 32,41. ；②财政部. 政府会计准则第 8 号——负债. 2018.

5.1.2　地方政府债务的重分类

1. 地方政府债务的现行分类。

（1）"财政风险矩阵"分类法。几乎每一本研究地方政府债务问题的著作都会引用世界银行高级经济学家哈娜·波兰克瓦（Hana Polackova,2001）的矩阵分类法。波兰克瓦从法律责任和道义责任、债务责任确定性和非确定性两个维度提出了著名的"财政风险矩阵"。将政府债务分成四类,即：一是直接显性债务,是指由特定的法律或合同规定的政府债务。二是或有显性债务,是指由法律规定的当某特定事件发生时必定由地方政府承担的债务。三是直接隐性债务，不是由合同或法律规定的，而是由中长期公共支出政策中预先确定的责任所形成的债务。四是或有隐性债务，通常是指没有正式确认的、在某一事件发生后才发生的债务，是迫于公众和道义压力而接受的债务。

这个分类方法按照确定性程度对债务进行分类，首次将"不确定性"的概念引入政府债务内涵中，认为政府债务不仅要立足"现在"，而且要面向"未来"。从公共风险视角出发，将政府因承担和化解公共风险形成的，将导致财政资源流出的政府的现时和未来义务，均纳入政府债务范畴，同时也是对财政风险来源的完整分类。该风险矩阵分类法一经提出，便被大多数国家政府债务管理机构采用，学术界也在此基础上构建不同类型的地方政府债务风险评价体系。"财政风险矩阵"对财政风险的研究具有里程碑的意义，为地方政府债务风险研究奠定了坚实的基础，为判断、规避地方政府债务风险提供了更多的思路，同时也为形成信息提供依据。

但是这个分类存在以下问题：第一，忽略时间序列因素。"财政风险矩阵"对债务分类时未明确债务发生和偿还的时间性，即没有本期和非本期，或者流动和非流动之分，这会对政府负债信息的决策有用性产生影响，使得无法依照负债信息合理统筹偿债资金，影响对债务的风险管理，也无法据此评估政府的偿债能力。第二，分类过于笼统，明晰性不够。"财政风险矩阵"是从经济和社会的角度看待政府债务问题，范围宽泛且对债务的分类没有明确具体，没有构成信息组成的基础性项目，因此在设置相应的会计科目对债务进行核算时，可能依然存在口径和分类方面的混乱，不方便建立具体的信息系统传递信息。第三，未形成明确的债务信息的类属体系。"财政风险矩阵"未形成明确的债务层级和确认标准，在政府庞大的组织机构和多样的债务类型的管理方面，存在信息归类方面的问题，进而影响债务确认影响在财务报告中的列报。另外，该分类下的许多债务（例如隐性债务及或有债务）的可靠性不确定，在计量上存在难度，无法获得此类债务的明确具体的数据，不利于债务的会计确认和计量，更无法在会计报告中反映。

（2）审计实务中分类方法。在审计实务中，根据政府对债务承担的偿还责任和法律责任不同，一般将"政府性债务"划分为以下三类：一是政府负有偿还责任的债务，是指地方政府（含政府部门和机构）、公用事业单位、经费补助事业单位、融资平台公司和其他相关单位举借，确定由财政资金偿还的债务。二是地方政府负有担保责任的债务，是指因地方政府提供直接或间接担保，当债务人无法到期偿还债务时，政府负有连带责任的债务。三是其他相关债务，是指由经费补助事业单位、公用事业单位以及融资平台公司为公益性项目举借，由非财政资金承担偿还责任，且地方政府未承担担保责任的债务。当债务人偿还债务发生困难时，政府可能会承担一定的救助责任。

审计实务中分类方法是基于明确政府承担责任的视角，统计比较各级政府应该承担的债务并评价。该分类方法一是明确了债务主体，按照地方政府承担债务的责任归类债务，体现了债务义务承担和偿还的本质内涵；二是为审计目的服务，属于摸清家底的行为，即对债务资金数据的真实合法性做出判断，使之既能够揭示政府举债的实际数额，又能揭示举债过程中的违规现象，从而有利于维护财经法制的良好运行，抑制地方政府的不理性行为，促进廉政建设。审计署对政府债务有自己的统计口径，对于摸清我国地方政府债务实际情况有重要的参考价值。

但是，这种分类存在几个问题：第一，政府债务的范围过于广泛。该分类方法下部分债务并不属于会计意义上的地方政府债务。例如，一些事业单位或国有企业的债务，政府在法律上对该类债务不承担偿债责任，不应划到地方政府债务范畴。另外，以政府为债务主体的界定过于宽泛，忽略了其他债务主体的责任，既不利于债务责任的划分，也不利于债务资金使用绩效的评估。第二，无法评价政府举借行为的合规与合理性。该分类方法只反映政府应该承担责任的债务，是一个结果性信息，并不能反映政府的举借决策与债务资金的管理行为，因此无法对债务资金获取的合法性、合理性及合规性做出科学评价。第三，无法反映债务资金的来龙去脉。审计的关注点主要是债务资金使用的结果，即真实性、合法性、合规性。该方法无法沿着资金流向、轨迹和运行脉络，对债务资金的收、支等环节进行及时的核算监督，因此，没有形成反映债务资金的来龙去脉的信息。

（3）会计实务中分类方法。新颁布的《财政总预算会计制度》（2015）中将负债按照流动性分为流动负债和非流动负债，具体包括应付国库集中支付结余、暂收及应付款项、应付政府债券、借入款项、应付转贷款、其他负债、应付代管资金等。《政府会计准则——负债》中，将负债按照流动性分为流动负债和非流动负债，分为举借债务、结算债务和预计负债，并相应设置了会计科目。新政府会计规范采用"双分录"会计核算方法，在核算预算收支的同时，也核算反映与预算收支变动密切相关的资产负债情况。同时还完善了资产、净资产、收支核算内容，以及会计报表体系和报表格式。新的制度对于提升财政财务信息质量、深化预算管理制度改革、建立现代财政制度具有重要意义。

现行会计版的分类存在的问题在于：第一，债务主体不明确。地方政府债务结构复杂，不仅承担债务义务的主体多元化，而且债务资金流动涉及多个主体，"借款""用款""还款"三个主体时常不一致。现行会计实务中确认债务的政府主体，只是一个合并总主体或者称为报告主体，不是对债务资金进行全面反映和控制的核算主体。对债务主体的确认模糊不明确，导致无法全面客观地确认债务，也不能完整反映债务资金的来龙去脉。第二，债务内容不完整。《财政总预算会计制度》（2015）进一步扩大了债务的范围，但仍旧存在内容不完整的问题。例如，地方政府有时会利用行政命令进行举借，如融资平台债务，这些资金最后都必须由政府财政来偿还，实际上已构成政府债务。对于这些债务并没有设置相应的会计科目，未纳入政府会计核算的范围，使得无法真实记录并全面反映政府负债情况。此外，地方政府托管的基金运营负债比如社保基金负债等都未纳入债务核算体系。

2. 地方政府债务重分类。

完整真实的债务数据的搜集与披露建立在明确的债务定位和口径清晰的债务分类基础之上，要全面客观地核算地方政府债务信息，首先要对地方政府债务充分分类，以构建其基础信息体系。现行分类无论是学术界的哈娜.波兰克瓦的"财政风险矩阵"分类法，还是实务界审计署对债务的划分，都不能完全适应地方政府债务的会计学范畴，不利于债务的分层确认计量，更无法完整反映债务资金的来龙去脉。基于会计视角，地方政府负有偿还责任的确定性债务应该纳入政府债务会计核算，可按责任主体与形成原因双重标志分为以下四种：

（1）项目债务。是指地方政府为基础设施项目及公益性项目建设借入的债款，项目类别可以具体分为：市政建设、土地收储、交通运输设施建设、保障性住房、教科文卫、农林水利建设、生态建设和环境保护、工业和能源和其他。这部分债务的特点包括：一是时间长、规模大。政府债务资金大多投向基础设施项目建设，项目建设具有长期性，资金规模巨大。二是资金涉猎领域广泛，用途上依托不同的项目呈现多元化运营目标。三是项目运营涉及多个主体，不同主体的权责不同。一个基础设施项目从立项、融资、建设、监管到完工移交，涉及从政府到企业多个部门机构的分工与合作。四是债务管理存在风险性。如债务立项决策不完善导致的结构风险；债务规模过大可能导到期债务无法完全支付引发的违约风险；债务资金的使用效率不高无法完成预期目标；各合作部门基于各自的利益或目标做出有损项目运营的事情；政府或相关机构在项目运营过程中的舞弊和浪费行为。因此，有必要单独分列。按照债务形成与《预算法（2014）》实施的时间联系，可把项目债务细化分为存量债务、未来规范债务和在建工程后续债务。

①存量债务。是指截至 2014 年 12 月 31 日尚未清偿完毕的债务。存量债务结构复杂，从举债单位考虑，包括政府部门和机构、融资平台公司、经费补助事业单位、自收自支事业单位、公用事业单位和其他单位；从债务资金的来源来看，可分为银行借款、BT 融资、信托融资、中央代政府发行的债券、外债、国债等财政转贷、证券、保险业及其他金融机构融资和其他借款。对存量债务进一步划分，按照流动性分为流动负债和非流动负债。流动性负债，是指一年以内到期偿还的债务。例如：银行等金融机构的短期贷款，可通过"短期借款"科目核算；中央代发的短期债券，可按债券面值通过"应付短期政府债券"科目核算；通过"应付利息"科目核算对借入款应负担的利息费用，并设置明细。非流动负债，是指流动负债以外的负债，可包括政府部门或融资平台等从银行、信托融资、证券、保险业及其他金融机构的长期贷款，或向其他单位和个人的贷款，中央代发的长期债券，外债转贷，国债转贷，政府的融资租赁款项，政府依法担保款项。

②未来规范债务。是指在《预算法（2014）》实施后，生成的依法纳入地方政府债务范畴的地方政府债务。《预算法（2014）》赋予地方政府依法适度举债权限，剥离融资平台公司政府融资职能，地方政府不得通过政府债券以外的方式举债。因此，举借主体只限于政府部门和机构，举债方式只限于政府债券。

③在建工程后续债务。对使用债务资金的在建项目，原贷款银行等要对该在建项目重新审核，对于符合国家规定的项目应继续按协议提供贷款，并将其纳入存量债务范畴；对在建项目没有其他建设资金来源的，应主要以 PPP 模式和地方政府债券的方式获取建设资金，对于 PPP 模式运作，即政府与社会资本共同成立特别目的公司进行建设和运营合作项目所形成的债务，既不属于政府债务，又不属于政府或有债务，对于地方政府债券形式，应作为未来规范债务。

（2）部门债务。是指政府各部门在日常的运营管理活动中形成的债权债务关系，包括政府日常采购过程中发生的应付未付款、应付工资等。运营债务按照流动性，分为流动负债和非流动负债。包括购买货物、服务及构建固定资产等政府采购过程中发生的应付未付款，财政供养人员的欠发工资，公务员法定养老金等。

（3）基金债务。是指政府对托管的各类专项资金，如保障基金、权益基金等运营过程中而承担的债务，可按基金不同类型进行明细划分。

（4）其他债务。是指由于其他原因形成的地方政府债务。

此外，地方政府负有担保责任的债务属于或有债务，视确定程度确认为债务或在会计报表附注中进行披露。地方政府可能承担一定救助责任的债务也属于或有债务，当债务人确实出现偿债困难且符合政府救助条件时，视确认程度需要在会计报表附注中进行披露。

综上所述，地方政府债务会计学分类如图 5-1 所示。这个图的最下面一层是会计科目，按照会计科目的外延和内涵归集相关信息，然后逐级向上汇总形成不同层级的债务信息，一直到最顶层构成一级地方政府承担的债务资金的来龙去脉。

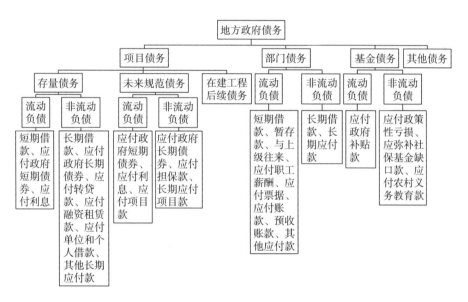

图 5-1　地方政府债务的会计学分类

综合这个分类体系，可以分门别类地形成详略程度不同的债务信息，包括总括信息和不同结构类信息。

5.2　地方政府债务会计主体的拓展

5.2.1　政府债务会计主体拓展的理论阐述

环境特征决定会计假设的内容和含义，环境在变，假设也应与时俱进地进行改进和创新。早在 21 世纪初，葛家澍先生（2002）就对会计基本假设进行了重新解读，提出会计主体（现实主体与虚拟主体相结合）、持续经营（持续经营与非持续经营；整个企业持续经营与个别分部终止经营同时存在）、时间分期（定期报告与实时披露相结合）等概念。他指出，新经济环境下企业结构发生空前变化，虚拟企业或主体串大量兴起，将成为未来企业发展的大潮流。此类主体（包括生产者、经营者、供应商、销售商等）因某种产品或作业的生产通过互联网联结一起，分工协作，共担风险和利润，具有经营期限短暂多变的特点。这使得会计主体假设以及持续经营和时间分期假设不再适用，有必要对此成立单独会计主体，并通过互联网实时披露信息。

21 世纪知识经济时代的到来为会计提供了一个新经济环境，"互联网＋"和"市场创新"进行叠加，使得会计环境发生了巨大的变化，产生了新的特点，深远地影响着会计理论的研究与发展。其中，对会计假设的冲击或者影响整个会计核算和报告体系的构成与设计，成为影响会计理论与实践改革的现实力量。将经济环境与传统的会计假设相联系，我们政府会计面临的环境具有以下特征：

1. 会计主体呈现集中化与项目化并存的发展趋势。

政府作为自然垄断的科层制组织体系，一方面，承担提供区域公共产品和发展经济的职责，需要从战略层面整体把握资源的有效配置，全面平衡地方治理各种要素的影响，同时保证一级地方政府的整体运营管理绩效，因此，以一级地方政府为主体全面披露政府综合财务报告成为必然。另一方面，从政府组织与市场和社会各层面建立的分工与合作的关系来看，将政府职能进行有效分解，以"项目化"的方式与市场和社会公益组织建立合作关系。比如政府购买养老服务项目、政府与科研机构进行合作的科研项目、政府与社会资本合作（PPP）的基础设施建设项目等。这些"项目"就是政府组织和合作伙伴按照特定的目标进行有效运营的一个载体，合作各方制定合作规则，拿出各自的一部分资源在这个项目中进行归并，形成独立的主体，只为实现该项目一定期限内的合作目标而设立和运营。一旦目标实现，项目运营结束，该项目主体就解散，其形成的相关资产移交至另一个长期运营的主体。因此，这样的主体按照需要设立，完成既定目标后就转移或撤销，有专门的资金来源，有一定的组织模式和运营方式，有专属的利益相关者，具备会计主体的基本要素，具有灵活性，但是不属于永久性存在，也不一定符合法律主体的定义。这样的主体在社会管理创新、市场创新和政府与社会资本合作的大背景下，日益增加和发展，成为会计核算和报告这类主体会计信息不得不面对和研究的问题。

2. 持续经营和暂时合作并存的发展趋势。

会计主体的多元化存在势必影响到其他会计假设的条件，大量的由于合作或其他原因设立的临时的项目主体，由持续经营的主体发起或设立，成为持续运营主体保持盈利能力或可持续发展的不可或缺的部分。这些项目会在持续主体的范畴内不断建立、不断完成移交或取消又不断建立新的项目，因此，单个项目来看具有临时性和暂时性。但是从整个组织而言，其业务由持续性业务和临时性项目构成，必须兼顾建立对持续性业务的管理机制和对暂时性项目管理的机制，以需求为导向，以组织的可持续发展为导向，以不断创造价值为目标整合永久性资源和暂时性资源，在信息有效的前提下，合理决策和配置资源，既应对市场创新带来的变化，又保持自身竞争优势，实现可持续发展。因此，暂时性的项目主体是组织运营和发展不可或缺的部分，必须全面反映和报告。

3. 定期报告和即时披露的信息网络。

计算机和网络的发展将手工簿记时代需要做但不能做的事情变成现实，在"互联网+"的时代，我们不需要考虑信息生成的技术障碍，我们只需要考虑我们需要什么。在组织内部建立以可持续经营的组织主体和暂时性运营的项目主体相结合的多元主体的会计信息系统，基于"互联网+"的时代不仅必要而且可能。现代化的技术手段可以针对会计信息使用者的不同目标的需求、不同时间段的需求、不同组合的信息需求兼顾提供总括性信息和模块化的信息。既可以是会计主体整体的概括性的信息和多年概括性的信息，也可以是针对某一事项的专门信息或某一行为的流程性信息。在需求多元和技术支持的环境下，会计信息的生成与披露从主体到内容、从时间到流程可以做更多的设计与变革，有效地将定期披露的概括性信息和即时披露的模块化的信息相结合，最大限度满足各类信息使用者的不同需要。

4. 货币计量和多元计量手段并存的信息体系。

会计信息区别于其他类信息的关键在于对会计主体会计事项的可计量性，以货币为主要计量单位对经济事项进行反映和监督，成为会计的基本职能。货币计量可以将不同类型的组织不同类型的会计事项进行分析和对比，可以在宏观层面对各主体、各事项进行归类和分析，具有综合性和概括性。然而，货币计量的总括性特点在描述经济事项的来龙去脉方面、描述经济事项的绩效成因和绩效结果方面、描述"目标—行为

—结果"的关联方面存在一定的局限性。例如对于绩效的计量，不仅需要计量投入和产出的金额，还要计量投入和产出的物理量和时间量。对于事项的计量和对于主体单元的计量都是生成和报告信息的组成部分，如果信息的报告空间范围改变，必然要求其计量的空间做出调整，完整地计量一个事项、一个单元甚至一个会计主体的信息，需要多种计量工具、多重计量属性以及动态性的计量，才能在信息的生成与披露方面更具有目标意义。

因此，葛家澍先生提出的观点，即"暂时性或临时主体的出现，这使得会计主体假设以及持续经营和时间分期假设不再适用，有必要对此成立单独会计主体，并通过互联网实时披露信息。"结合上述"互联网＋"时代的经济环境的变化，对会计假设的研究有必要做出拓展和创新。从政府会计视角研究政府债务会计主体的拓展，一方面，适应于我国地方政府债务资金运营和管理特点的需要；另一方面，这个研究结论可以成为政府会计主体创新研究的一个尝试。

会计主体概念是会计基本假设的重要组成部分，主体界定了会计确认、计量和报告的空间范围，即明确了会计应该对"谁"所掌握的经济资源、承担的负债、开展活动的经济内容进行核算和报告（陈志斌，2011）。对于地方政府债务会计而言，它就是立足主体、面向市场、面向社会，提供该主体关于债务资金的举借、使用、偿还及评价等情况的一个信息系统。因此，立足主体是前提，如何合理选择并确定会计主体成为研究的重点。

按照公债理论的要求和《预算法》的规定，政府债务只能用于资本性项目，不能用于经常性项目，那么，这意味着政府举债行为一定和一个独立的长期性建设项目或公益性项目连在一起，基于项目需要筹集资金，基于项目的特点选择合作伙伴和合作方式，按照项目的建设和运营周期反映资金的投入，项目建设期满，再划归相应的机构进行运营，形成政府的一项长期性资产。从项目立项到划归为一项政府资产之间需要几年甚至几十年的时间，不仅时间长，而且投资规模大，涉及相关部门多，需要单独设置会计主体进行全面的核算。

我国地方政府的长期债务资金主要针对资本性项目而产生，此类项目耗资巨大，资金来源多元化；期限长，甚至超过政府任期；工程链条长，涉及多个合作单位（姜宏青和杨洁，2015）。在我国地方政府债务规模膨胀，债务信息核算不清晰不完整的现阶段，现行制度下仅是以部门或机构为主体核算所有债务，未对项目债务设置独立主体核算，这种核算方式难以反映债务资金的全貌，也不能反映与项目有关的各主体在项目运营方面的权责关系，将项目债务和部门或机构自身的债务或托管的债务混淆核算，在信息分类汇总时不可避免会出现项目债务核算不完整、项目债务与部门债务混淆、各自边界模糊、统计数据差异等问题。因此，在政府会计体系中设立独立项目主体单独核算此类项目资金的运营情况是非常有必要的。同时，从使用财政资金并存在绩效评价信息需求角度来看，此类项目耗用财政资金，且与社会公众的公共利益存在联系，社会公众有意愿了解该项目的资金使用情况并评价其绩效，那么该项目应该构成特定的政府会计主体（张琦，2007）。

西方一些国家，为了反映和监督政府或政府单位对各项限定财务资源的保管和使用情况，对各项不同用途的财务资源的收支变动及其结果进行分别核算和报告（陈穗红和石英华，2009）。例如美国的州和地方政府将政府运营管理的资金划分为不同类型的基金，建立了全面的政府基金会计，以基金而不是政府各部门为会计主体设置完整的账户进行核算，并提供专门的财务报告，这种会计模式可以有效地划分部门行为和基金管理行为，完整提供一只基金的资金来龙去脉信息。以政府债务为例，地方政府的资本性项目建设产生的债务资金主要结合"资本项目基金""偿债基金"反映资金的举借、使用和偿还。美国地方政府基金会计中将建设项目独立核算的思想值得我国借鉴。但是，我国地方政府实行"归口分级"管理的财政管理体制，以部门为主体进行预算和资金管理并划分责任归属，要推倒这种管理模式完全照搬美国模式，既无可能，也无必要。因而我国难以完全采用美国的基金会计模式，但是，在归口的部门下对项目设置专门的主体进行信息核算与管理是可行的，即在归口部门下增设项目主体独立核算项目资金的来龙去脉。如此一来，将项目债务资金运营和托管项目的机构或部门的债务资金运营分开，以项目为核算主体，可全面反映项目资金的来龙去脉，反映政府在项目运营方面的承担的债务，将各项目债务进行汇总即可形成地方政府承担的全部项目债务，既可以反映一级地方政府的债务总额和债务结构信息，又可以及时确定项目所形成的相关资产，并可以根据不同的项目确定债务偿还的资金来源，为项目建成移交以及后续运营提供数据基础。

5.2.2 政府债务会计主体拓展的实践尝试

从我国地方政府债务资金运营的实践来看，主要分为这样几类：一是以融资平台为核心，以政府为担保，通过举借企业债务做政府性的项目，政府在以后的年度里承诺以财政收入偿还借款。这类债务因为隐蔽性强，操作不透明，没有纳入预算管理，存在诸多弊端，正在逐步清理和转型，以置换政府债券的方式纳入政府预算管理和政府会计核算体系。但是这类债务所形成的项目资产依然在融资平台公司管理，在移交和后续运营和管理中存在诸多问题。二是以国债转贷或主权债务支持的公益性项目，比如环保类项目。这些项目通常是由政府（环保）部门监管，委托公益组织或私人部门直接做项目的建设和运营。这类项目最终所形成的资产归属于政府，由相应的机构负责后续运营。由该类公益项目形成的负债在政府的财政收入中逐步偿还。三是政府和社会资本合作形成的PPP项目，这类项目通常属于基础设施建设类项目，一方面，建设工期长、投资额大；另一方面，具有一定的后续运营收益，政府和社会资本合作中，由社会资本出资建设，同时给予对方后续运营和收益的权限，如果建设的项目具有公益性质，社会资本收回投资后再移交给政府。这类项目政府需要通过政府采购的方式选择合作伙伴，基于项目的运营和管理成立项目公司，由政府和社会资本共同出资，或者政府出台政策由社会资本出资来建设和运营。这里的项目公司就是基于项目而成立，项目运营期满，该项目形成的资产移交给政府相关部门，该项目公司运行就结束。因此，项目公司虽然是一个会计主体，但是具有暂时性，是实践中的项目主体的具体存在。

在党的十八大以及十八届三中全会提出"让市场在资源配置过程中发挥决定性作用"和"允许社会资本通过特许经营等方式参与城市基础设施投资和运营"的背景下，国务院、发改委、财政部等国家主管部门及各省、市政府出台了大量鼓励政府与社会资本合作（PPP）模式的相关法律、政策文件，推动在城市基础设施及公共服务领域引入PPP模式，以拓宽城镇化建设融资渠道，提高公共产品供给能力和效率，促进政府职能加快转变。PPP模式的发展意味着基于PPP项目而存在的项目公司也在不断增加。那么，项目公司的债务和资产是否应纳入政府会计的范畴？这已成为政府会计需要关注的问题。

5.2.3 我国地方政府债务会计多元主体的设计及相互关系

我国地方政府债务资金运动涉及多个部门或主体。债务决策主体、承债主体、资金使用主体和资金运营主体不一致，地方政府举借的债务资金需要拨款给予政府合作的其他部门或机构进行项目建设和项目运营，而拨出去的资金的核算与管理不在政府组织的范畴内进行，也不表现为政府债务资金，由债务资金建设项目形成的资产也无法形成政府的资产与债务进行对应。因此，地方政府债务会计需要解决由于会计主体的分散导致不能完整核算和报告债务资金来龙去脉的信息弊端。

根据对我国政府债务的重分类，依据债务管理的相关理论，考虑我国政府公益性和基础设施项目运营的特点，考虑到我国 PPP 项目运营的实践应用，本书认为应该对政府会计主体进行拓展，建立包括部门主体、基金主体和项目主体在内的多元化的政府会计主体，以此，应该建立多层次、多元主体的地方政府债务会计主体结构，按照债务资金的管理机构分设不同的会计主体（如图 5-2 所示）。

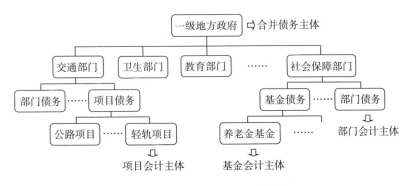

图 5-2　多元债务会计主体构成

1. 部门会计主体。

每一级基本政府都有相应的主管部门及其所属的行政事业单位，这些主管部门及所属的行政事业单位与各级基本政府之间有明确的受托责任关系，包括行政隶属关系和财政缴拨款关系（陈志斌，2011）。这些政府部门或单位即可作为会计主体，简称部门会计主体。可根据政府承担经济职能的不同，具体划分形成的各部门，例如教育部门、社会保障部门、医疗卫生部门、交通运输部门等，分别设置部门会计主体，负责核算并报告本部门在日常运营结算过程中形成的债务。

2. 项目会计主体。

对于政府投资并耗用公共财政资源的各类建设项目，应该构成独立的会计主体，一个项目即是一个会计主体。具体可按照政府负责建设的项目类别，例如城市基础设施建设、教育、医疗卫生、社会保障等，归口到相关主管部门由主管部门托管，在主管部门下分别设立独立的项目会计主体，负责本项目的核算与管理。同时可在政府会计的框架内单独设置会计科目和财务报表，独立全面核算债务资金的来龙去脉，以形成政府的资产和债务。

然而，并不是每一个建设项目都需要单独成立项目主体，项目主体的设置须满足一定的条件：（1）项目要符合法律规范的债务资金投向，即满足资本性项目、公益性项目的要求；（2）项目建设周期至少超过一年；（3）项目投资额大。至于其他建设期短、投资金额较少、缺乏独立运营条件的项目可归口到相应部门，按日常运营业务进行核算。

3. 基金会计主体。

我国各级政府还按照预算规定安排具有各种专门用途的基金，此类基金代表着基本政府、政府组成单位、部门所承担的专门的受托责任。从专款专用角度出发，这些不同类型的基金应作为独立的会计主体，按照基金种类成立各基金会计主体，进行核算与报告政府托管的各项专门来源和用途的基金，以全面反映各项基金的资金运营和管理情况。比如建立养老保险基金会计，以养老金为主体，对涉及的资产、负债、收入、支出和基金结余等会计要素进行确认和计量，全面核算养老基金的来龙去脉。在养老金会计中按照权责发生制核算的政府应该承担的养老金债务是政府债务的组成部分。

4. 地方政府合并债务主体。

地方政府合并债务主体是以各级地方政府整体作为会计主体，如省级政府、市级政府、县级政府、乡级政府，其目的是解脱公共受托责任，综合反映这一级政府的债务情况。具体而言，一级地方政府为债务报告主体，将所属的部门自身债务和所托管的债务（包括项目债务和基金债务）以及其他债务予以合并，形成本级政府债务报表，对这个报表进行分析，形成这一级地方政府的债务报告，作为政府综合财务报告的子报告予以披露。

部门主体、项目主体和基金主体构成了政府会计基础的会计核算系统，各基金和各项目按照"归口分级"管理体制划归到相应的职能部门进行托管和核算。（1）多元的、独立的会计主体能够分别核算不同主体资金的来龙去脉，能够全面反映因为不同的主体资金运营所形成的资产，能够完整反映一个部门、一个基金和一个项目的资金运营绩效。（2）将不同类型的项目和基金划归到相应的职能部门予以托管，一方面，形成的具体会计主体的信息能够在其相应的归口领域予以合并，形成不同领域的财务信息和运营信息；另一方面，能够发挥不同领域管理机构的专业管理水平，明确相关部门的责任，更利于专门项目和基金的有效运营。（3）部门债务、项目债务和基金债务最终都会归并到地方政府的综合财务报告体系中，形成以一级地方政府作为承债主体所承担的债务责任，地方政府作为综合报告主体宏观地审视这个会计主体体系，可以清晰地反映政府债务资金的结构，既利于政府各部门之间的比较分析，也利于全国范围内不同级次的政府之间的比较分析。

也许有人会提出，这样的多元会计主体的设计会产生很多的会计报表，不符合成本效益原则，这个观点在传统手工簿记时代是个问题，但是，我们已经不再是刀耕火种的时代了，在"互联网＋"的时代，在信息化的时代，这不是个问题，通过计算机形成各类不同要求的报表只是一点一瞬间的事情，而这个多元主体的设计可以自动形成政府债务的结构性信息，不需要人工通过设置口径去选择整理，既方便又客观。而且，多元的财务报告的原始数据的完整披露，可以在后续的财务分析，特别是债务分析方面提供丰富的数据资源，利于各方利益相关者的整体性分析以及个性化分析。

特别说明一点，到目前为止我国尚未真正建立基金会计模式，1999年财政部发布的《社会保险基金会计制度》（2016年修订，2018年1月1日开始施行），整合了各类保险基金，拓展了新的政策背景下各类保险金的业务范畴，统一了会计核算规范，但是仍然实行收付实现制，新的"双系统"的政府会计改革并没有涉及这些基金类会计，因此，本书不做重点研究，仅对目前这类基金会计中形成的隐性债务进行分析，并基于权责发生制的会计理论探讨将这类债务显性化的会计策略。

5.3　地方政府债务会计概念框架设计

5.3.1　地方政府债务会计的目标

1. 债务会计目标的定位。

地方政府债务会计的目标，是指地方政府债务会计信息系统所要达到的目的或要实现的结果，目标的选择会影响到与债务相关的会计核算基础的选择、计量属性的确定、会计信息披露内容的构成以及具体业务的处理方法等方面，明确其目标，对于地方政府债务会计概念框架的设计具有重要意义，这也是债务会计改革过程中必须解决的首要问题。

政府债务会计的目标与政府会计目标应该保持一致性。对政府会计目标的定位主要来自"政府受托责任观"。政府具有全面报告其履行责任情况的责任，则政府会计的终极目标也会随之确定，即政府会计要服从于政府整体受托责任的实现，并服务于政府整体受托责任的全面真实反映。以价值衡量为主要特征，政府会计的着眼点在于政府履行责任的一切经济方面。政府会计目标为：实现政府履行职责的高经济透明度（陈小悦和陈璇，2005）。陈穗红等（2007）认为，我国政府会计的基本目标是提供说明受托责任的信息，并进一步细化提出，具体目标是反映财政收支活动的合理性、评价政府的财务状况、反映政府运营绩效及提供反映政府持续运营和服务能力。丁鑫和荆新（2010）提出，我国政府会计的目标分三个层次，基本目标是提高政府的财政透明度，重要目标是全面反映政府的受托责任，最高目标是提供有助于使用者进行决策的信息。因此，本书认同政府会计的目标定位在反映政府经济受托责任和为信息使用者提供决策有用的信息，政府债务的会计目标是在这个大目标下的具体部分，可以表述为：满足政府债务信息使用者评价政府受托责任和做出经济决策的需要。政府债务会计信息既具有宏观决策价值，又有微观管理意义，债务会计的具体目标设定应该更加多元化。

2. 政府会计信息使用者的重分类。

政府与企业相比，最显著的区别就是非营利性，企业财务信息的使用者主要是指与企业在经济利益上有关联的人或组织，因而称为"利益相关者"或者"有利害关系的人或集团"，而政府不以营利为目的，同时政府作为公众的代理人，在财务资源筹集和公共产品的提供上具有强制性、非互惠性和无偿性（李建发，1999）。一般不存在类似于企业利益相关者那样与其只存在经济利益的相关主体，为政府提供资源的人或集团往往不要求经济回报，那么，"利益相关者"的称谓难以适用于政府会计信息使用者。换句话说，纳税人都是政府资源的提供者，如果所有人都是利益相关者，也就无所谓区分利益相关者和利益无关者了。然而，这并不意味着所有人对政府财务信息的需求具有同等性，使用政府财务信息的目的具有一致性，相反，由于政府信息使用者的广泛性，目的的多元性，其对信息的利用程度千差万别，有必要进行有效分类，以便于有针对性地研究政府财务信息分析主体的不同目的与指标设计。

按照政府会计准则的规定，政府会计信息使用者主要分为以下几类：政府和政府内部管理部门、上下级政府或主管部门、各级人民代表大会及其常务委员会、各级审计和监察机关、新闻媒体、财务分析师、政策分析家和专家学者、社会公众（纳税人、投票人和受服务对象等）、投资人和债权人、外国资源提供者和国际组织等。这种描述性的分类基本涵盖了一个国家主体的全体人民，难以区分不同阶层的需求差异，因而需要按照一定的标志进行具体的分类，比如基于公共受托责任，将政府会计信息使用者分为三类：外部信息使用者及其代理人（全体公众及人大代表）、内部信息使用者及其代理人（上级政府及本级政府的行政领导）、其他信息使用者（与政府有资金往来的其他组织）（张琦，2007）；按照需求目的分类，需求目的是为了本部门财务管理的控制与运营的内部使用者；为了监督、检查预算的执行过程和结果的合法合规情况，获取相关信息做出宏观的政治经济等决策的准内部使用者以及需求目的是为了评价、传播政府财务信息，了解各自的利益诉求和信息需求的外部使用者（路军伟，2015）。将信息使用者分为内部和外部可以有效区别对信息的掌控与使用差别，然而，由于政府"利益相关者"的广泛性和对信息需求的变动性，以部门（或者主体）为界限的划分在不同信息的使用目的方面具有交叉性，因而就有学者按照信息的使用阶段将政府会计信息使用者划分为最终使用者（即为利用会计信息来做决策、评价的使用者）与代理使用者（即加工、传播政府会计信息，为最终使用者提供服务的使用者）两大类（安丰琳和周咏梅，2016），这个分类更加强调信息和使用者的关系。但是，"最终使用"和"代理使用"的分法在有效界定信息对信息使用者的重要程度方面仍存在一定的模糊性。

政府的资源来自纳税人，资源的配置与使用涵盖政府职能涉猎的经济、政治和社会所有领域，不仅范围大，而且目标多元，基本上所有的人都应该是政府的信息使用者，如果按照信息的使用目的来分，不外乎决策、评价监督和知情三个方面。一方面，同一信息使用者可能在这三个方面都有需求；另一方面，单一的目的会涵盖不同的信息使用者，因而使用者和使用目的之间存在多重交叉与一定程度的模糊性。因此，需要将信息的使用目的和信息的生成过程以及对信息的掌控程度相结合，采取多维的分类标志对政府的信息使用者进行重分类，旨在更清晰地认识政府会计信息使用者的需求，进而找出满足需求的分析策略。

将政府会计信息的使用者按照使用目的和信息掌控程度相结合进行复合分类，建立政府会计信息使用者的层次分类法，将掌控程度高、使用目的多元的信息使用者定位为"核心需求者"，将掌控程度中等、使用目的可选择性的信息使用者定位为"中间需求者"，将不掌控信息生成、满足信息知情目的的使用者定位为"松散（或其他）使用者"。其关系如表5-3所示。

表5-3　　　　　　　　　**政府会计信息需求者重分类及信息需求分析**

需求目的 掌控程度	信息需求者重分类			信息需求
	决策	评价监督	知情	信息使用覆盖程度
高	核心需求者			全面的可持续性的信息需求
	★★★	★★★	★★★	
中	中间需求者			特定目的的选择性需求
	★★	★★★	★★★	
低	松散需求者			基本知情与特定需求
	★	★★	★★★	

注：★数量代表了该需求目的对该类信息需求者的重要程度。

（1）核心需求者，是指能够掌控政府会计信息的生成以及报告全部过程，对会计信息质量负有责任，而且对信息的需求具有多重目的的信息使用者。这类使用者需要全面决策政府资源的配置使用，需要全面评价政府职能履行的社会效益以及内部管理绩效，需要全面对自身行为产生的宏观的和微观的、当前的和未来的、国内的和国外的影响力负责。因此，需要全面的会计信息在不同地区和不同部门之间进行对比，用于宏观决策和评价，需要在本地区或本部门不同时期进行对比，用于可持续发展的决策和受托责任评价，用于不同领域的比较与分析，以有效决策和评价政府行为的合理性和有效性。

（2）中间需求者，是指不能直接掌控信息的生成与报告，但是通过利用政府信息用于经济决策或通过监督与评价影响政府相关政策的制定，因而需要持续关注政府信息并满足多重目标需求的信息需求者。比如，根据政府披露的会计信息进行投资分析、借贷分析以及评价政府机构或负责人的受托责任等，属于对政府会计信息较为密切的关注者与使用者。

（3）其他（或松散）需求者，是指既不掌握信息的生成与报告，也不会持续关注政府信息，只是在特定方面或者特定时间关注政府信息，并针对特定目的使用政府信息。这类会计信息的使用者对政府会计信息的需求关系较为松散，满足于一般的了解，满足于特定的分析需求与监督需求，不一定全面、不一定持续。比如学者的研究需要、发生重大事项的关注与分析需要等。

因此，满足知情是所有信息使用者的基本需求，而基于财务报告的原始数据做进一步的分析与利用满足评价与决策的需要，会限定一定范围的使用者。这个分类并不指定谁是信息的某类目的的使用者，而是设置了信息生成、报告和使用的不同环节与使用者的关系，这个关系的紧密程度决定了使用者的类别。同时，还说明了政府会计信息使用者具有几个特征：第一，人群的广泛性；第二，需求目的多元性；第三，专业性和非专业性的混合；第四，信息使用者对信息需求的动态性，在不同的时间段或者不同的环境背景下，信息需求者的需求目的存在多变性。

3. 政府债务信息使用者的信息需求。

我国政府债务资金主要用于资本性项目，具有资金量大、期限长、涉及相关主体多的特点，政府债务管理是一个从决策到运营到评价的全过程管理，债务风险实质上是蕴含在债务管理的各个环节中，进行政府债务信息分析是化解债务风险的有效途径（姜宏青和于红，2017）。《预算法(2014)》规范了政府部门的债务管理过程，包括债务的举借、使用和偿还的环节，那么债务信息分析从制度要求方面就需要按照这几大环节来建立。同时，由于政府债务信息需求者的不同，不同的信息需求者有不同的信息需求，只是从单一的管理流程方面进行债务信息分析并不能够满足所有信息需求者的特定信息需求。换句话说，相同信息需求者在不同的管理阶段和不同的信息需求者在相同的管理阶段所需要的信息是不一样的，为了使得债务信息分析体系更加系统化、层次化和细致化，我们在债务管理理论和利益相关者理论的指导下，以权责发生制的政府财务报告和收付实现制的预决算报告等相关财务报告为基础，尝试将债务管理流程和债务信息需求者进行结合，构建信息需求与管理流程交叉融合的政府债务信息分析体系。沿着债务资金运动的脉络，将地方政府债务管理的具体业务流程可以分为：债务决策、举借、使用、偿还和评价五个主要环节。将债务的管理流程与不同信息需求者的信息需求进行交叉融合，构建分析模块（见表5－4）。

表5－4　　基于信息需求者需求和管理流程交叉融合的债务信息分析体系

管理流程 需求者分类	决策	借用还	评价
核心需求者	A1	A2	A3
中间需求者		B1	B2
其他需求者			C

A1：该部分是对核心需求者而言在进行债务决策时候需要进行的信息分析。该部分主要包括了经济发展状况、政府收支流量、区间债务分布现状以及国家的发展规划四个方面。通过横向与纵向的对比，上级与下级的对比可以准确地了解本级政府的债务状况。进行该部分的信息分析主要是帮助核心需求者了解到债务所处外部的风险状况以及自身债务的整体状况。债务决策是债务管理流程过程当中的起点，是否要举债是政府债务发行主体所需重点关注的问题。

A2：该部分主要涉及债务资金在具体的运行当中所需要分析的内容。主要包括资金使用效率、债务风险警戒线设置、债务披露体系的完善等微观债务管理的内容。核心需求者在进行债务的举借、使用和偿还的过程中需要关注债务资金使用的效率，及时了解债务资金的存量、需求量，以便合理高效地安排举债规模、偿还期限以及偿还方式等具体的资金运行管理。

A3：该部分是债务管理流程的最后一个环节，评价分析。该部分主要包括偿债能力的评价、绩效评价、债务负担公平性和债务可持续性评价。对于核心需求者而言，通过对偿债能力的评价来评估自身的债务状况，是有效化解自身债务风险、确保财政平稳运行的关键。分析债务负担的公平性可以从另外一个角度来考察地方财政支出的公平性，为决策者做出相应的决策提供参考依据。分析政府债务的可持续性可以判断政府财政是否平衡、能否举债或偿债、担保债务转嫁的可能性等，为化解地方政府债务风险提供参考依据。

B1：中间需求者更加注重债务资金的使用过程与后期评价。他们不是政府债务的决策者，只能通过了解债务资金的运行过程来满足自身需求，同时还承担了监管者和信息传递者的角色。作为政府债务管理的监管者，比如政府内部审计监管部门和外部的新闻媒体等监管机构，他们需要的债务信息主要包括债务资金的风险状况和种类、债务的来源、新增债务、存量债务以及隐形债务等。除了公开发行的债务外，地方政府债务正以 PPP 项目、政府购买服务、政府承诺等多种隐蔽渠道积累，关注政府部门的隐形债务是评价政府债务状况的重要方面。

B2：该部分主要评价政府部门的偿债能力、债务资金的管理能力和地方债务发行机制。通过对这几个部分的评价分析可以了解到政府部门真实的债务管理状况，了解债务管理运行机制，减少政府与外部信息使用者信息不对称的问题，提高政府的债务信息透明度。同时，中间信息需求者通过对政府债务信息的进一步加工分析，向社会公众等松散的需求者传递简化精确的信息。

C：其他（松散）需求者主要关注债务评价环节，为了满足个性化的信息需求而选择性地选取政府部门相关的债务信息。例如：社会公众和国外组织机构结构通过分析政府偿债能力等相关指标来为自身的投资决策提供相应的建议，专家学者以政府的债务规模、结构等信息为视角来研究政府财政状况等。

5.3.2　地方政府债务会计的确认

FASB 在第 6 号概念公告中指出，会计确认是将某一项目正式计入一个财务报表的程序。也可以理解为，会计确认是指通过一定的标准，辨认应予输入会计信息系统的经济数据，确认这些数据应加以记录的会计对象的要素，还要确认已记录和加工了的信息是否全部列入会计报表和如何列入报表（葛家澍，1992）。这个观点表明，会计确认是将经济业务事项作为会计要素加以记录和列入报表的过程，即主要解决某项经济业务事项"是否应当以及何时、是以什么在会计上反映"的问题。这就涉及确认的定义性、确认的时间、确认的基础这些问题。对地方政府债务会计确认来说，确认定义性问题，即判断某项经济业务事项是否属于地方政府债务要素、是否应当在列入会计报表，也可以将其理解为地方政府债务的范围或债务确认的标准；确认时间解决的是地方政府债务应在何时实现确认的问题，是在债务事项发生时确认，或是在债务资金实际流入流出时确认，或是在其他时点确认，这就涉及确认基础问题。不同的确认基础会影响到纳入会计核算范围内政府债务的类型和信息质量，进而影响到债务会计目标的实现程度。

具体而言：地方政府债务的确认应满足：（1）地方政府债务的定义。是指政府会计主体过去的经济业务或者事项形成的，预期会导致经济资源流出政府会计主体的现时义务。（2）同时满足以下两个条件：一是履行该义务很可能导致含有服务潜力或者经济利益的经济资源流出政府会计主体；二是该义务的金额能够被可靠地计量。只有符合债务定义且同时满足以上两个条件才能够被认定为政府债务，需要在会计报表中披露；对于符合债务定义但不能同时满足以上两个条件的则被认定为政府或有债务，需要在会计报表附注披露。对认定为地方政府债务的进行会计确认，会涉及确认基础的选择问题。理论上普遍将确认基础分为两类：收付实现制和权责发生制。前者是以现金收到或付出的时间为依据确定收入和费用的归属期；后者则是以权利和责任发生的时间来决定收入和费用的归属期。两者反映的信息内容不同：前者侧重于反映流量信息，后者侧重于反映存量信息；所反映信息的时间维度也不同：前者反映的信息多是当前年度已经发生了的现金事项，是历史维度；而后者信息不仅反映以前期间的事项，同时具有前瞻性。确认基础的选择应服务于会计目标的实现，债务会计需要如实反映政府债务事项的来龙去脉，这意味着所反映的债务信息不仅包括结果性信息，而且包括过程性信息，不仅包括债务现状的描述性信息，而且包括评价信息。因此，应同时采用收付实现制和权责发生制作为债务会计的确认基础，在预算会计下以收付实现制确认债务收入和支出，财务会计中以权责发生制的确认基础核算债务的增加和减少。这也是对我国政府会计"双轨制"改革的呼应。接下来，以部门债务和项目债务为例，对其会计确认进行分别讨论。

1. 部门债务的会计确认。

部门债务主要是指政府各部门在日常的运营管理活动中形成的债权债务关系。此类债务发生的可能性是确定的，债务事项较为简单，因而其会计确认程序也不复杂，一般对所有的债务交易事项在发生时按照权责发生制进行确认，对涉及财政资金流入流出的事项还应按照收付实现制进行确认。借入的款项按照借入时间初始确认，期末按照权责发生制确认利息，编制资产负债表时再次确认应偿还的义务；地方政府各部门日常采购过程中为取得货物或服务形成的应付未付款，为了取得劳务而对其雇员必须支付的工资等，在债务发生和资金支付时都需要按照权责发生制确认债务"应付账款、应付工资"的增加和减少，而且在资金支付时还应按照收付实现制对财政资金的流出进行确认。

2. 项目债务的会计确认。

项目债务是指地方政府在基础设施项目及公益性项目建设中形成的各类义务，其会计确认都需要遵循地方政府债务会计确认的基本原则，即满足确认的可定义性（符合债务定义以及资源流出和可靠计量两条件）和双确认基础（收付实现制和权责发生制）。对项目债务来说，权责发生制下以当期债务事项的发生为确认依据，有效解决了应付未付债务未纳入会计核算的问题，有利于防范债务风险；可确保信息流与债务资金流的一致性，可以清晰地、客观地、及时地反映债务资金运动全过程；与资产、费用等项目的增减变化相对照，在确认债务的同时能够准确确认资产，保证政府资产的完整性；将各参与主体的权责关系予以全面确认，有利于加强对债务的管理。

项目建设模式主要分两种模式：一是政府发行债券或者政府接受转贷

款建设的公益性项目；二是政府与社会资本合作建设即 PPP 模式形成的负债。不同项目建设模式下，项目债务的具体确认时间会稍有差异。具体来看：对于地方政府自主发行的债券模式或政府利用转贷款模式，债务确认较为明确。当发行地方政府债券或接受转贷款时，以权责发生制为基础确认债务的增加，在实际收到政府债券发行收入时，以收付实现制为基础确认债务的收入；期末时以权责发生制为基础对本期应付未付债券利息进行确认；当政府债券进入还本付息阶段时，以权责发生制为基础确认债务的减少；在实际支付政府债券利息和在实际偿还政府债券本金时，以收付实现制为基础确认债务支出。

政府债务确认和政府资产的确认应同步进行。以发行一般债券融资做公益性资本项目为例，发行债券筹集的资金一方面形成负债，同时形成货币资金；随着债务资金的使用最终形成固定资产或者基础设施资产，那么，应付债券就和固定资产或基础设施资产相对应。

对于 PPP 项目下形成的政府债务，则需要按照不同的项目合同的规定分别确认。按照《关于推进政府和社会资本合作规范发展的实施意见》规范的 PPP 项目应当符合以下条件：（1）属于公共服务领域的公益性项目，合作期限原则上在 10 年以上，按规定履行物有所值评价、财政承受能力论证程序；（2）社会资本负责项目投资、建设、运营并承担相应风险，政府承担政策、法律等风险；（3）建立完全与项目产出绩效相挂钩的付费机制，不得通过降低考核标准等方式，提前锁定、固化政府支出责任；（4）项目资本金符合国家规定比例，项目公司股东以自有资金按时足额缴纳资本金；（5）政府方签约主体应为县级及县级以上人民政府或其授权的机关或事业单位；（6）按规定纳入全国 PPP 综合信息平台项目库，及时充分披露项目信息，主动接受社会监督。除此之外，为防止假 PPP 以及防控隐性债务风险，还规定将新上政府付费项目打捆、包装为少量使用者付费项目，项目内容无实质关联、使用者付费比例低于 10% 的，不予入库。

按照政策对 PPP 的限定，纳入政府会计核算的 PPP 项目应该包括：政府相关部门或机构（或统称为政府方）提供资产，PPP 项目形成的资产归政府方控制或拥有。政府方提供资产的方式包括：举债方式获得资金后支付、原有资产支付或转移、合同付费形成资产等，合作期满后政府方对 PPP 项目拥有剩余控制权或者项目形成的资产需要移交至政府方相关部分进行运营管理，那么这类 PPP 项目作为政府的会计主体进行核算，具体见图 5-3。

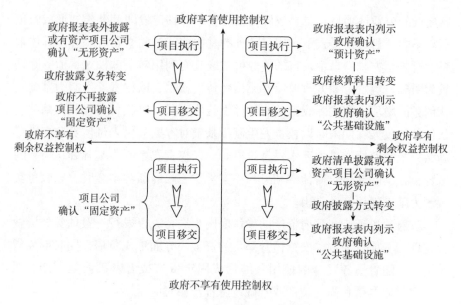

政府享有使用控制权

政府报表表外披露
或有资产项目公司
确认"无形资产"
政府披露义务转变
政府不再披露
项目公司确认
"固定资产"

项目执行

项目移交

项目执行

项目移交

政府报表表内列示
政府确认
"预计资产"
政府核算科目转变
政府报表表内列示
政府确认
"公共基础设施"

政府不享有
剩余权益控制权

政府享有
剩余权益控制权

项目公司
确认"固定资产"

项目执行

项目移交

项目执行

项目移交

政府清单披露或有
资产项目公司确认
"无形资产"
政府披露方式转变
政府报表表内列示
政府确认
"公共基础设施"

政府不享有使用控制权

图 5 - 3   PPP 项目资产的确认及披露形式

PPP 中债务的确认包括两个部分：一是政府通过举债形成的资金和社会资本合作，需要确认为负债；二是 PPP 项目运营过程中政府承诺付费部分，应和资产的形成一起确认为负债。不符合确认资产负债条件的 PPP 项目应该在期末债务报告中披露项目信息以及可能存在的或有负债。

需要特别说明的两个问题：一是隐性债务的会计确认问题。隐性债务分为直接负债和或有负债，应分别按照要求确认，后面有专门的专题论述。二是政府财政总会计和项目会计对债务的确认衔接问题。为解决地方政府的承债主体和债务资金使用主体的错位问题，设立项目主体以全面反映债务资金的来龙去脉，两者的债务确认在后面的应用部分予以详细展示。

5.3.3   地方政府债务会计计量

会计计量是以会计的规则把数额分配给经济活动，用数量关系描述经济活动的性质、状态，为人们认识经济活动提供有效的工具（徐国君，2003）。如何进行会计计量会直接影响到披露信息的范围和信息质量。会计计量也是为会计目标服务的，基于目标出发，这就要求计量需要完整反映会计事项，最大限度满足信息使用者。政府债务会计的目标是"受托责任观"和"决策有用观"兼而有之，因此对政府债务的计量应该尽可能满足目标要求。基本原则是：政府债务的计量按照历史成本计量属性确认，反映政府实际承担的义务；在对具体的债务类别针对特定的目标进行计量时，可以使用其他计量属性进行计量。比如，在对养老金负债进行风险分析时，可以按照保险精算的方法计量现在应支付和未来应支付的金额。除了货币计量手段之外，完整地反映债务信息还需要辅以其他计量手段，比如时间计量、比率计量以及结合资产确认计量的进度计量等。

1. 部门债务的会计计量。

政府日常运营而形成的部门债务，债务种类比较简单明确，债务规模也不大，大多数债务在未来发生的可能性和偿还金额是确定的，历史成本计量属性和货币计量手段的组合一般能够满足信息需求。例如，对于地方政府日常采购中为取得货物或服务而发生应付未付款项，可以以实际发生时合同规定金额进行计量，政府为了取得劳务而对其雇员必须支付的公债，可以以政府工资调整方案为标准等。

2. 项目债务的会计计量。

与部门债务相比，项目债务则有所不同，因政府投资基础设施或公益性项目建设所形成的债务资金涉及面广、结构复杂、参与主体多，其信息使用者对债务信息的需求差异较大；同时项目债务用途主要是资本性项目建设，在对该项目运营与管理的经济性、效率性、公平性等方面做绩效考核时，需要全面的信息，而不仅仅是价值计量的信息。现行政府会计对债务信息采用单一的货币计量手段和历史成本计量属性，不能全面反映债务资金的来龙去脉，不能基于项目完整反映资金的进度、建设效率、参与人的责权履行清晰情况，造成大量有用的非价值信息的缺损。也就是说，采用单一计量属性或计量手段描述的项目债务信息是不完整的，无法满足项目债务信息需求者的多元信息需求。债务会计计量需要改进，事项法会计的多元计量的思想值得借鉴。

一是计量属性的多元化。计量属性是决定债务规模和债务风险的重要因素。完整的债务信息要求不仅能反映过去，还能够依此预测未来，比如对未来风险的评估等。鉴于项目债务的结构复杂性和风险性，应在现行单一历史成本计量基础上，综合采用多种计量属性，如现值、重置成本、公允价值等，不同属性优势互补，更好地保证会计信息质量。金额确定的债务，应采用历史成本法计量发生时点的金额，以及确定期限内应付的金额。金额不确定的，可采用公允价值计量及时反映使用过程变动情况；对于未来资本性支出，涉及未来一段较长时期内持续的现金流出或流入，受到货币时间价值的影响较大，因此应当采用现值法进行计量，以便更准确地反映地方政府应承担的支付义务。在期末进行债务信息分析时，应采取不同计量属性计量政府债务资金在不同时点的变化情况，以利于信息使用者更好地利用债务信息。

二是计量手段的拓展。与项目债务密切相关的信息不仅包括货币计量的价值信息，还应包括债务的结构性信息、相关联的项目信息、各承担主体信息、时间信息以及变化趋势的信息等。因此应在货币计量基础上应用非货币化计量，即在货币计量之外，或在货币计量无法实现的情况下，采用多样化的计量方式，比如时间、数量、劳动工时、长度、里程等。举例说，某地方政府为修公路举债400万元，如果仅披露"政府债务——公路项目400万元"，无其他辅助信息，信息使用者难免会产生疑问；但如果继续披露使用该笔债务资金所修建的公路耗时多少、耗材多少、人工多少、长度多少、位置在哪等，以及这笔资金如何筹集、如何偿还等信息，则使用者就能很清楚地了解该公路项目的债务资金的使用情况，并可以有效地评价该笔资金的使用绩效。这种综合的计量方式可以反映债务事项多维特征，为债务信息的"纲目披露"奠定基础，更灵活全面地追踪项目债务资金流转过程。

至于具体的计量金额方面：对于地方政府自主发行债券或政府接受转贷款形成的债务，其债务金额比较明确，可按债券面值和利息之和进行计量。对于PPP项目中形成的政府债务的会计计量，则需根据项目合同的具体规定分别计量。按照PPP协议安排，政府可以按以下任一方式或以下方式相结合的方式对运营方就PPP服务资产的成本和提供的服务做出补偿：第一，向运营方支付款项；第二，通过其他方式向运营方做出补偿，包括授予运营方向PPP服务资产的第三方使用者赚取收入的权利，或授予运营方使用其他能够产生收益的资产的权利。政府方因取得PPP服务资产而具有向运营方无条件支付款项义务的，应当在确认PPP服务资产的同时确认一项负债。

以政府付费模式为例：在可用性付费条件下，应该根据项目的可用情况和合同中约定的付费金额，估算和计量所承担的政府债务。在使用量付费条件下，需要判断项目预期使用量的所在区间，据此估算和计量相应的政府债务。当项目的预期使用量低于最低使用量时，应按最低使用量的付费金额计量政府债务；当项目的预期使用量超过最高使用量时，应按最高使用量的付费金额计量政府债务；当项目的预期使用量处于最低使用量和最高使用量之间时，应按预期使用量的付费金额计量政府债务。在绩效付费条件下，应该依据项目合同中约定的绩效标准及其相应的付费金额，估算和计量所承担的政府债务。如果政府付费周期较长，可以考虑货币的时间价值对政府未来现金流出量进行折现。

5.3.4 地方政府债务会计信息质量

会计信息质量特征是会计概念框架的一个重要组成部分，是连接会计目标和会计原则的桥梁，既体现了对会计目标"质的要求"，又直接指导着政府会计确认、计量、记录、报告的基本方法、程序、标准等原则性规定。对于地方政府债务会计而言，信息质量要求包括：

1. 可靠性。

地方政府披露债务信息时首先应考虑是否达到如实反映标准，如果债务信息失真，信息效用就无从谈起。因此，可靠性是首要的质量特征。可靠性要求政府债务会计信息提供者要基于不偏不倚的中立立场，以实际发生的债务活动或者事项为依据，如实反映债务资金的来龙去脉，对债务进行会计核算和披露时要严格遵循现有的法规规范。

2. 全面性。

按照财政预算绩效管理的基本要求，对财政资金施行"全覆盖、全方位、全流程"的"三全"管理，债务资金的管理应纳入其中，"三全"债务资金管理从范围上应包括：外债和内债的管理，部门债务、项目债务和基金债务的管理，显性债务和隐性债务的管理，发行债券和其他方式举债的管理，还应该包括债务决策、债务举借、债务资金使用、债务偿还等全流程的债务管理。因此除了可能因涉及国家安全的信息，如军队国防、地方武警债务资金及用途等，其余债务信息都应以"公开为原则，不公开为例外"的规则全面披露，对不公开的例外建立严格的审核登记备案制度，以供决策者掌握债务的全面情况。

3. 可理解性。

可理解性是保证会计信息有用的基础，这是从信息使用者方面的考虑。地方政府债务本身具有复杂性，如果披露的信息零散不完整、碎片化、语义表述晦涩难懂或者模糊歧义，信息的有用性就大打折扣。再者，地方政府债务信息的使用者范围广泛，上至中央政府，下至普通民众，对信息的理解能力存在很大差距。因此，披露的债务信息应该可理解，一是披露的信息能够被信息需求者接受，即信息需求者不至于因为信息本身的难于理解而看不懂；二是信息需求者在接触到信息以后，对披露的信息有一个直观准确的把握，不会因为披露的原因导致出现歧义或者模棱两可的现象，以至于影响债务信息披露的目的，必要时可采用图表文字等辅助形式进行适当解释和说明，易于被信息需求者使用；三是完整披露债务信息，避免断章取义带来理解上的误差。

4. 及时性。

及时性的债务信息披露应关注三个阶段：一是地方政府决策发行债券的信息应及时发布，二是发债资金的筹措和使用情况的信息应及时披露，三是债务资金偿还及风险揭示的信息应及时报告，以便于信息使用者基于各自的需要及时获得信息，这就需要债务信息从产生到整理成可用于披露的形式和从披露至到达信息使用者，在这两个环节尽可能地缩短时间，拓展信息的披露方式和载体，以满足及时性的要求。

5. 可比性。

地方政府债务结构复杂，区域特征强，因此对于可比性提出了很高的要求。可比性包含两层含义：一是横向可比，债务会计提供的债务信息能够帮助信息使用者在不同政府间进行比较，从而评价政府债务风险的变化趋势。方便债务管理部门站在全局高度对地方政府债务进行管理，推广先进管理经验，提高债务资金管理水平。二是纵向可比，即时间上的可比性，同一区域的地方政府债务信息披露要具有内在的逻辑一致性，要遵循一套统一的规范，方便比较不同年度的债务变化趋势以及加强风险防范。因此，统一的核算口径和信息披露规范标准就非常必要。

5.3.5 地方政府债务会计报表

按照《政府会计准则——基本准则》的规范，地方政府债务会计报表不仅要包含预算会计信息，而且要包含财务会计信息，这就要求会计报表中既有决算报表，又有财务报表。决算报表至少包括预算收入支出表、预算结转结余变动表、财政拨款预算收入支出表，财务报表至少包括资产负债表、收入费用预算结余与净资变动差异调节表。多元化的债务会计主体按照不同的债务资金管理目标最终形成多元化的会计报表。政府会计的主体及其托管的项目和基金就各自负责的日常运营、项目、基金进行管理核算进而生成的债务决算报表、部门财务报表、项目财务报表和基金财务报表。债务预算决算报表主要报告债务总额与结构信息、债务收支预算、偿债资金来源信息等，是反映政府预算执行情况的报表；部门财务报表是对部门中日常运营结转活动的反映；项目财务报表包含的是完整的项目信息，既核算资产，也核算负债；基金财务报表是对某一类基金涉及的资产、负债、收入、支出和基金结余等会计要素确认和计量结果的反映。其中，财务报表中一年内需要偿还的债务资金，构成预算表中下年度的债务预算支出。

在这个基本构架中，只是通过报表体系披露定量性的债务信息，债务信息如果只是作为一个会计要素在政府预算会计报表中和财务会计的报表中呈现，难以符合"三全"资金管理要求，也难以满足各类信息使用者的需求，不利于全面揭示政府债务风险。因此，对地方政府债务的信息披露问题需要做专门的研究。

5.4　地方政府债务会计信息披露体系重构

5.4.1　地方政府债务管理与地方政府治理的信息耦合

1. 基于地方政府治理理论债务管理应处理好几个关系。

我国财政资金管理改革基于促进国家治理体系和治理能力现代化的政策背景下展开，地方政府债务的管理作为财政管理的一个分支必须融入政府治理层面进行研究，其信息披露也应置于治理现代化的背景下研究。前文第二部分已对地方政府治理理论进行了基本介绍，按照地方政府治理理论，要实现地方政府善治的目标，必须处理好以下关系：

（1）宏观管理与微观管理的和谐。中央政府是顶层制度设计者，地方政府是顶层设计的具体执行者，地方政府治理不仅是各级政府区域性的内部管理活动，还是国家治理的重要组成部分，其治理活动不仅涉及内部政府组织的战略目标、政府管理流程制度、政府绩效等，还关系中央政府宏观调控政策的实施，关系国家战略的实现。从这个意义上讲，地方政府治理要保持微观层面和宏观层面的协调与和谐。

（2）政府与市场及社会的和谐。公共管理强调构成现代民主社会的三种力量或三种权力、三种机制——国家、市场、社会之间要实现有效制衡。就地方政府治理而言，该理论同样适用。政府治理的过程是各方利益与矛盾相互交织与博弈的过程，当前，政府、市场、社会公众等多元主体治理模式已得到充分发展，各主体之间互动网络高度发达，既分工合作又互为补充（陈志斌和李敬涛，2015），因此，政府治理过程中要正确处理和市场和社会的关系，逐步转变和合理定位政府职能，避免政府管理中"错位""越位"与"缺位"等问题或现象的出现；要强化市场机制和社会管理机制的优势，建立广泛深刻的合作关系，在合作中弥补政府失灵和市场失灵，在三方势力和谐中实现善治。

（3）当前需求与未来发展的和谐。亦可称为地方政府治理的可持续发展，即政府治理要保持动态的有序性、连续性，能够在可预见的期间内处于稳定可持续发展状态。充分发挥国家发展战略和地方政府发展战略的引导作用，一方面，地方政府权衡资源配置的短期效应和长期效应，构建前瞻性的融投资机制和公民社会发展规划，避免"政绩工程、面子工程"等的资金投入；另一方面，政府应具备面对和处理危机事件的能力和资源，在风险应对和稳定发展中保持政策的连续性和资源配置的连续性。而这个过程中必不可少的是要积极回应社会公众的需求，以需求修订战略，以战略引导需求，在更为长期的发展中维护公共服务的代际公平。

那么，作为政府治理组成部分的债务管理，其信息披露的目标在于既能为政府治理全过程提供信息支持，又能全面反映政府治理行为的信息，优化政府债务行为的同时，满足其关系人的信息需求。

2. 政府债务管理流程与信息耦合分析。

举债是地方政府筹措资金的重要方式，政府债务管理既是对债务行为的管理，也是对该行为所涉猎的关系进行管理。详解一个完整的地方政府债务管理流程（见图 5 - 4）应包括三阶段：决策阶段Ⅰ和决策阶段Ⅱ、资金使用及债务评价阶段，即：要不要举债（举债的必要性）、能不能举债（举债的客观条件）和债务资金的运营与管理。决策阶段Ⅰ：要不要举债，即举债决策分析。一个地方政府是否需要举债应当由其发展战略和执政理念决定。站在战略高度上决策是否需要举债，既要考虑区域治理的全局与协调，又要考虑可持续发展的前景展望，能够有效遏制当前各地区盲目举债、"形象工程"和"政绩工程"驱动以及官员更替导致的"新官不理旧债""旧债未还又添新债"等行为。在决策过程中，需要有民主过程和公众的参与，需要政府内部各个部门之间充分的沟通与协调，从优选方案以及举债必要性方面首先做出判断。决策阶段Ⅱ：能不能举债，即举债能力分析。分析政府所拥有的独特资源与能力对举债行为的支撑力。首先，是地方政府债务融资规模和投向的限制，这是来自中央政府或者上级政府和法律法规的标准；其次，是地方政府债务融资的影响因素，包括：本区域的债务资金投向优先方案、举债方式选择、应债资源分析、风险评估、信用评级以及可持续举债和偿还债务的能力分析等。当举债要求的主客观条件都能达到时，选定举债方案，进入阶段Ⅲ：债务资金的运营与管理。这是对前一阶段决策的具体应用，可分为"借""用""还"三个环节。"借"环节主要涉及借多少、向谁借、怎么借等问题，这就需要政府合理选择合作伙伴、债权人及设计内部管理流程等。如发行债券，便会涉及政府与债券市场、与社会公众的关系协调问题。"用"环节主要涉及政府内部管理活动，包括政府人员需要如何合理配置、管理债务资金，并对债务资金使用用途、结构及使用绩效做出评价，以实现债务资金的效率和安全。"还"环节主要是偿债资金预算、支付和资产移交，以及对债务资金的监督与评价。

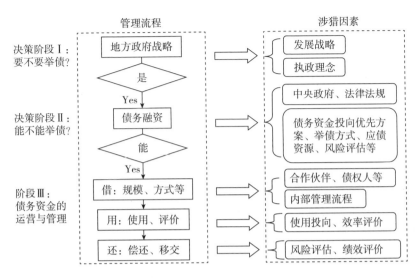

图5-4 地方政府债务管理流程及涉猎因素

从图5-4可以看出，政府的债务管理既是政府内部的管理活动，又是影响国家宏观经济战略发展的组成部分，同时还与市场、与社会各利益主体产生交集，因此，以治理视角研究地方政府债务管理既涉及债务行为的管理，又涉及由举债行为产生的关系管理，其信息渗透在所有方面和所有阶段。充分完整地搜集、传递和披露债务信息，满足各方利益相关者的信息需求，成为政府治理的重要手段，反之，也是优化政府治理、实现善治的有效途径。政府债务信息与各治理要素的相互关系如图5-5所示。

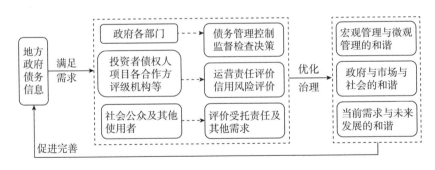

图5-5 地方政府治理与债务信息耦合

概括来说，地方政府债务信息通过满足由举债行为产生的各种财务关系及信息需求，实现优化治理目的，而治理的优化会进一步促进信息披露的完善：

（1）债务信息促进宏观管理与微观管理的和谐。政府债务在决策阶段涉及债务规模、债务结构的确定以及与财政政策和货币政策的协调，涉及整个经济风险、财政风险和金融风险的评估与平衡，债务决策首先要置身于这样的宏观框架中，然后考虑区域政府的经济发展和民生需要。反之，完整的债务信息可以提供债务规模和结构以及宏观决策需要的信息。同时，完整的债务信息不仅可以实现本级政府对内部债务的管理，而且能够打破政府各层级、各区域的信息不对称，完善上下级政府沟通机制，为上级政府部门、审计机构、监察机构、立法机构等监督提供信息依据。同时标准完整的债务信息也能为不同区域的政府债务管理提供评价依据。

（2）债务信息促进政府与市场及社会和谐。政府市场化融资需要对政府财务状况、负债规模及结构、偿债能力、运营能力、信用等级、抵押担保情况进行评估，更需要对债务资金投放的领域和项目情况进行评估，通过债务信息的披露，可以使得涉猎其中的使用者掌握准确充分的信息数据，以满足决策和评价的需要，充分透明的信息利于政府在与市场、与社会的合作中建立高效率的信任关系。

（3）债务信息促进当前需求和未来发展和谐。债务资金主要用于受益期长的公共基础建设项目，属于当期投入未来偿还的公共资金，既涉及政府执政战略的实现，又涉及公共资源的提供者和偿还者的利益分担与共享，关乎公众对公共资源受益的代际公平。因此，社会公众对政府债务资金的使用和配置享有知情权、表达权和监督权，完善的债务信息披露体系既能保持地方政府债务资金管理的可持续性，又可以帮助社会公众更加清晰地了解政府债务资金的使用、配置、管理，以及债务风险防范与控制等情况，有助于公众对受托责任及政府信用做出评价，增强公众对政府的信任，有助于保障地方政府债务持续健康运转。反之，地方政府治理水平的提高会进一步促进并完善信息披露，从而实现地方政府治理与债务信息的耦合（姜宏青和于红；2016）。

5.4.2 基于地方政府治理的债务信息披露体系

本轮政府财政管理改革在国家治理框架内展开，一系列有关地方政府债务管理的新政也是基于政府发展战略目标的实现而制定，与地方政府治理密切相关。地方政府治理是指地方政府在中央政府发展战略和宏观政策的指引下，以地方区域善治为目标，协调政府和市场及社会各方力量和资源，平衡各方利益关系，强化政府内部管理绩效，以保持政府、社会、经济可持续发展的管理过程。对地方政府举债行为的管理放在政府治理框架内，就是对债务行为、债务资金及其所涉猎的利益关系的管理。债务行为自债务决策开始经债务举借、资金使用到债务偿还结束，整个流程都镶嵌在地方政府治理的框架中：首先，债务事项的决策受宏观经济因素和中央政府战略的影响，受市场应债资源以及政府信用评级的影响；其次，债务资金的运营受政府内部管理主体和相关合作主体的影响；最后，债务资金和资本项目的预算以及绩效评价受政府、市场以及社会公众多方面利益主体的关注。地方政府治理要求债务信息的完整披露，能够满足由举债行为引发的各方面利益相关者的信息需求，促进宏观决策和微观管理的和谐、政府与市场与社会关系的和谐以及当前需求和未来发展的和谐，实现优化治理的目的，反之，地方政府治理的优化也会进一步完善信息的披露，债务信息披露与地方政府治理之间具有耦合关系。因此，债务信息披露至少应满足以下利益相关者的信息需求：（1）政府债务核心信息使用者评价宏观政策以及内部资金运营管理的信息需求，包括债务决策、监督的信息需求。（2）中间信息使用者对债务事项的决策与评价需求，包括信用评级和债券投资者以及项目合作者的信息需求。（3）松散或社会其他信息使用者对政府举债行为的分析、评价以及监督的需要。如中介机构、社会公众，包括纳税人、服务对象等，他们对政府债务资金的使用和资源的配置享有知情权、监督权和表达权，需要了解政府债务资金的使用及管理情况、资源配置以及债务风险防范与控制等情况信息，以对政府受托责任履行及政府信用做出评价。因此，基于政府治理理论要求地方政府债务信息的披露不仅包括资金运营的通用性信息，还应包括专门模块的信息，以满足不同信息使用者的多元需求。而单一的会计报表披露的信息不能满足这样的需求，应结合政府综合财务报告的基本理念建立独立的地方政府债务报告制度，创新债务信息披露模式，以提高政府债务信息披露质量，促进地方政府治理。

以《预算法（2014）》和《政府会计准则—基本准则》的规范为指导，上述多元地方政府债务信息披露主体，即每一个部门主体、项目主体和基金主体，都需要就各自负责的日常运营、项目、基金进行资金管理核算并编制会计报告。这其中就包含政府债务信息。通过对会计报告现有规定的梳理，发现会计报告中披露的债务信息主要存在于会计报表（主要是资产负债表）、报表附注（主要是应付账款、预收账款、其他应付款、长期借款的明细表）以及财务分析三部分中。其中，资产负债表以及"应付账款、预收账款、其他应付款、长期借款"明细表已有标准格式设计，财务分析部分尚未进行细致规范。在此基础上，本书对会计报告中披露的债务信息进行补充设计，将其分为债务会计信息和债务分析信息。

1. 债务会计信息。

债务会计信息主要由债务预算信息和债务财务信息构成，前者存在于政府预算报告中，主要是政府债务预算执行表，是以收付实现制为核算基础，提供政府债务预算决算信息，包括债务预算数、预算调整数、债务决算数和差异说明等。后者则存在于政府财务报告中，是以权责发生制为核算基础，主要体现是资产负债表，其具体格式可参考政府财务报告的规范。负债栏目反映政府主体负担的债务情况，包括期初数、期末数，这是一个总额信息。对于某些负债科目，如应付账款、长期借款等，应在报表附注中对其进行详细说明。此外，若存在政府或有负债，也应在附注中对其类型、形成原因以及可能造成的影响等进行说明。

2. 债务分析信息。

债务分析是对资产负债表提供的债务信息进行详细分析，也就是对结果性债务信息的进一步细化解读，可从债务规模、债务结构、债务风险三方面着手分析。

（1）政府债务规模分析。是对债务规模情况及变化趋势的分析，可从本年度和以前年度两个方面对债务总额和债务限额进行比较。分析结果可采用政府债务规模分析表或政府债务规模变化趋势折线图进行展现。对于债务规模的明显变化，应对其原因进行解释。

（2）政府债务结构分析。可以从举债主体、资金来源、资金投向、未来年度债务分布等方面进行债务结构分析，这部分内容涉及债务资金借、用、还的整个运行过程，具体表格设计可见表5-5、表5-6、表5-7。

表5-5 政府债务举债主体分析

举债主体	期初余额	本期增加额	本期减少额	期末余额
政府部门： 教育部门 交通运输部门 ……				
非自收自支事业单位				
政府控制所有权的社会团体				
融资平台公司				
财政支持运营的其他部门单位				
合计				

表 5 - 6 政府债务资金来源分析

资金来源	期初余额	本期增加额	本期减少额	期末余额
地方政府债券： 地方政府一般债券 地方政府专项债券				
转贷款： 地方政府债券转贷 国债转贷 外债转贷 其他财政资金转贷				
银行类金融机构				
信托类金融机构				
证券保险类金融机构				
融资租赁				
其他单位和个人借款				
合计				

表 5 - 7 政府债务资金投向分析

资金投向	期初余额	本期增加额	本期减少额	期末余额
资本性支出： 市政建设 土地收储 交通运输 科教文卫 …… 小计				
偿债支出： 偿还本金 偿还利息 小计				
合计				

（3）债务风险评估。债务风险评估信息应包括两部分：一是债务风险指标信息；二是债务风险等级信息。债务风险指标是以指标数值为工具衡量反映债务风险。事实上，债务管理是一个过程，包括决策、举借、使

用、偿还及评价各环节，风险就蕴含在其中，有必要将债务风险和债务资金运营管理流程相结合，基于管理流程分析风险来源设计评估指标。汇总地方政府债务风险指标体系如表5-8所示。债务风险等级是对债务风险的危机程度的描述。鉴于我国现阶段地方政府债务风险的影响因素复杂众多，且彼此之间交叉影响，因此借鉴模糊综合评价法对债务风险等级进行评估。该方法是以风险指标作为评价因素，根据各评价因素在各环节的权重和在风险等级中的隶属程度计算得出其所处风险等级。基于对地方政府债务风险等级的全面性考虑，将风险等级分为：无风险、微度风险、轻度风险、中度风险、严重风险。对政府债务风险的分析结果可以通过政府债务风险评估表呈现，具体格式设计如表5-9所示。

表5-8 地方政府债务风险指标汇总

债务风险	风险指标	指标计算方法	指标的含义
决策风险	负债率	地方政府债务余额/地方GDP总额	反映经济总规模对政府债务的承载能力
	债务率	地方政府债务余额/地方综合财力	反映政府财政支配能力对债务的承载能力
	债务依存度	地方政府债务收入额/地方财政总支出	反映财政支出对债务依赖程度
	短期债务比	地方政府短期债务余额/地方债务余额	反映短期债务结构及地方政府短期偿债压力
	新增债务率	地方政府债务余额增长额/地方上年债务余额	反映地方政府新增债务的比例
使用风险	项目投入产出比	项目运营寿命期内产出总额/项目投入总额	反映项目的债务资金回报率
偿还风险	偿债率	地方政府到期已偿债务/地方财政收入总额	反映地方政府对以前所欠债务偿还能力
	逾期债务率	地方政府逾期债务余额/地方债务余额	反映政府的偿债能力
评价风险	资产负债比	地方政府债务余额/地方资产总额	反映地方政府融资的财务风险及政府长期偿债能力

表 5 − 9　　　　　　　　政府债务风险评估

	风险指标		风险等级				
	具体指标	数值	无风险	微度风险	轻度风险	中度风险	严重风险
决策风险	负债率						
	债务率						
	债务依存度						
	短期债务比						
	新增债务率						
使用风险	项目投入产出比						
偿还风险	偿债率						
	逾期债务率						
评价风险	资产负债比						
	总体风险						

5.4.3　地方政府债务会计信息独立报告设计

1. 地方政府债务独立报告的定位。

地方政府债务独立报告是全面反映和报告政府会计主体债务管理活动信息的文件载体。地方政府债务报告可以准确反映地方政府债务资金的举借、使用和偿还的过程，为地方政府债务管理制度的确立、准确评价绩效和防范风险提供信息，契合我国《权责发生制政府综合财务报告制度改革方案》的具体要求。地方政府债务独立报告应定位于：

（1）地方政府债务报告是债务信息的载体。全面、完整、系统地披露地方政府债务性信息，是地方政府债务报告最基本的功能。地方政府债务报告中披露的内容，不仅包括结果性信息，而且包括过程性信息；不仅包括直接债务信息，而且包括或有债务信息；不仅包括财务信息，还包括非财务信息；不仅包括债务现状的描述性信息，而且包括预测的风险评价信息，是一个完整的债务信息报告。

（2）地方政府债务报告是地方政府债务管理报告。地方政府债务资金涉猎面广泛，资金链条长，资金周转期长，对债务管理效率也是考验地方政府资金管理能力的一个部分。地方政府债务报告可以反映地方政府债务资金的用途、结构以及决策使用效率，也可以通过资源配置反映一级地方政府的执政理念，反映一级地方政府相关管理制度的完善，因此，具有管理报告的功能。

（3）地方政府债务报告是政府综合财务报告的子报告。地方政府债务作为地方政府会计的一个要素，是政府综合财务报告要披露的一项重要内容。地方政府债务报告作为政府综合财务报告的子报告，是对政府综合财务报告中债务的详细说明。

（4）地方政府债务报告是财政风险评估的信息来源报。我国地方政府债务存在的风险既有规模庞大、增长迅速的原因，也有其隐蔽性的原因。风险防控的首要问题是对风险能够有效衡量，地方政府债务报告由于提供全面、完整的债务信息，从而为评价及防范债务导致的风险提供信息支撑。地方政府债务独立报告的基本组成见图5-6所示。

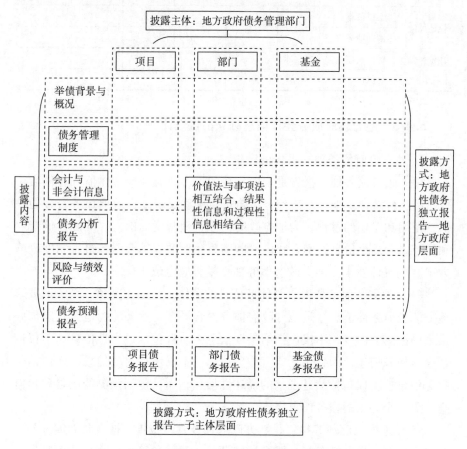

图5-6 地方政府债务独立报告的结构

该报告模式具有三个特点：一是债务披露主体的统一性。以一级地方政府为报告主体，设立专门的地方政府债务主管部门，负责汇集辖区内所有的地方政府债务，形成地方政府债务独立报告，通过统一的渠道对外披露，可以有效纠正不同披露主体各自为政引起的信息分散、难以整合的弊端，使得地方政府债务信息披露更加具有实质性意义。二是债务披露内容的完整性。地方政府债务独立报告可以完整反映债务资金运动的来龙去脉，整合预算会计信息和财务会计信息、会计信息和非会计信息、过程性信息和结果性信息，同时做到内容一致、可比，从而成为沟通债务信息使用者与债务资金运动的桥梁。三是债务披露形式的具体性。地方政府债务披露形式的不统一为债务信息使用者造成了很大的困扰。以地方政府债务独立报告的形式整合债务信息，并集中提供给债务信息需求者，可以有效提高债务信息使用者的信息使用效率，科学做出决策。

2. 地方政府债务独立报告的内容。

对债务信息整合披露的设置是以地方政府债务报告为载体的。地方政府债务报告是以一级地方政府为报告主体，从信息需求多元化角度出发，全面整合所属的不同职能部门承载的全部债务，包括项目债务、基金债务、部门债务以及承诺债务，以财政部门为信息核算和汇集主体，按照统一标准的通用债务披露模板完整客观地报告地方政府整体债务信息。其目的是能够全面、完整、系统地披露地方政府债务信息，反映债务资金的举借、使用和偿还的全过程，为地方政府债务管理以及风险评价提供数据支持，为社会公众可持续性地评价政府绩效及受托责任履行提供信息支撑。地方政府债务报告内容设计如表 5 – 10 所示。

表 5 – 10   地方政府债务报告内容

基本内容		具体内容
基础信息模块	举债背景	经济水平、人口状况、资源禀赋、执政方针、发展战略
	债务管理制度	政府债务管理政策文件、措施及成效
	债务概况	政府债务预算执行表、资产负债表、债务规模分析表、债务结构分析表、债务风险评价表
流程信息模块	债务决策	政府发展战略、执政理念、举债融资意义及可行性
	债务举借	举债主体及方式、举债金额、偿债主体、偿债资金
	资金使用	资金投资明细、资金使用明细
	债务偿还	偿还本金、利率、利息、偿债资金来源
	评价	资金使用经济型、合理性、效益性评价、风险评价
专项需求模块	宏观决策	政府债务信息、财务信息、战略规划等综合信息
	内部管理	政府债务具体流程管理信息
	民生需要	政府债务的使用去向、债务资金的使用绩效
	信用评级	政府债务信息、偿债来源或偿债保障、偿债环境
	政府债务绩效	预算执行绩效、筹资绩效、用资绩效

（1）基础信息模块。基础信息模块主要是提供与政府债务相关的背景概况和管理制度信息，其目的是从总体层面上说明政府主体为什么举债和政府主体举债的客观性条件或可行性，使信息使用者对政府债务形成一个初步印象。该模块多采用文字描述法，具体内容构成可分为以下三部分：

①举债背景。举债背景部分主要是对政府主体所处宏观背景的基本说明，包括经济发展水平、人口状况、资源禀赋、政府的执政方针、发展战略、债务现状等一系列信息。

②债务管理制度环境。债务管理制度环境部分是一系列针对政府债务主体（包括项目主体、部门主体、基金主体以及合并主体）的债务活动的约束、规则的集合体，以保证政府主体行为的合法规范性。该部分内容应是对该政府主体的债务管理制度建设情况进行的说明，具体可从债务限额管理、债务预算管理、存量债务管理、融资平台管理、债务风险预警、债务偿还机制等方面进行披露。

③债务概况。债务概况部分是从总体视角对政府主体承担的债务状况进行的初步说明，主要是政府债务财务信息和预算信息，体现债务总额及债务结构，具体内容应包括政府债务预算执行表、资产负债表、债务规模分析表、债务结构分析表、债务风险评价表等。

（2）流程信息模块。流程信息模块是对基础信息模块中债务概况部分披露的政府债务总额信息的分解，是对政府债务的各子集即每一个项目债务、基金债务、部门债务的全流程信息的披露。基本思路是按照政府举债行为的流程搜集和披露债务信息，主要目的在于清晰反映债务资金的来龙去脉，说明政府主体怎么举债、债务资金如何使用以及使用效果如何。因此，对于每一独立债务所披露的信息应包括：

①债务决策信息。说明政府做出举债决策的依据，这也是对政府举债的主客观条件的分析，具体包括政府的发展战略、执政理念、举债融资的综合意义、举债方案的可行性分析等。

②债务举借信息。对举借的基本情况进行说明，包括举债主体、举债方式、举债金额、偿债主体、偿债资金等。

③资金使用信息。一是对债务资金投资明细的说明，包括投资类型、投资次数、投资时间、每次投资金额、投资总额，这是从资金来源或资金渠道方面的分析；二是对债务资金使用明细的说明，包括使用资金的具体工程、对应形成的费用以及总额，这是从资金使用去向方面的分析。

④债务偿还信息。对债务偿还情况的说明，包括偿债本金、利率、利

息、偿债资金来源等内容。

⑤评价信息。包括对债务资金使用经济型、合理性、效益性的评价、债务资金风险的评价等。如有必要，对每一流程所涉及的政府文件应对其进行汇总列示或提供查阅链接，以增强信息的真实性。

（3）专项需求模块。专项需求模块是按照地方政府债务管理中涉及的不同债务信息使用者的不同的信息需求进行分门别类地披露债务信息，以满足各类信息需求进而优化地方政府治理。具体内容包括：宏观决策模块、内部管理模块、民生模块、信用评级模块、当政政府绩效评价模块。这些模块的信息以量化与非量化信息相结合、描述与分析相结合等形式反映政府在债务资金的决策、使用、偿还等方面的行为以及影响效果，借助计算机技术将不同组合的信息素材以自助方式披露，供不同的债务信息使用者进行分析、比较并选择性使用服务于各自的决策目标。

①宏观决策模块。政府债务不仅是政府凭借其信誉筹集财政资金的一种信用方式，也是政府调度社会资金，弥补财政赤字，并借以调控经济运行的一种特殊分配方式。对中央部门进行宏观的政治或经济决策时而言，政府债务信息具有重要的参考价值和决策依据。一般来讲，宏观决策的涉及面较广，影响力较大，所参考的信息也应是全面完整、多方面的。至少应包括：政府债务信息，既包括债务预决算信息，如债务预算执行情况，也包括债务财务信息，如债务规模结构投向等，还涉及债务分析信息，如债务风险、债务资金绩效等；政府财务信息，包括政府的预算收入支出、预算外收入、政府资产信息等；政府战略规划、对法律法规遵守情况及其他相关信息。

②内部管理模块。内部管理模块主要是为政府内部各部门、各单位的需求服务的，集中提供详细具体的债务流程管理信息，打破部门之间、单位之间信息不通、信息孤岛现象，便于政府内部加强债务管理的控制与运营。债务流程管理信息主要涉及债务决策、债务举借、债务资金使用、债务偿还这几个方面，具体信息可包括：债务决策过程、参与部门、决策依据、决策结果；债务举借限额、举借主体、举借方式；债务资金使用投向、涉及主体；债务偿还计划、偿债本金、债务利息、未来偿债年度分布；债务风险评估信息；等等。

③民生模块。民生模块主要负责满足社会公众对政府受托责任的评价需求。对于政府债务，社会公众的关注焦点在于政府债务的使用去向以及这种资金使用的经济型、合理性、效益性，所需要披露的信息包括政府债务预算及预算执行信息、负债规模及结构、偿债能力、运营能力、抵押担

保情况等。

④信用评级模块。对政府债务而言，信用评级的重点在于政府的偿债意愿和能力，偿债意味着资源或服务的流出。这就要求不仅要对政府债务信息进行充分的披露，包括债务余额、债务限额、举债主体、资金来源、期限结构、资金投向、当年偿还情况、未来偿债计划，以及政府在管控债务风险方面采取的措施等；还要对政府拥有或控制的可以使其流出的资源或服务，即对政府的经济资源实力、财政实力、治理水平等进行披露，这些是政府的偿债来源或偿债保障。此外，还需要对政府所出的偿债环境进行说明，包括制度环境，如政府所处的财政制度、债务管理制度等；经济环境，如当地经济发展水平、产业结构问题等。

⑤政府债务绩效评价模块。绩效意味着"执行、履行、表现、成绩"，因此对政府债务绩效评价的重点不仅应包括债务的借、用、还的全过程，还应包括债务过程产生的影响和结果。具体可从预算执行绩效、筹资绩效、用资绩效等方面进行分析。其中，预算执行绩效评价所需要披露的信息包括债务预算、债务决算、债务预算执行差异分析等，筹资绩效评价主要需要披露债务限额、债务举借额、债务举借方式、举借成本等方面信息，用资绩效评价需要披露的信息主要是债务资金使用去向、投向结构等。

5.5　地方政府债务信息分析的内容及指标构建

本部分所包含的债务信息分析内容及指标的构建主要是在前段章节所设计的分析板块指引下，按照政府综合财务报告分析、部门财务报告分析、预决算报告分析和综合分析四个层面进行分析探究。

5.5.1　政府综合财务报告分析层面

政府综合财务报告主要是指一级政府合并各部门和其他纳入合并范围主体的财务报告，主要包含资产负债表、收入费用表等财务报表为主要内容的本级政府综合财务报告。主要反映本级政府的资产负债、收入费用、运行成本、现金流量等财务信息，与部门财务报告相比，综合性更强，涵盖面更广。在政府综合财务报告分析层面来分析债务信息，主要从宏观经济状况、政府整体债务状况、运行管理状况和债务资金的其他信息（可持续性、透明度、公平性）四个方面进行研究（见表5－11）。

表 5 – 11　　　我国政府债务信息分析体系——综合财务报表分析内容与指标

层面	具体内容		分析指标
综合财务报表分析层面	宏观经济状况总体分析		经济增长率 = （本年度 GDP 实际增加值/上年度实际 GDP）×100%
			财政收入增长率 = （本年财政收入增加/上年财政收入总额）×100%
			负债率 = （负债/GDP）×100%
			赤字率 = （财政赤字/GDP）×100%
	政府整体债务状况分析	定量分析	资产负债率 = （负债/资产）×100%
			债务增长率 = （年度负债增量/上年的债务总额）×100%
			新增债务率 = （年度负债增量/GDP）×100%
		定性分析	政府出台债务政策统计表
	政府债务运行管理状况分析		收入费用率 = （费用总额/收入总额）×100%
			各类收入占比 = （A 类收入/收入总额）×100%
			债务支出比重 = （偿债本金支出 + 债务利息支出）/费用总额×100%
	债务资金的其他信息	债务信息透明度	政府债务信息透明度评分表
		债务负担可持续性	政府债务率 = （年末负债合计/收入总额）×100%
			债务负担率 = （净负债/GDP）×100%
			有效资产占比 = 有效资产/总资产
		债务负担公平（纵向和横向）	人均负债率 = 债务总额/地方总人口数
			人均纳税债务率 = 人均债务数/人均纳税数
			服务类资产负债率 = （负债/服务类资产）×100%
			服务类资产负债年度增长比率 = （年度负债增量/年度服务类资产增量）×100%

（1）宏观经济状况总体分析。这部分债务信息分析主要是对经济环境状况进行分析，经济环境状况有时候直接或者间接影响了债务状况的分布和结构，分析经济环境状况是分析债务状况的基础。

经济环境状况主要包括的分析指标有经济增长率、财政收入增长率、负债率、赤字率以及债务政策统计分析；

①经济增长率 = （本年度 GDP 实际增加值/上年度实际 GDP）×100%。

GDP 作为衡量一国经济发展状况的重要指标，分析其增长率对于分析整体的经济状况具有很好的参考价值。实际 GDP 较名义 GDP 而言，能够反映当年全部最终产品的市场价值，剔除了价格变动的因素。该指标数值越大，表明经济发展的速度越快，政府举债能力越强，反之，则政府举债能力越弱。

②财政收入增长率=(本年度财政收入增加/上年财政收入总额)×100%。

财政收入增长率主要衡量财政收入的增长状况，该指标反映了财政收入的成长性。该指标数值越大，表明政府本年度的财政收入增长越多，偿债能力越好。

③负债率＝（负债/GDP）×100%。

负债率主要衡量了债务在 GDP 中所占的比重，该比重越低，财务稳健性就越高。同时该指标还反映政府累积的负债与国内生产总值相适应的程度，在《欧洲联盟条约》中规定的负债率指标，即公共债务余额不超过国民生产总值（GNP）的 60%。

④赤字率＝（财政赤字/GDP）×100%。

赤字率是衡量财政风险的一个重要指标，指的是财政赤字占国内生产总值的比重。赤字率高低反映的是政府在一定时期内动员社会资源的程度，而政府举债是弥补财政赤字的重要途径。一般情况下，如果该指标大于零，说明政府的财政收入大于财政支出，存在的财政风险较小，举债能力较强；反之，如果该指标小于零，说明政府财政支出大于财政收入，存在的财政风险较大，举债能力较差。通常，国际社会将该指标的警戒线设置为 3%。

（2）政府整体债务状况分析。主要分析本级政府的债务收支总量和结构，主要的分析指标包括资产负债率、债务增长率、新增债务率，分析债务状况能够最直接地反映本级政府的债务信息。

①资产负债率＝（负债/资产）×100%。

资产负债率反映政府累积的负债是否全部用于资本性支出，如果该指标值大于 100%，说明负债并没有全部用于资本性支出，存在举债消费的情况。同时，公式中的资产并不是说广义上政府所拥有的所有资产，而是指在偿债过程中可以动用的资产，这样才能够更加科学地反映政府的偿债状况。该指标数值越低，说明政府的负债越少，债务偿还的保障能力越好。

②债务增长率＝（年度负债增量/上年的债务总额）×100%。

债务增长率主要衡量债务的增长状况，同时该指标也可以反映未来期间的债务偿还压力的大小。该指标数值越小，表明政府的债务增长速度越慢，偿债能力越好。

③新增债务率＝（年度负债增量/GDP）×100%。

新增债务率反映政府年度新增负债与当地国内生产总值相适应的程度。该指标和财政赤字率相似，但也有不同的地方，因为财政赤字不一定全部形成年度新增负债，年度新增负债是实实在在的未来偿付义务，年度新增负债率比财政赤字率更能反映财务稳健性和财政的可持续性。该指标越小，表明政府本年度新增债务越少，偿债能力越强。

④债务政策统计分析主要是统计分析上级政府和本级政府出台的关于债务举借、使用和偿还等方面的政策制度文件，通过分析政策制度文件来了解本级政府的举债环境和举债条件，定性分析政府债务管理的基本状况（见表5－12）。

表5－12　　　　　　　　　　　政府出台债务政策统计

方面	是否有披露	数量	整体趋势	原因
债务举借	例:是/否	N	增加/减少/……	……
债务运营				
债务偿还				
其他方面				

（3）政府债务运行管理状况分析。主要分析本级政府的收入和费用对债务运行管理的影响，收入决定了政府的偿债能力，而费用则又决定了政府的债务规模。收入支出状况主要包括收入费用率、各类收入占比、债务支出比重。

①收入费用率＝（费用①总额/收入②总额）×100%。

收入费用率主要反映了政府运行过程中的整体效率。通常该指标越大，表明政府费用总额的同比增加要大于财政收入总额的同比增加，说明了政府运行效率低。

②各类收入占比＝（A类收入/收入总额）×100%。

各类收入占比主要反映了政府收入的结构，重点收入项目的比重及其变化趋势，通过了解政府收入的构成，分析政府收入的质量。

③债务支出比重＝（偿债本金支出＋债务利息支出）/费用总额×100%。

债务支出比重表示偿债本金支出和债务利息支出占费用总额的比重。

---

①　政府部门费用包括：工资福利费、商品服务费、对个人和家庭补助、对企事业单位补贴、政府间转移性支出、折旧、摊销、财务、经营费用、其他费用。

②　政府部门收入包括：税收收入、非税收入、事业收入、经营收入、投资收益、政府间转移性收入、其他收入。

美国联邦政府的经验数据表明，如果出现债务支出比重达到15%～20%，则评级机构就会对政府债务的可持续性做出负面评价。当该指标达到27.5%，则表明政府财务处于紧张状态。标普公司认为，当该指标小于等于5%，代表政府债务负担较低。所以，该指标越低，则政府的债务负担就越低。

（4）债务资金的其他信息。主要包括债务信息透明度、债务负担可持续性、债务负担公平性这几个部分。债务信息透明度是社会公众了解政府债务信息的最直接方式，通常信息透明度较高的地方债务管理制度往往也比较规范。研究债务负担的公平性，一方面，可以从另外一个角度来考察地方财政支出的公平性；另一方面，也可以为不同层次的信息需求者提供有助于自身决策的债务信息。同时，衡量一个地方的债务负担，将相应的指标放在时间维度和空间维度进行对比分析，可以从中发现债务负担是否适应当地的经济发展，从宏观层面来看可以优化国家资源的配置，提高资源配置效率，缩小地方贫富差距；从微观层面来看可以提高政府自身决策的科学性，帮助外部信息需求者掌握政府的真实债务信息。为了比较债务负担的公平性，可以从人均负债率、人均纳税债务率、地方负债率和地方中央财政支出比几个指标进行衡量。同时，也要通过分析政府债务的可持续性判断政府财政是否平衡、政府能否举债或偿债、政府担保债务转嫁的可能性等，为化解地方政府债务风险提供参考依据。该部分的分析主要从社会公众评价的视角来分析政府的债务状况。

第一，债务信息透明度并不能够通过具体的指标进行量化，因此采用打分考核的方法来评价信息透明度则更合适。对于政府的债务信息透明度的衡量可以通过政府部门自身网站披露的信息和媒体报道的信息两种方式进行考核。通过设计考核打分表来量化政府的债务信息透明度，如表5－13所示。

表5－13　　　　　　　　　　政府债务信息透明度评分

披露内容	是否有披露	数量（个）	分数（1分/个）
总则	例:是/否	N	N
债务资金的举借			
债务资金的担保			
债务资金的使用			
风险管理			

续表

披露内容	是否有披露	数量(个)	分数(1分/个)
债务监督			
责任制度			
部门职责			
债务偿还			
债务报告			
收支计划管理			
预算管理			
登记核销			
债务化解			
制止新债			
附则			

根据政府网站等信息公开平台统计会计核算年度期间政府披露关于债务信息的相关制度文件和规章制度，包括从债务的举借、运用和偿还等各个环节，通过披露的数量来进行考核政府部门债务信息透明度，让外部的信息需求者了解到政府债务管理的整个流程，以提高债务管理、债务信息的透明度。

第二，债务负担可持续性反映政府对未来债务风险的承受能力以及发展能力。在该部分可以通过政府债务率、债务负担率、易变现资产占比这几个指标进行评价分析。

①政府债务率 = （年末负债①合计/收入总额）×100%

政府债务率越高，说明了年末负债合计要大于总收入，也就意味着未来需要动用更多的总收入来偿还，政府的债务可持续性就越低。

②债务负担率 = （净负债/GDP）×100%

净负债主要是指扣除了货币资金、借款、各类应收款和对外投资的有价证券的负债。西方发达国家经验表明，该指标在45%～60%左右比较合理，超过该范围则存在着较大的债务危机或债务风险。

③有效资产占比 = 有效资产/总资产

有效资产占比主要是指在政府所拥有的总资产中有效资产，即易变现资产的占比。通过分析有效资产占比可以分析总资产中易于变现资产的比

---

① 政府部门债务包括：应付短期政府债券、短期借款、应付项目、一年内到期的非流动负债、应付政府补贴款、应付长期政府债券、应付转贷款、长期借款、长期应付款。

例，在政府面临较大债务危机的时候，有效资产能够帮助政府化解债务危机，对于分析债务的可持续性具有较高的参考价值。

第三，债务负担公平性主要指横向同级政府债务负担公平性指标和纵向跨期公平性指标。包括的指标有：横向债务负担公平性指标主要有人均负债率、人均纳税负债率；纵向跨期公平性指标有服务类资产负债率、服务类资产负债年度增长比率。

①人均负债率＝债务总额/地方总人口数

人均负债率主要是将债务总额与地方总人口数进行对比来衡量债务负担的公平性。通过将本地区的人均负债率和同级的其他城市相同的比率进行对比，来评价本地区债务负担的公平性，若该对比结果高于其他城市，说明该地区的人均债务负担较重。

②人均纳税债务率＝人均债务数/人均纳税数

人均纳税债务率是将人均债务数和人均纳税数进行对比，从微观视角来考核债务负担的公平性，与人均负债率相同，放在同级政府之间进行横向对比分析，来评价本地区人均纳税债务率是否合理。

③服务类资产负债率＝（负债/服务类资产）×100%

该指标反映累积的负债是否全部用于公益性资本支出。该指标值为100%时，说明负债全部用于公益性资本支出；小于100%表示前任政府留给后任政府的偿债责任小于公共福利；大于100%表示前任政府留给后任政府的偿债责任大于公共福利，说明负债并没有全部用于公益性资本支出。

④服务类资产负债年度增长比率＝（年度负债增量/年度服务类资产增量）×100%

该指标反映本年度新增负债是否全部用于公益性资本支出。小于100%表示本年度留给后任政府的偿债责任小于公共福利；大于100%表示本年度留给后任政府的偿债责任大于公共福利，本年度新增负债并没有全部用于公益性资本支出。

5.5.2 政府部门财务报告分析层面

政府部门财务报告主要是指反映政府各职能部门（单位）的自身财务状况和运行状况等的财务报告，主要包括资产负债表、收入费用表、当期盈余与预算结余差异表和净资产差异表以及附注。与综合财务报告相比，部门财务报告则独立性较强，涵盖面小，只涉及自身的财务状况，但是政府部门财务报告是综合财务报告的重要组成部分，在政府部门财务报告分析层面来分析债务信息，主要从部门的资产负债状况、债务资金的运行状况、偿债能力状况和债务风险管理状况四个方面进行研究（见表 5 – 14）。

表 5 – 14　　　我国政府债务信息分析体系—部门财务报表分析内容与指标

层面	具体内容	分析指标
部门财务报表分析层面	部门资产负债状况分析	资产负债率 =（部门负债/部门资产）×100% 债务增长率 =（年度负债增量/上年的债务总额）×100% 新增债务率 =（年度负债增量/GDP）×100% 各类资产占比 =（A 类资产/总资产）×100% 不同类型债务比值 = A 类型债务总量/B 类型债务总量 不同类型负债占总负债比值 = N 类型债务总量/债务总额
	部门债务资金运行状况	有效资产周转率 = 财政收入/有效资产 资金专用率 = 专项资金支出/专项资金来源 应收税款周转率 = 财政收入/应收税款
	部门偿债能力	流动比率 =（流动资产总额/流动负债合计）×100% 速动比率 =（速动资产/流动负债合计）×100% 有效资产财务比率 =（有效资产/负债）×100% 偿债支出率 =（偿债本金支出 + 债务利息支出）/收入总额 ×100%
	债务风险等级评价	部门债务风险预警模型构建

（1）部门资产负债状况分析。该部分与综合财务报告分析相似，但主要的分析指标仅限于部门（单位）的财务状况，主要包括部门的资产负债分析、重点负债项目的增减变动分析、部门的债务规模与结构等。

①资产负债率 =（部门负债/部门资产）×100%。

资产负债率反映部门（单位）累积的负债是否全部用于资本性支出，如果该指标值大于100%，说明负债并没有全部用于资本性支出，存在举债消费的情况。同时，公式中的资产并不是说广义上政府所拥有的所有资产，而是指在偿债过程中可以动用的资产，这样才能够更加科学地反映部门（单位）的偿债状况。该指标数值越低，说明部门的负债较少，债务偿还的保障能力较好。

②债务增长率 =（年度负债增量/上年的债务总额）×100%。

债务增长率主要衡量债务的增长状况，同时该指标也可以反映未来期间的债务偿还压力的大小。该指标数值越小，表明部门（单位）的债务增长速度越慢，偿债能力越好。

③新增债务率＝（年度负债增量/GDP）×100%。

新增债务率反映部门（单位）年度新增负债与当地国内生产总值相适应的程度。该指标和财政赤字率相似，但也有不同的地方，因为财政赤字不一定全部形成年度新增负债，年度新增负债是实实在在的未来偿付义务，年度新增负债率比财政赤字率更能反映财务稳健性和财政的可持续性。该指标越小，表明部门（单位）本年度新增债务越少，偿债能力越强。

④各类资产占比＝（A类资产/总资产）×100%。

各类资产占比主要描述了政府部门重要资产项目的结构特点和变化情况，通过该指标可以很好地了解政府部门的资产构成状况，了解流动资产和非流动资产的占比，以衡量政府的资产负债状况。

⑤不同类型债务比值＝A类型债务总量/B类型债务总量。

不同类型债务比值主要反映了不同类型债务的总量比值，反映了债务的构成状况。比如显性债务和隐形债务的比例、短期债务和长期债务比例、内债和外债比例以及中央债和地方债比例等。

⑥不同类型负债占总负债比值＝N类型债务总量/债务总额。

不同类型负债占总负债比值主要反映了政府债务的构成状况，对于研究政府债务的配置和构成状况具有一定的参考价值。

（2）部门债务资金的运行状况。债务资金的运行绩效是评价政府在有限的资金量下如何在完成其职责的同时又能够降低资金使用效率风险。对专项资金实施跟踪管理，做到专款专用，防止专项资金的滥用，保障资金利用的有效性和充分性。高效率的资金利用不仅体现了政府较强的财务治理能力，而且还能够促使政府部门减少不必要的资金支出，可以从源头上减少债务的发生。同时，也要注重固定资产的投资影响，加大对交通、水利、电力等基础设施的建设，可以拉动地方经济增长，使得政府债务负担率在不断扩张的经济总量中得以稀释。因此在该部分要从以下几个方面进行指标的构建：债务资金利用效率指标构建、偿债能力指标构建和收入支出状况指标构建。与前一部分相比，本部分更侧重于评价政府的自身债务管理与运用能力。

①有效资产周转率＝财政收入/有效资产。

有效资产主要是指易于通过市场出售变现，对政府偿债能力分析影响较大的资产。该类资产主要包括有流动资产、国有股权投资以及可处置土地使用权（陈穗红等，2015）。流动资产主要是指短期内可以变现的资产，比如：货币资金、应收税款等；国有股权投资是指地方政府管理的、对国家出资企业的投资；可处置土地使用权是指政府代表国家行使土地所有者权利，在一定期限内，完成一定程序后可进行处置的土地使用权存量，具体的处置方式包括出租和出售。该指标反映了政府的营运能力，指标越大，说明营运管理能力越强。

②资金专用率 = 专项资金支出/专项资金来源。

资金专用率主要是用来评价分析专用资金是否得到充分的利用，是否做到专款专用的分析指标。通常该指标小于1，如果该指标大于1，说明专项资金的支出要大于专线资金的来源，会给政府部门带来一定的债务压力。

③应收税款周转率 = 财政收入/应收税款。

与企业应收账款周转率相似，应收税款周转率主要反映政府应收税款周转速度及管理效率的指标。因为政府财政收入大部分是指税收收入，所以应收税款周转率更能够体现出这一指标的原始意义。通常该指标越高，说明其回收越快，应收税款的账龄越短，短期偿债能力越强。

（3）部门偿债能力分析是政府债务信息分析的重要组成部分。政府偿债能力是有效化解政府债务风险、确保财政平稳运行的关键，也是社会公众等外部投资人评价政府财政运行能力的重要评价指标。偿债能力主要包括流动比率、速动比率和有效资产财务比率。

①流动比率 = （流动资产总额①/流动负债合计）×100%。

流动比率反映短期的偿债能力。通常该比率越高，说明短期偿债能力越强，短期债务风险越低。

②速动比率 = （速动资产②/流动负债合计）×100%。

速动资产主要是指扣除了流动性较差的存货部分的流动资产。与流动比率相比，该指标能够更加精确地反映政府的偿债能力，通常该指标越高，说明偿债能力越强。

③有效资产财务比率 = （有效资产③/负债）×100%。

有效资产财务比率主要是指政府所拥有的变现性较强且可用于偿还负债的资产与负债总数的比率。该指标反映长期的偿债能力，财务比率越

---

① 政府部门的流动资产主要包括：货币资金、应收利息股利、短期投资、存货、一年内到期的非流动资产。

② 政府部门的速冻资产主要包括：货币资金、应收及预付款、应收利息、应收股利、短期投资。

③ 政府部门的有效资产主要包括：货币资金、长期投资、固定资产净值、无形资产净值、公共基础设施净值、其他资产净值。

高，说明可用于偿债的财务资产越多，偿债能力越强。

④偿债支出率＝（偿债本金支出＋债务利息支出）/收入总额×100%。

偿债支出率表示偿债本金支出和债务利息支出占总收入的比重，美国城市管理协会（ICMA）认为，偿债支出率在10%以下比较适当，高于20%，则政府必须引起警惕。标普公司则认为，5%以下为可接受，超过15%就偏高了。所以，该指标越低，则表明偿债能力越强。

（4）债务风险等级评价。目前我国的地方政府债务规模巨大、负担沉重、增长过快，政府部门面临的债务风险问题日益严峻。如何化解债务风险，建立债务预警指标体系是当下急需解决的问题。本书采用模糊综合评价法，选取负债率、债务率、债务依存度、短期债务比、新增债务率、偿债率、逾期债务率、资产负债率八个债务风险指标来建立债务风险评估模型（见表5－15）。

表5－15 政府部门债务风险指标汇总

指标	公式	含义
负债率 U_1	（债务余额/地方 GDP 总额）×100%	反映经济总规模对政府债务的承载能力
债务率 U_2	（债务余额/地方综合财力）×100%	反映政府财政支配能力对债务的承载能力
债务依存度 U_3	债务收入额/地方财政总支出	反映财政支出对债务依赖度
短期债务比 U_4	短期债务余额/地方债务余额	反映短期债务结构及政府部门短期偿债压力
新增债务率 U_5	（债务余额增长额/地方上年债务余额）×100%	反映政府部门新增债务的比例
偿债率 U_6	（到期已偿债务/地方财政收入总额）×100%	反映政府部门对以前所欠债务偿还能力
逾期债务率 U_7	（逾期债务余额/地方债务余额）×100%	反映政府的偿债能力
资产负债比 U_8	债务余额/地方资产总额	反映政府部门融资的财务风险及政府的长期偿债能力

①首先确立评价对象等级集 V。V ＝ ｛V_1（很安全），V_2（安全），

V_3（一般），V_4（危险），V_5（很危险）}。即对政府部门债务预测各种可能出现的结果所构成的集合。目的是在综合考虑所有影响因素的基础上，从评语级中选出一个最佳评价结果。

②建立因素集 U。把上述表格中能预测政府部门债务情况的主要指标构成一个集合，这里使用上面提出的 8 个指标：$U = \{U_1, U_2, U_3, U_4, U_5, U_6, U_7, U_8\}$。

③进行单因素模糊评价。利用专家评分法判定各类风险指标在集合 V 中的隶属程度，例如，采用专家评价法对 U_1 指标进行评价。当 U_1 处于一个确定的数值时，有 a% 的专家认为无风险，b% 的专家认为微度风险，c% 的专家认为轻度风险，d% 的专家认为中度风险，e% 的专家认为严重风险（其中 a% + b% + c% + d% + e% = 1）。由此可以得到对 U_1 的评价：$R_1 = \{a\%, b\%, c\%, d\%, e\%\}$，同理，可得出所有风险指标 $U_2 \sim U_8$ 的模糊关系矩阵 $R = \{R_1, R_2, R_3, R_4, R_5, R_6, R_7, R_8\}$。

④建立权重集 A。一般来说，各个指标的重要程度是不同的，为了反映各因素的重要程度，对每个比率 U_n 应赋予一定的权重 A_n，并且满足 $A_1 + A_2 + \cdots + A_n = 1$。权重集的确定是很重要的，它将直接影响到最终结果。通常可以采用集体经验判断法、专家咨询法、层次分析法等，可根据具体情况选用不同的方法。

⑤模糊综合评价。根据前面对单个指标的评价已得到的模糊关系矩阵 R，我们可以得到一个模糊综合评价的数学模型表示：$B = AR$。即：

$$B = AR = \{A_1, A_2, A_3, A_4, A_5, A_6, A_7, A_8\} \begin{Bmatrix} R_1 \\ R_2 \\ R_3 \\ R_4 \\ R_5 \end{Bmatrix}$$

计算出 $B = (B_1, B_2, \cdots, B_8)$，根据最大隶属原则，选取数值最大的 B 对应的模糊评判等级评语集 V 中的等级，即为某地地方政府债务评价等级。根据计算的结果判定债务风险等级。其结果是风险预警报告的重要组成部分，除此之外，还应附加其他不易数据化、与风险相关的图文描述信息，定性描述信息与定量统计信息相结合，从而更好地反映全方位政府部门债务风险。

5.5.3 政府预决算报告分析层面

预算报告分析是政府财务分析的雏形，也是采用的时间最长的分析方式。预算分析主要采用收付实现制核算的财务报告为基础，与财务分析有交叉融合的地方。债务预算分析主要从收入和支出两个方面进行考核（见表5-16）。

表5-16 我国政府债务信息分析体系——预算分析内容和指标

层面	具体内容	分析指标
预算分析层面	基本的财务数据总量变动分析	收入同比增长率 =（本年的收入增加额/年初收入总额）×100%
		各收入的占比 = 本年末A类收入总额/年末收入总额
		费用同比增长率 =（本年的费用增加额/年初费用总额）×100%
		各费用的占比 = 本年末A类费用总额/年末费用总额
	收入分析	财政拨款收入决算差异率 =（财政拨款收入决算数 - 财政拨款年初预算数）/财政拨款年初预算数
		非财政拨款预决算差异率 =（非财政拨款收入决算数 - 非财政拨款年初预算数）/非财政拨款年初预算数
		年初结转和结余预决算差异率 = 年初结转和结余:（决算数 - 预算数）/年初预算数
	支出分析	基本支出预决算差异率 = 基本支出/[（决算数 - 年初预算数）/年初预算数]
		三公经费支出预决算差异率 =（决算数 - 预算数）/预算数
		事业单位借款变动率 =（短期借款 + 长期借款）/[（本年年末数 - 上年年末数）/上年年末数]
		负债类往来款变动率 =（应付账款 + 预收账款 + 其他应付款 + 长期应付款）/[（本年年末数 - 上年年末数）/上年年末数]

（1）基本的财务数据变动。基本的财务数据变动主要分析收入和支出的总量变动情况，分析横向变动和纵向变动，探究出现大幅度变动的差异，了解部门基本的财务状况。

①收入同比增长率 =（本年的收入增加额/年初收入总额）×100%。

②各收入占比 = 本年末A类收入总额/年末收入总额。

③费用同比增长率 =（本年的费用增加额/年初费用总额）×100%。

④各费用占比 = 本年末A类费用总额/年末费用总额。

（2）预算分析的收入分析。主要从财政拨款收入决算差异率、非财政拨款预决算差异率、年初结转和结余预决算差异率三个参数进行考核。

①财政拨款收入决算差异率=（财政拨款收入决算数-财政拨款年初预算数）/财政拨款年初预算数。

财政拨款收入决算差异率主要从财政拨款收入的视角来研究政府部门的收入状况，收入是加强偿债能力重要的一个方面，而对于政府部门来说，财政拨款收入又是收入的主要组成部分，该指标越大，说明财政拨款收入的增长就越多，偿债能力的保障就越强。

②非财政拨款预决算差异率=（非财政拨款收入决算数-非财政拨款年初预算数）/非财政拨款年初预算数。

非财政拨款收入决算差异率主要从非财政拨款收入的视角来研究政府部门的收入状况，该指标越大，说明非财政拨款收入的增长就越多，偿债能力的保障就越强。

③年初结转和结余预决算差异率=年初结转和结余（决算数-预算数）/年初预算数。

年初结转和结余预算数为上年年末结转和结余数，决算数为当年使用的年初结转和结余累计数，该指标越大，说明偿债可动用的资金越多。

（3）预算分析的支出分析。主要从基本支出预决算差异率、"三公经费"支出预决算差异率、事业单位借款变动率、负债类往来款变动率四个指标进行考核。

①基本支出预决算差异率=基本支出/〔（决算数-年初预算数）/年初预算数〕。

基本支出主要是人员经费和公用经费，都是刚性支出，该指标越大，说明本年度的支出越多，面临的债务压力越大。

②"三公经费"支出预决算差异率=（决算数-预算数）/预算数。

"三公经费"是政府部门支出中占比较大的部分，相比较基本支出而言，该部分弹性较大，虽近几年对该项支出进行了限制，但是在衡量政府部门的支出时候仍然需要重点关注这个项目，"三公经费"支出预决算差异率越大，说明本年度的支出越多，面临的债务压力越大。

③事业单位借款变动率=（短期借款+长期借款）/〔（本年年末数-上年年末数）/上年年末数〕。

政府部门借款是政府负债最直接的表现方式，短期负债和长期负债的数量和占比结构决定了政府部门债务的风险状况，该指标越大，说明本期政府部门的借债数额越多，面临的债务压力越大。

④负债类往来款变动率=（应付账款+预收账款+其他应付款+长期应付款）/〔（本年年末数-上年年末数）/上年年末数〕。

该指标主要考核单位的偿债能力和履约信用，虽然从实用角度出发，能无偿占用别人的资金也是财务管理技能，只要不是现时就要履行的偿还义务，占用越长对自己越有利，但该指标越大，说明政府部门的应付科目就越多，将来面临的债务压力就越大。

5.5.4　债务信息的多元与多维分析

在债务信息的多元与多维的个性化分析中，主要是将上述构建的指标按照不同的使用目的并以区域为对象，以时间序列为对象、以事项为对象和以特定目的为对象进行债务状况分析。譬如选取偿债能力考核指标的流动比率为例：

（1）在以区域为对象的分析中，可以选取同级别政府的流动比率进行比较分析。例如，选取青岛市、大连市、宁波市和厦门市四个同行政级别的计划单列市进行对比分析，来比较同一时间点四个城市的政府综合财务报告中流动比率的差异状况，从而评价分析某一个城市的流动比率是否处于合理的区间范围，是否需要采取相应的措施来提高或者是降低该指标。

（2）在以时间序列为对象的分析中，可以选取同一城市的不同时间点的流动比率进行对比分析。例如，选取 Q 市政府 2010～2019 年近十年的某一固定时间点的流动比率指标来进行对比分析，比较 Q 市近十年某一固定时间点流动比率的变动情况，从而分析政府偿债能力状况。

（3）在以事项为对象的分析中，可以选取同一城市（部门）的不同项目在完成同一阶段时报表中的流动比率进行对比分析。例如，选取 Q 市修建两条地铁项目为例，比较 Q 市在修建两条地铁的过程中，在完成某一相同工程阶段（比如：两条地铁在完成地铁隧道的全程贯通时）的项目报表中选取流动比率进行比较分析，进而来衡量修建相似工程的相同阶段的偿债能力状况，为后阶段的工程施工资金管理提供相应的参考借鉴。

（4）在以特定目的为对象的分析中，可以选取为了实现相同目的的不同机构在同一时间点的流动比率状况。例如，以 Q 市相同规模，相同级别的养老院为例，比较这几家养老院在相同时间点财务报表中的流动比率，进而来衡量考核对象的偿债能力，为以后的决策提供建议。

同时，也可以将同一时间点、同一事项的流动比率放在不同区域进行交叉融合的对比分析，从而全面的评价某一对象的偿债状况（见图5-7）。

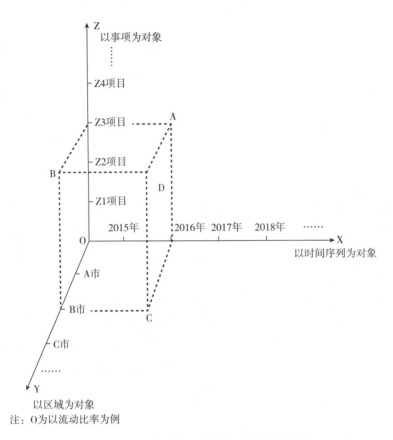

图 5-7　以债务信息为例的多元与多维分析

A 点代表了同一项目的相同指标放在不同的时间维度进行对比分析（或同一时间维度的不同项目之间的对比分析），从而分析相同的项目主体在时间维度上（或相同时间维度上的不同项目主体）偿债能力发生的变化；B 点代表了同一项目的相同指标放在不同的区域维度进行对比分析（或同一城市的不同项目之间的对比分析），来衡量不同城市在实施相同的项目时（或同一城市在实施不同项目时）该项目的偿债能力状况；C 点则是代表了同一城市的政府部门相同指标在不同的时间维度进行对比分析（或同一时间维度的不同城市政府部门之间的对比分析），从而分析相同城市的政府部门在不同时间维度（或相同时间的不同政府部门之间）的偿债能力发生的变化。D 点与前面几点相比，比较分析的范围则又进一步扩大，可以衡量相同时间段的相同项目在不同政府部门之间（或相同政府部门的相同项目在不同时间段之间；或相同政府部门的相同时间段在不同项目之间）的偿债能力对比分析。

以此类推，每一个考核指标都可以从多元和多维的角度进行对比分析，进而可以从宏观的经济大背景、债务总规模和结构分析到微观的债务资金管理绩效、偿债能力等的分析；从政府部门自身的运营管理分析到外部信息需求者的评价分析；从资产负债表的表内数据信息分析到表外的非数据信息分析；从多维视角分析政府的债务信息状况，以满足多元化的信息需求。

5.6 地方政府隐性债务形成路径与显性化的会计策略

5.6.1 地方政府隐性债务形成路径的梳理

我国地方政府债务的发展历程具有特殊性，从不合法到合法的演进过程积累了大量的隐性债务，除了原来的投融资平台形成的隐性债务，由各级地方政府承担但是尚未纳入各种统计及核算信息系统的债务呈现出更加多元化的特征。在《预算法（2014）》实施之际，这部分债务隐含的风险不能忽视，有必要全面梳理其形成路径，以便于找到将其纳入透明化管理范畴的方案。

1. 社会保障基金缺口、农村社会保障缺口等形成隐性直接负债。

社会保障基金缺口、农村社会保障缺口等途径形成的政府负债，由于政策原因没有纳入相关信息系统进行核算或披露。以养老金为例，根据2019 年中国社科院世界社保研究中心《中国养老金精算报告 2019～2050 年》，通过精算预测了养老金"大口径"当期结余（包括财政补助）将于2028 年出现赤字－1181.3 亿元并不断扩大，累计结余将于 2017 年达到峰值并在 2035 年耗尽。对于养老金耗尽之后的缺口，势必形成政府隐性直接负债，增大财政压力。从管理学视角来说，"统筹 ＋ 个人账户"的养老金制度客观上已经形成了地方政府应该支付未支付的养老金，而现金制的核算方式没有在会计信息系统中反映该项负债，从而形成政府受托和运营管理养老金过程中的隐性债务（见图 5－8 和图 5－9）。

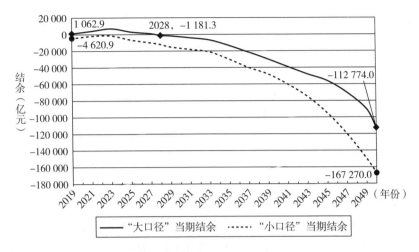

图 5 – 8 2019 ~ 2050 年全国企业职工基本养老保险基金当期结余预测

资料来源：中国社科院世界社保研究中心《中国养老金精算报告 2019 – 2050》。

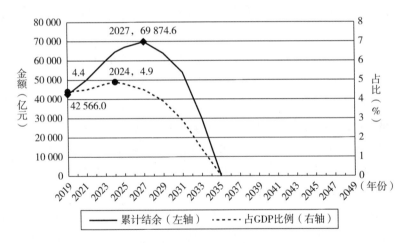

图 5 – 9 2019 ~ 2050 年全国企业职工基本养老保险基金累计结余预测

资料来源：中国社科院世界社保研究中心《中国养老金精算报告 2019 – 2050》。

2. 投融资平台违规举债形成隐性或有负债

根据 2014 年《预算法》和《关于加强地方政府性债务管理的意见》的限制，投融资平台需要进行分类转型为国有企业、剥离政府融资职能或者撤销，其产生的存量负债也在 2014 ~ 2018 年逐渐置换完毕。从 2015 年开始，全国 1.2 万家地方融资平台需要转型，但目前转型较慢，并且部分转型后的融资平台仍然存在违法违规举债现象，形成地方政府隐性债务。如财政部查处巴中市政府 2014～2015 年为支持四川巴中新城投资建设有限公司借款融资，由市政府、市财政局向相关单位出具承诺函，共涉及合同金额 23.12 亿元，其中 2015 年新预算法实施后继续到位资金 14.13 亿元；驻马店市政府 2015 年 9 月通过政府常务会议纪要，承诺将驻马店市公共资产管理有限公司贷款本息列入市财政中长期规划和政府购买服务预算，涉及资金 6.4 亿元。尽管融资平台会随着转型管理力度的增加而逐步减少政府融资额，但是目前为止仍然是政府隐性债务的形成路径之一。

3. 利用政府与社会力量、社会资本合作方式形成隐性或有负债。

随着政府融资平台的逐步转型，政府和社会资本合作提供公共产品的方式也不断多样化，主要包括 PPP、政府购买服务、政府投资基金等方式，一方面，转变政府财政资金管理模式，通过合作治理缓解政府财政压力；另一方面，通过吸引或撬动社会资本在公共领域的投资而增加公共产品的供给数量，提高公共产品的供给质量，进而拓展社会资本在公共领域的投资渠道。然而，政府与社会资本的合作也在不同形式地形成隐性债务。

（1）利用假 PPP 项目形成隐性或有负债。PPP 的兴起与规范源于 2015 年国务院转发的《关于在公共服务领域推广政府和社会资本合作模式的指导意见》文件，文件明确了在多个公共服务领域里推广 PPP 模式，PPP 在迅速发展中也埋下了隐患。根据财政部 PPP 中心的全国 PPP 综合信息平台项目管理库 2018 年报，2018 年 12 月管理库中的 PPP 项目比 2017 年 12 月净增 1 517 个、投资额净增 2.4 万亿元，截至 2018 年 12 月末，管理库项目累计 8 654 个、投资额 13.2 万亿元。与此同时，财政部等部委也因为 PPP 项目存在的多种问题对入库项目进行全面清理。清退项目个数和投资额分别为 2 557 个、3.0 万亿元，通过清退不合规 PPP 项目来减少地方政府隐性债务的形成。

全国金融工作会议和国务院常务会议均对防控地方政府隐性债务风险，纠正 PPP 中的不规范行为做出了明确部署。2016 年财政部《关于进一步共同做好政府和社会资本合作（PPP）有关工作的通知》，要求地方政府坚决杜绝 PPP 项目各种非理性担保或承诺、过高补贴或定价，避免通过固定回报承诺、明股实债等方式进行变相融资；2017 年财政部《关于规范政府和社会资本合作（PPP）综合信息平台项目库管理的通知》，要求集中清理已入库项目，警惕运用 PPP 违法违规举债担保，规范 PPP 项目运作。可以说，这些政策都是基于 PPP 项目的实际运营中导致的隐性债务问题给予的回应。

（2）利用假政府购买服务形成隐性或有负债。中共十八届三中全会将推广政府购买服务作为重要改革任务，政府购买服务的基本理念在于有效利用市场主体和社会非营利组织主体运营管理的优势，在提供公共产品和服务领域政府通过购买服务的方式与之进行合作。政府购买服务的领域非常广泛，科技、养老、教育和医疗等领域都有涉猎，好的合作可以有效促进相关领域的发展和繁荣。然而实践中，仍然存在大量合作不规范形成隐性债务的问题。2017 年财政部发布《关于坚决制止地方以政府购买服务名义违法违规融资的通知》，要求地方政府不能利用政府购买服务合同为建设工程变相举债，不得向金融机构、融资租赁公司等非金融机构进行融资，不得虚构或越权签订合同帮助融资平台公司等企业融资。

（3）建立承诺回购、明股实债的政府投资基金形成隐性或有负债。《政府投资基金管理办法》（2015 年）和《政府投资条例》（2019 年）的颁布与实施，旨在提高财政资金使用效益，发挥好财政资金的杠杆作用，规范政府投资行为。实践中随着政府投资基金规模的扩大，也存在产生隐性债务的隐患。以政府引导基金为例，根据投中研究院数据，截至 2018 年 6 月底国内共成立 1171 支政府引导基金，总规模达到 5.85 万亿元（含引导基金规模和子基金规模），政府引导基金本身总规模约在 1.46 万亿 ~ 1.76 万亿元。高速增长的政府投资基金也隐藏着较大地方政府隐性债务风险，它主要是通过承诺回购、明股实债的形式，形成了地方政府隐性或有负债。

4. 政府隐性担保，形成隐性或有负债。

此路径主要包括国有银行的不良资产、国有企业未弥补亏损、行政事业单位无法偿还需要兜底的负债、其他金融机构的不良资产。国有银行掌握着大量居民存贷款业务大而不能倒闭，国有企业与国民经济发展息息相关，事业单位为国家教育、卫生、市政管理等方面正常运行提供支持，这些机构一旦出现巨额负债无法偿还，可能转变成政府的隐性债务。如 2018 年 5 月天津最大的国有房企天房集团爆出信托兑付风险，在四大行等多个机构负债总计 1 830 多亿元，这些负债政府并没有承诺和担保，一般需要企业自己偿还，属于个体风险。个体风险将会影响公共风险，如果最终确实无法偿还，政府基于风险、公共责任的考量很难不兜底，此时属于其他主体的负债，就转化成了政府隐性债务。由于此途径负债是否转化、转化多少形成政府隐性债务存在很大的不确定性，因而难以有效清理。

5. 其他违规举债项目形成隐性或有负债。

此路径主要包括地方政府利用融资租赁、违规承诺、信托理财产品、信托贷款等渠道违规融资，形成隐性或有负债。与路径四相区别，此类含有地方政府违规担保形成隐性债务。以财政部专项查处案例为例，2015年9月驻马店市政府要求驻马店市公共资产管理有限公司将1.78亿元信托贷款本息列入市财政中长期规划和年度预算，由市财政局出具承诺函；2017年3月来宾市人民政府同意该市交通投资有限公司通过签订融资租赁协议，利用售后回租方式将没有收益的市政道路、防洪堤等公益性资产融资15亿元。

5.6.2 地方政府隐性债务显性化的会计策略

1. 分路径设计隐性债务具体控制策略。

解决我国地方政府隐性债务控制的方案，就是建立可以纳入几乎所有形成路径隐性债务的以政府会计信息系统为主的信息披露体系。明确了控制各路径隐性债务总体策略之后，需要根据各路径隐性债务具体情况，确定负债清理或信息披露策略（如图5-10）。

（1）设置基金主体核算政府中长期政策形成的隐性债务。此类隐性债务为政府运营管理过程中形成的，如养老保险基金缺口。目前缺口可能并未出现，但在未来将会产生。此类负债长期存在，应该按照基金类型设置基金主体核算此类隐性债务，如养老保险基金主体，按照权责发生制完整核算负债资金运动过程。负债信息通过报告和附注披露进入个别主体财务报告，一级地方政府作为会计主体合并自身负债和托管负债，形成本级政府负债报表，最终纳入政府综合债务报告体系。

（2）全面清理不属于政府职能范围的隐性债务。此类隐性债务为违法违规产生的，是不属于政府职能范围内的负债，需要清理。主要有两个途径产生，一是投融资平台未清理完成的存量隐性债务或者投融资平台新增的隐性债务，二是利用融资租赁、违规承诺、信托理财产品、信托贷款等渠道违规融资，形成隐性或有负债。对于这两个途径产生的负债，如果是2014年之前形成的，应该通过债务置换使其显性化，确认为政府直接负债中的应付长期政府债券、应付短期政府债券等项目，通过报告和附注披

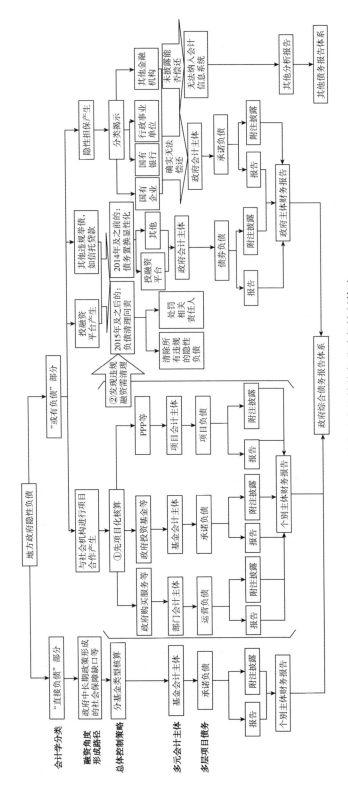

图 5 - 10　地方政府隐性债务分路径控制策略

露纳入政府主体财务报告，最终纳入政府综合债务报告体系；如果是2015年及之后形成的，应该进行隐性债务清理和违规情况问责，要求清除所有违规的隐性债务，如通过融资平台违规融资的须退回所有资金，违规出具承诺函的须撤回承诺函并提前兑付本息，并倒查相关责任人予以问责。

（3）与社会机构合作形成的隐性债务项目化核算。由于此路径隐性债务的隐蔽性和复杂性，目前财政部查处问责此类违规融资形成隐形负债的案例较少。根据目前官方披露的33笔查处问责案例，违规承诺案例17笔，与社会机构合作形成隐性债务只涉及财政部披露1笔依托政府购买服务协议违规融资案例，没有涉及PPP或者政府投资基金案例。

但是，即使此路径隐性债务隐蔽监管难度大，出于信息公开的需要，如果不纳入信息系统，将会造成更严重的违规举债问题。可以先将与社会机构合作产生的所有负债项目化核算，纳入信息系统。发现违法违规情况，再进行隐性债务全面清理和对相关责任人予以问责。如政府投资基金签订回购协议的，终止协议，不再回购。具体控制策略如下：

对于政府主体与其他部门或者机构合作形成的隐性债务，如PPP形成的隐性债务，由于债务决策主体、承债主体、资金使用主体和资金运营主体的不一致，无法仅通过政府会计主体进行全过程、全方位的负债信息报告与披露。虽然财政部的全国PPP综合信息平台可以预警PPP项目财政支出责任，但这种预警系统是通过计算本级财政承受能力占比是否超过红线10%来粗放地判断，它无法给出PPP融资形成的负债规模与负债结构详细信息，也无法反映PPP项目负债资金的使用情况和所形成的资产情况等。

在此种情况下，可以进行项目化核算，考虑引入部门会计主体、项目会计主体、基金会计主体，在个别主体财务报告上详细报告与披露此路径形成的隐性债务信息。政府购买服务形成的隐性债务等，运用部门会计主体核算，形成运营负债；PPP形成的隐性债务，运用项目会计主体核算，形成项目负债；政府投资基金形成的隐性债务，运用基金会计主体核算，形成承诺负债。虽然变成了多元主体，但各个主体都通过政府会计准则的规范进行负债核算，之后可以进行报表合并。一级地方政府作为会计主体合并自身负债和托管负债，形成本级政府负债报表，最终纳入政府综合债务报告体系。

（4）分类揭示政府担保形成的隐性债务。此路径负债只有得到足够证据判断已转化成政府隐性债务，才能确认为政府主体的负债，故确认时点问题较为关键。对于未披露能否偿还或者没有足够证据表明不能偿还的，此时不能纳入政府会计信息系统，应该通过国有银行年报、上市公司财务报告、行政事业单位年度报告及其他分析报告加以揭示负债规模、结构和风险等情况，通过此类分析报告纳入其他债务报告体系。

对于有足够证据表明不能偿还的，应该分类揭示，符合预计负债确认条件的，确认为预计负债，进而报告和披露；不符合预计负债确认条件的，应在政府主体财务报告中进行披露。通过报告与附注披露，负债信息进入政府主体财务报告，最终纳入政府综合债务报告体系。

其中，对于国有企业未弥补亏损纳入政府报表问题，政府会计准则有一定涉及和规范。根据《关于〈政府会计准则第 X 号——财务报表编制和列报（征求意见稿）〉的说明》，政府合并财务报表主要以预算领拨关系辅之以行政隶属关系判断合并主体范围。那么财政总预算、行政单位和事业单位属于合并主体范围入表，不论是独资、控股还是参股的国有企业，不需要考虑控制概念来判断是否进入政府财务报告的合并主体范围。应该将国有股权对应的净资产价值，作为"长期股权投资"项目入表（潘晓波和杨海峰，2018）。那么，国有企业未弥补亏损正常情况就可以通过报表"长期股权投资"项目监控。如果未弥补亏损过大，导致国有企业自身无法偿还，政府选择救助，未弥补亏损就转化成了政府的承诺负债。

最后汇总来说，在按照五条路径重分类地方政府隐性债务基础上，给出了四大类针对性的隐性债务控制策略，使得这些隐性债务信息呈现在政府主体财务报告、个别主体财务报告或其他分析报告中，最终被纳入以政府综合债务报告为主的负债信息体系里，基本实现隐性债务信息的全面揭示。

2. 完善隐性债务的会计核算和信息披露体系。

2018 年颁布的《政府会计准则——负债准则》要求进行预计负债的确认和或有负债的披露。2018 年《政府综合财务报告编制操作指南（试行）》和《政府部门财务报告编制操作指南（试行）》已经发布，将逐步形成并完善政府综合财务报告和政府部门财务报告。因此，权责发生制的政府会计改革为隐性债务的"显性化"提供了条件。但是，目前的政府会计准和制度存在两个局限：一是权责发生制的确认基础尚未涵盖所有的政府资金运营管理，比如社会保障基金的会计核算尚未实行权责发生制，也就无法全面确认和计量政府所承担的相应负债；二是以部门为主体的政府会计核算系统尚无法对政府合作事项所形成的或有债务进行确认和报告。这两个局限致使多个路径形成的隐性债务无法显性化。因此，为全面客观反映政府负债信息，政府会计的后续改革策略包括：

（1）拓展权责发生制会计确认基础。所有社会保险基金的会计核算都应采用权责发生制。一方面，清晰地反映社会保险基金所形成的资产和负债情况，另一方面，形成基金会计主体的个别财务报告，进而在政府层面进行报表合并形成一级政府负债报表。统一采用权责发生制的会计基础，将社会保险基金会计信息纳入统一的会计核算框架，一级地方政府得以运用基金会计主体的资产负债表信息，合并所有自身负债和托管负债如社会保险基金缺口，最终才能正确衡量隐性债务的总规模，将此部分隐性债务信息纳入政府综合债务报告体系。

（2）拓展会计核算主体。将政府会计主体拓展至多元会计主体，通过部门会计主体、项目会计主体、基金会计主体归集地方政府隐性债务信息，形成个别主体财务报告，完整反映各个主体隐性债务资金的融资与运用情况，最后通过一级地方政府予以合并，形成一级政府的债务报告，纳入政府综合债务报告体系。

（3）拓展政府会计信息披露范畴。将几乎所有路径形成的隐性债务纳入负债信息披露体系之后，需要新增相应的信息披露规范，来完善负债信息系统。信息披露上至少要包括以下内容：隐性债务基础信息，举债初期就需要加以披露，包括举债目的、融资计划、举债期限、负债资金偿还计划等；隐性债务资金运用情况信息，运行期间加以披露，反映资金的来龙去脉，包括资金使用情况和占用形态、项目建设情况、实际还款情况、形成资产情况等；隐性债务风险监控和使用绩效评价模块，通过指标监控负债风险，在负债资金使用结束后评价绩效。

3. 建立政府隐性债务的监督问责机制。

将地方政府隐性债务信息纳入以会计信息系统为主的报告与披露体系，使隐性债务显性化，为该类负债监督问责提供了可能。隐性债务最终仍需要财政资金进行偿还，故也需要将隐性债务违规情况纳入绩效管理，以便评价受托责任的履行情况。绩效管理下监督问责机制的建立主要在于两个方面：一是明确隐性债务责任主体。对于违规融资形成隐性债务问题，地方各级政府和各部门各单位是隐性债务违规情况的责任主体。具体来说，地方各级政府对本级地方政府融资平台违规融资负责；发展改革委员会和财政部门等对本地区 PPP 项目违规融资负责；各部门各单位对本部门本单位政府购买服务违规融资负责；债务单位行业主管部门对本单位托管的政府投资基金违规融资负责。明确了责任主体之后，出现违规融资形成隐性债务问题，倒查直接责任人和领导责任人，要求清除形成的所有隐性债务，并对相关责任人进行处罚。重大项目应该对责任人进行绩效终身责任追究制。二是加强隐性债务绩效管理的工作考核。各级政府应该将隐性债务违规情况纳入绩效管理，将此绩效结果纳入政府绩效和干部政绩考核体系，作为领导干部的升迁和处罚依据。同时，对绩效结果进行公示，对不存在隐性债务违规情况的地区和部门给予表彰，对隐性债务违规情况严重的地区和部分进行约谈并责令限期整改。

第6章 地方政府债务会计信息系统的应用

6.1 多元主体的地方政府债务会计核算体系

6.1.1 多元主体债务核算的结构

前文第五部分构建了以多元主体组成的地方政府债务会计的基本理论框架，从债务分类、主体设定、到债务核算及报告等方面进行了理论阐述。本部分将理论框架具体化，应用于债务事项会计核算和报告的实践，用以指导债务会计实践。按照《预算法（2014）》规定，地方政府现在到未来只能以发行债券（一般债券和专项债券）的方式来举债，那么，本部分的实践应用就以地方政府发行债券为例，演示部门主体、项目主体和报告主体之间的债务关系，演示不同主体会计信息生成与报告的方式，可构建出地方政府债务进行多元主体核算的结构图（见图6-1）。将会计主体

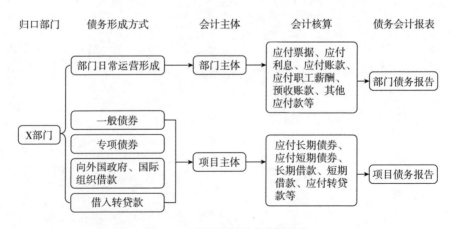

图6-1 多元主体债务核算结构

划分为多元主体的形式，分别核算债务资金管理流程中的不同环节，形成全流程的债务核算体系。

以部门为单位对地方政府债务进行会计核算，是在某一具体的政府部门下分设多元主体，依据相同的核算基础、核算方法对各自负责的债务进行核算报告。如部门主体主要负责核算本部门在日常运营结算过程中形成的债务，包括购买货物、服务及购建固定资产等政府采购过程中发生的应付未付款，财政供养人员的欠发工资等，通过设置相应会计科目，如应付票据、应付利息、应付账款、预收账款、其他应付款、应付职工薪酬等，进行登记入账，并在部门债务报表中列示，不具体举例说明。项目主体则负责核算地方政府的基础设施项目及公益性项目建设形成的项目债务。项目债务的形成方式多样，对应设置不同的会计科目，如通过"短期借款"和"长期借款"科目核算从外国政府或国际金融组织的借款；通过"应付短期政府债券"和"应付长期政府债券"科目核算地方政府自主发行的政府债券；通过"应付转贷款"核算地方政府利用国债转贷资金、外债转贷资金、地方政府债券转贷资金等形成的债务；同时项目债务信息在项目债务报表中进行列示，下面单独举例说明项目主体的会计核算。此外，一些政府部门还承担托管各项专门来源和用途的基金的责任，对于这些部门而言，需要按照基金种类成立各基金会计主体进行基金债务核算，并在基金债务报表中列示。其核算基础、核算方法与部门主体、项目主体相同，不再赘述。

6.1.2 以项目为主体的债务会计核算流程

地方政府通过发行债券来支持基础设施等公共产品的建设，按照流程可将债券资金的流动分为资金筹集、资金分配、资金使用与资金偿还四个基本环节（见图6-2）。首先，由省（市）级财政部门根据相关法律法规，通过债券市场完成发行债券后，取得债券资金；其次，根据债务限额转贷给市县级财政部门；再次，市县级财政部门依据各行政事业单位或融资平台的资金需求将其具体分配到各用款单位，各用款单位通过招标等形式确定项目建设单位；最后，项目建设单位完成项目建设后，将其移交到资产运营管理单位。资产运营管理单位负责资产的运营等，有收益的资产在运营管理过程中会形成运营收入，从而成为偿还债券本息的资金来源。

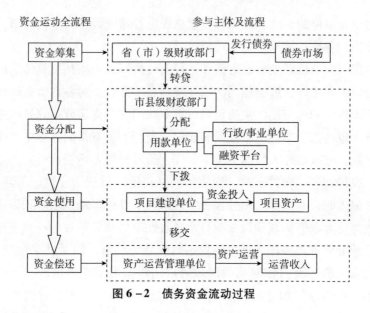

图 6-2　债务资金流动过程

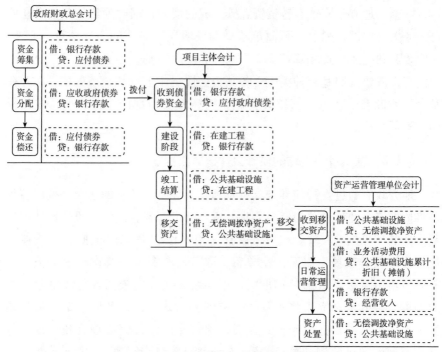

图 6-3　各会计主体的关系及会计分录

图 6-2 描述了债券资金从发行到偿还的全部流程，那么在整个资金流动过程会计信息如何生成的呢？按照债券资金运营过程各个会计主体之间的关系及其会计核算的实务处理，见图 6-3。

无论是部门主体还是项目主体，都应该按照政府会计准则的规范进行会计核算。关键是拓展的项目主体应该如何嵌入整个政府会计核算体系中，反映政府债务的资金运动全过程。项目主体负责核算地方政府的基础设施项目及公益性项目建设和运营中的资金运动，在政府会计核算体系中属于和部门主体平行的会计主体，与政府财政总会计是上承下接关系。总会计核算承债主体的举债、债务资金的分配情况以及债务资金的偿还情况，项目主体核算由承债主体分配下来的债务资金的使用情况、由使用债务资金所形成的资产情况，以及项目主体其他资金来源与使用情况。待项目建设完毕后移交资产运营管理单位，由单位会计进行折旧、运营收入的核算等，形成全流程的债务会计核算体系。具体关系如图6－3所示。

6.2　多元会计主体债务核算的举例

6.2.1　项目主体的会计核算

此部分选取三个不同案例进行演示，一个是发行一般债券筹建的项目，另外两个是发行专项债券筹建的项目，案例都是来自地方政府发行债券募集资金建设的真实项目，但是由于政府信息公开的局限，加上我国目前尚未建立全流程的债务资金核算流程，因此，在实务演示过程中，一方面隐去地方政府的真实名称，另一方面在报表生成与资产价值的金额计量中有推演的因素在其中，但是不影响整个会计信息体系的建立，不影响完整表达项目资金的来龙去脉，特此说明。

案例一：以地方政府一般债券的新建公厕项目为例

1. 项目介绍。

新建公厕项目位于 Q 市市北区某路，项目主管单位为 Q 市市北区城市管理局，通过招标的方式选择承包单位——中绿环卫设备有限公司，承包单位待项目建设完成后再移交政府相关部门。项目投资金额为 350 万元，资金来源为 Q 市政府一般债券，未来偿债资金来源为一般公共预算收入。项目建设内包括地下管道的铺设、房屋建造、配套设施等工程，项目计划总工期为 6 个月，2018 年 6 月开工建设。该项目运营管理流程见图6－4。

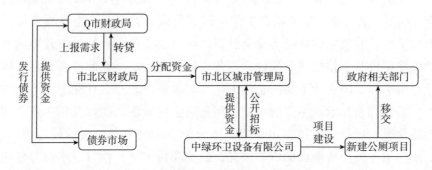

图6-4　Q市新建公厕项目运营管理流程

2. 政府财政总预算会计下的核算。

Q市计划单列市财政局2018年3月1日发行7年期记账式固定利率附息地方政府一般债券350万元，利息按年支付，到期一次性偿还本金。经招投标程序确定的债券票面利率为3%，实际发行债券面值金额为350万元，实际收到债券发行收入350万元，经确认的到期应付债券本金金额为350万元，债券实际发行额为350万元。该市财政向相关债券承销团成员按承销债券面值的0.05%支付债券发行手续费共计0.175万元。财政总会计应编制会计分录如表6-1所示。

表6-1　　　　　　　财政总会计下债券资金的账务处理　　　　　　单位：万元

业务内容	账务处理	
	预算会计	财务会计
收到长期政府债券发行收入	借：国库存款　　　　350 　贷：债务收入　　　　350	借：待偿债净资产——应付长期政府债券 　　　　　　　　　　　　350 　贷：应付长期政府债券——应付地方政府一 　　　般债券——应付本金　　350
向承销团支付手续费时	借：一般公共预算本级支出 　　　　　　0.175 　贷：国库存款　　　0.175	
向市北区财政转贷债券资金	借：债务转贷支出　　350 　贷：国库存款　　　350	借：应收地方政府债券转贷款——一般债券贷 　　款——应收本金　　　350 　贷：资产基金——应收地方政府债券转贷款 　　　　　　　　　　　350

业务内容	账务处理	
	预算会计	财务会计
每年年末计提长期政府债券的应付利息时		借:待偿债净资产——应付长期政府债券 10.5 　　贷:应付长期政府债券——应付地方政府一般债券——应付利息 10.5 同时, 借:应收地方政府债券转贷款——一般债券转贷款——应收利息 10.5 　　贷:资产基金——应收地方政府债券转贷款 10.5
收到下级政府财政债券转贷利息时	借:国库存款 10.5 　　贷:债务转贷收入 10.5	借:资产基金——应收地方政府债券转贷款 10.5 　　贷:应收地方政府债券转贷款——一般债券转贷款——应收利息 10.5
债券到期时		借:应付长期政府债券——应付地方政府一般债券——应付本金 350 　　贷:待偿债净资产——应付长期政府债券 350 借:资产基金——应收地方政府债券转贷款 350 　　贷:应收地方政府债券转贷款 350

3. 项目主体下资金使用的核算。

该项目由 Q 市中绿环卫设备有限公司承包建设。某日,通过财政直接支付方式向某施工企业预付部分工程建造款项 50 万元。当年末,根据建筑安装工程价款结算账单与施工企业结算部分工程价款,确认应承付工程价款 150 万元,扣除预付款项 50 万元后,剩余款项 100 万元通过财政直接支付方式支付。次年,建筑工程完工,该事业单位根据建筑安装工程价款结算账单与施工企业结算剩余工程价款,确认应承付工程价 150 万元,款项全额通过财政直接支付方式支付。同时,该事业单位通过单位零余额账户支付第二年的项目建设管理费以及工程检测费等间接费用共计 50 万元。建筑工程验收合格并交付使用,确定的实际成本为 350 万元。该项目建设单位应编制会计分录(见表 6 - 2)。

表 6 - 2　　　　　　　　　　项目主体下项目的债务核算　　　　　　单位：万元

业务内容	账务处理	
	财务会计	预算会计
收到项目债务资金	借：银行存款　　　　　　　350 　　贷：应付政府长期债券　　　350	借：资金结存——货币资金　350 　　贷：债务预算收入　　　　350
预付工程款	借：在建工程——预付工程款　50 　　贷：银行存款　　　　　　　50	借：行政支出——项目支出　50 　　贷：资金结存　　　　　　50
年末结算部分工程价款	借：在建工程——建筑工程投资 　　　　　　　　　　　　150 　　贷：在建工程——预付工程款　50 　　　　银行存款　　　　　100	借：行政支出——项目支出　100 　　贷：资金结存　　　　　　100
结算工程款	借：在建工程——建筑工程投资 　　　　　　　　　　　　150 　　贷：银行存款　　　　　150	借：行政支出——项目支出　150 　　贷：资金结存　　　　　　150
支付间接费用	借：在建工程——建筑工程投资 50 　　贷：银行存款　　　　　　　50	借：行政支出——项目支出　50 　　贷：资金结存　　　　　　50
项目竣工结算	借：公共基础设施　　　　　350 　　贷：在建工程　　　　　　350	

4. 资产移交后运营管理单位的核算。

项目建设完成后，该公厕由 Q 市市北区城市管理局负责运营管理，该项目在调出方的账面价值为 350 万元。调入过程中，该行政单位发生相关费用 5 万元，款项通过财政直接支付方式支付。该项无偿调入的公共基础设施的成本为 355 万元。该资产运营单位应编制会计分录（见表6 - 3）。

表 6 - 3　　　　　　　资产移交后运营管理单位的账务处理　　　　单位：万元

业务内容	账务处理	
	财务会计	预算会计
资产调入	借：公共基础设施——公厕　355 　　贷：财政拨款收入　　　　5 　　　　在建工程　　　　　350	——
日常运营管理	借：业务活动费用　　　　　15 　　贷：公共基础设施累计折旧　15	——

5. 项目主体资产负债表（见表6-4）

表6-4 新建公厕项目资产负债表 单位：万元

项目	期初余额	期末余额	项目	期初余额	期末余额
一、资产			二、负债	350	350
流动资产	350	250	应付账款	—	
货币资金	350	200	应付职工薪酬	—	
应收账款	—		其他应付	—	
预付账款	—	50	应付长期债券	350	350
存货	—	—	……		
……		—	三、权益		
非流动资产	—	100	项目资本		
长期应收款	—	—			
工程物资	—	—			
在建工程		100			
无形资产	—	—			
固定资产	—	—			
长期待摊费用	—	—			
……					
合计	350	350		350	350

案例二：以地方政府发行专项债券的棚户区改造项目为例

本书选取2019年S省J市棚户区改造项目作为地方政府专项债务核算的实务案例，此次债务发行共包2个棚户区改造项目，分别是J市市中区枣林、小屯两村整合城中区改造项目与J市市中区二环西路两侧岳而城中村改造项目。以上述两地棚改项目基本实施情况为例，对地方政府发行债券的资金流动的会计核算进行简要说明。

1. 项目介绍。

枣林、小屯两村整合城中区改造项目位于J市中西南部，国道104以南、重汽路两侧。绕城高速以北，东至魏家村，西至重汽路，项目总投资为113 107.32万元，可出让土地面积为369 080.00平方米，项目参与主体为J中博置业有限公司；二环西路两侧岳而城中村改造项目该项目位于国道104两侧，北至井家沟村，南至邵西村，东至文庄村，西至六四五五工厂，项目总投资为77 341.35万元，可出让土地面积为130 666.67平方米，项目参与主体为中博置业有限公司，具体建设运营管理流程如图6-4所示。

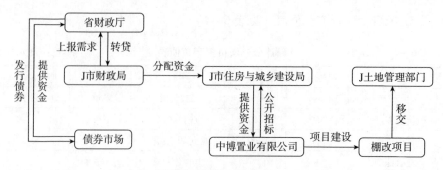

图 6 – 5　J 市棚改项目建设运营管理流程

本次棚户区改造项目资金来源分为两部分，一部分是自有资金，一部分发行棚改专项债券取得资金，资金来源详细数额如表 6 – 5 所示。

表 6 – 5　　　　　　　　　　项目投资情况表　　　　　　　　单位：万元

项目名称	项目总投资额	资金来源	
		自有资金	发债金额
枣林、小屯两村整合城中区改造项目	113 107.32	43 107.32	70 000.00
二环西路两侧岳而城中村改造项目	77 341.35	27 341.35	50 000.00

资料来源：根据中国债券信息网的地方政府债相关信息披露文件整理。

其中，12 000 万元拟通过发行专项债券筹集，为此，S 省政府发行 2019 年 S 省（J 市）棚户区改造专项债券（四期），发行总额为 12.00 亿元，品种为记账式固定利率付息债权，期限为 5 年期，共 1 期债券，发行后可按规定在全国银行间债券市场和证券交易所债券市场上市流通，债券到期后一次性偿还本金（见表 6 – 6）。

表 6 – 6　　　　　　　　　　专项债券基本信息

债券名称	2019 年 S 省(J 市)棚改专项债券(四期)
发行规模	人民币 12.00 亿元
发行期限	5 年期
债券利率	固定利率
付息方式	利息按年支付,债券到期后一次性偿还本金和最后一年利息

资料来源：根据中国债券信息网的地方政府债相关信息披露文件整理。

此次发行的 2019 年 S 省（J 市）棚改专项债券（四期）资金纳入政

府性基金预算管理，该专项债券的偿债来源为土地出让收入。表6-7为债券还本付息具体明细。

表6-7   本次计划融资五年期债券还本付息情况   单位：万元

年度	期出本金金额	本期增加金额	本期偿还本金	期末本金金额	融资利率	应付利息	应付本息合计
2019	120 000	120 000		120 000	4%		
2020	120 000			120 000	4%	4 800	4 800
2021	120 000			120 000	4%	4 800	4 800
2022	120 000			120 000	4%	4 800	4 800
2023	120 000			120 000	4%	4 800	4 800
2024	120 000		120 000		4%	4 800	124 800
合计							144 000

该债券募集资金投资项目改造地块土地计划自债券存续期第五年开始土地挂牌交易，且全部于一年内出让完毕，根据相关机构土地挂牌交易的现金流入情况，土地相关收益情况如表6-8所示。

表6-8   土地相关收益   单位：万元

	枣林、小屯两村整合城中区改造项目	二环西路两侧岳而城中村改造项目	合计
收入合计	773 767.82	299 778.11	1 073 545.93
扣除项目合计	267 481.37	103 611.61	371 092.98
土地出让收益	506 286.45	196 166.50	702 452.95

根据上述案例基本情况，我们进行以下会计处理：

2. 关于债券发行、计提利息与偿还时进行的会计处理如表6-9所示。

表6-9 财政总会计下债券资金的账务处理 单位：万元

业务内容	账务处理	
	预算会计	财务会计
S省政府收到长期政府债券发行收入	借：国库存款 120 000 　　贷：债务收入 120 000	借：待偿债净资产——应付长期政府债券 　　　　　　　120 000 　　贷：应付长期政府债券——应付地方政府专项 　　　　债券——应付本金 120 000
向J市政府财政转贷地方政府专项债券时	借：债务转贷支出 120 000 　　贷：国库存款 120 000	借：应收地方政府债券转贷款——专项债券转贷 　　　　款——应收本金 120 000 　　贷：资产基金——应收地方政府债券转贷款 　　　　　　　120 000
每年年末计提长期政府债券的应付利息时		借：待偿债净资产——应付长期政府债券 　　　　　　　4 800 　　贷：应付长期政府债券——应付地方政府专项 　　　　债券——应付利息 4 800 同时， 借：应收地方政府债券转贷款——专项债券转贷 　　　　款——应收利息 4 800 　　贷：资产基金——应收地方政府债券转贷款 4 800
收到下级政府财政债券转贷利息时	借：国库存款 4 800 　　贷：债务转贷收入 4 800	借：资产基金——应收地方政府债券转贷款 　　　　　　　4 800 　　贷：应收地方政府债券转贷款——专项债券转 　　　　贷款——应收利息 4 800
政府专项债券到期时		借：应付长期政府债券——应付地方政府专项债 　　　　券——应付本金 120 000 　　贷：待偿债净资产——应付长期政府债券 　　　　　　　120 000 借：资产基金——应收地方政府债券转贷款 　　　　　　　120 000 　　贷：应收地方政府债券转贷款 120 000

3. 项目建设相关的会计处理。

假设某日，通过财政直接支付方式向中博置业有限公司（以下简称"中博置业"）预付部分工程建造款项100 000万元。当年末，根据建筑安装工程价款结算账单与中博置业结算部分工程价款，确认应承付工程价款190 000万元，扣除预付款项100 000万元后，剩余款项90 000万元通过财政直接支付方式支付。次年，建筑工程完工，J市住房与城乡建设局根据建筑安装工程价款结算账单与中博置业结算剩余工程价款，确认应承付工程价448.67万元，款项全额通过财政直接支付方式支付。建筑工程验收合格并交付使用，确定的实际成本为190 448.67万元。该项目建设应编制会计分录如表6-10所示。

表6-10　　　　　　　　项目主体下项目的债务核算　　　　　　单位：万元

业务内容	账务处理	
	财务会计	预算会计
收到项目债务资金	借:银行存款　　　　　　　120 000 　贷:应付政府长期债券　　　120 000	借:资金结存——货币资金120 000 　贷:债务预算收入　　　　　120 000
预付工程款	借:在建工程——预付工程款100 000 　贷:银行存款　　　　　　　100 000	借:行政支出——项目支出100 000 　贷:资金结存　　　　　　　100 000
结算工程款（为简化核算，上述两笔并作一笔核算）	借:在建工程——建筑工程投资 　　　　　　　　　　　190 448.67 　贷:在建工程——预付工程款 100 000 　　银行存款　　　　　　　20 000 　　应付账款　　　　　70 448.67	借:行政支出——项目支出 　　　　　　　　　　　90 448.67 　贷:资金结存　　　　　90 448.67
项目竣工结算	借:无形资产　　　190 448.67 　贷:在建工程　　　190 448.67	

4. 项目建设移交相关的会计处理。

项目完成后，将该项目交由J市土地管理部门负责转让相关事宜，该部门应编制会计分录如表6-11所示。

表6-11　　　　　　资产移交后运营管理单位的账务处理　　　　　单位：万元

业务内容	账务处理	
	财务会计	预算会计
资产调入	借:无形资产　　　190 448.67 　贷:无偿调拨净资产　190 448.67	
确认经营收入	借:银行存款等　　1 073 545.93 　贷:经营收入　　　1 073 545.93	借:资金结存——货币资金 1 073 545.93 　贷:经营预算收入　　1 073 545.93
确认支出	借:经营费用等　　　371 092.98 　贷:银行存款等　　　371 092.98	借:经营支出　　　　371 092.98 　贷:资金结存——货币资金　371 092.98
年末结余	借:经营收入　　　1 073 545.93 　贷:经营费用　　　371 092.98 　　本期盈余　　　702 452.95	借:经营预算收入　　1 073 545.93 　贷:经营支出　　　371 092.98 　　经营结余　　　702 452.95

5. 项目主体资产负债表（见表 6 – 12）。

表 6 – 12　　　　　　　　　棚改项目资产负债表　　　　　　单位：万元

项目	期初余额	期末余额	项目	期初余额	期末余额
一、资产			二、负债		
流动资产	120 000		应付账款	—	70 448.67
货币资金	120 000	—	应付职工薪酬	—	—
应收账款	—		其他应付款		
预付账款	—	—	应付长期债券	120 000	120 000
存货			……		
……			三、权益		
非流动资产	—		项目资本		
长期应收款					
工程物资					
在建工程	—	190 448.67			
无形资产					
固定资产					
长期待摊费用					
……					
合计	120 000	190 448.67		120 000	190 448.67

案例三：以地方政府发行专项债券的地铁项目为例

1. 项目介绍。

SH 市轨道交通 14 号线项目的建设及运营由 SH 市地铁集团有限公司（以下简称"SH 地铁"）负责，项目计划建设周期为 5 年，预计于 2022 年开通试运营。项目已于 2017 年底开始建设。该项目本体工程估算总投资额为 389.96 亿元（轨道交通 14 号线项目前次发债披露的投资估算为 395.43 亿元，后工程可行性报告经 SH 市发改委批复后，投资估算调整为 401.12 亿元。项目拟通过政府财政拨款和发行专项债券筹集资金，2019 年 1 月，SH 地铁集团根据施工实际情况，对于 14 号线线路长度及站点进行了微调，并结合最新的融资计划，将投资估算总额调整为 389.96 亿元），初步确定 14 号线本体工程总投资的 48.71% 为项目资本金（189.96 亿元），由政府财政预算安排，剩余资金 200.00 亿元拟通过发行专项债券筹集（发行计划见表 6 – 13）。

表 6 – 13 **SH 市轨道交通 14 号线项目专项债券发行计划**

项目	2017 年	2019 年	2020 年	2021 年	2022 年
发行额度(亿元)	20.00	30.00	50.00	50.00	50.00
发行期限(年)	5	5	7	7	7
年利率	3.82%	4%	4%	4%	4%

资料来源：根据中国债券信息网的地方政府债相关信息披露文件整理。

　　截至 2018 年末，项目正在进行前期工程施工，部分站点进行围护结构施工，累计已完成投资 12.45 亿元，2019 年及 2020 年项目分别计划投资 5.00 亿元、38.51 亿元和 72.00 亿元。

　　2. 融资阶段：政府财政总会计核算。

　　收到项目债务资金时的账务处理（见表 6 – 14）。

表 6 – 14　　　　　　　　**收到项目债务资金的账务处理**　　　　　　　单位：亿元

年份	财务会计		预算会计	
2017 年	借:银行存款	20	借:资金结存——货币资金	20
	贷:应付长期政府债券	20	贷:债务预算收入	20
2019 年	借:银行存款	30	借:资金结存——货币资金	30
	贷:应付长期政府债券	30	贷:债务预算收入	30
2020 年	借:银行存款	50	借:资金结存——货币资金	50
	贷:应付长期政府债券	50	贷:债务预算收入	50
2021 年	借:银行存款	50	借:资金结存——货币资金	50
	贷:应付长期政府债券	50	贷:债务预算收入	50
2022 年	借:银行存款	50	借:资金结存——货币资金	50
	贷:应付长期政府债券	50	贷:债务预算收入	50

　　3. 建设阶段：项目主体会计核算。

　　由于无法获取建设过程中的具体信息，我们仅给出一个概算的账务处理程序，目的是为了提供一个研究思路（见表 6 – 15 至表 6 – 16）。

表 6 - 15　　　　　　　　　　　建设阶段的账务处理　　　　　　　　　　单位：万元

年份	财务会计	预算会计
2018 年	借:在建工程——土建投资　124 440 　贷:银行存款/工程物资/财政拨款收入/ 　零余额账户用款额度等　124 440	借:行政支出——项目支出　124 440 　贷:资金结存/财政拨款预算收入 　124 440
2019 年	借:在建工程——土建投资　725 000 　贷:银行存款/工程物资/财政拨款收入/ 　零余额账户用款额度等　725 000	借:行政支出——项目支出　725 000 　贷:资金结存/财政拨款预算收入 　725 000
2020 年	借:在建工程——土建投资　970 000 　贷:银行存款/工程物资/财政拨款收入/ 　零余额账户用款额度等　970 000	借:行政支出——项目支出　970 000 　贷:资金结存/财政拨款预算收入 　970 000
2021 年	借:在建工程——土建投资　485 719 　固定资产——列车　286 880 　——设备　450 000 　贷:银行存款/工程物资/财政拨款收入/ 　零余额账户用款额度等　1 222 599	借:行政支出——项目支出 1 222 599 　贷:资金结存/财政拨款预算收入 　1 222 599
2022 年	借:在建工程——土建投资　162 278 　——其他支出　3 520 　固定资产——列车　100 320 　——设备　455 221 　贷:银行存款/工程物资/财政拨款收入/ 　零余额账户用款额度等　721 339	借:行政支出——项目支出　721 339 　贷:资金结存　721 339
项目竣工结算	借:公共基础设施　2 605 157 　贷:在建工程　2 605 157	

表 6 - 16　　　　　　　　年末计提与支付债券利息账务处理　　　　　　　单位：万元

年份	计提利息	支付利息	
		财务会计	预算会计
2018 年	借:在建工程 7 640 　贷:应付利息　7 640	借:应付利息 7 640 　贷:银行存款　7 640	借:其他支出——项目支出　7 640 　贷:资金结存——货币资金　7 640
2019 年	借:在建工程 7 640 　贷:应付利息　7 640	借:应付利息 7 640 　贷:银行存款　7 640	借:其他支出——项目支出　7 640 　贷:资金结存——货币资金　7 640
2020 年	借:在建工程 19 640 　贷:应付利息　19 640	借:应付利息 19 640 　贷:银行存款　19 640	借:其他支出——项目支出 19 640 　贷:资金结存——货币资金　19 640
2021 年	借:在建工程 39 640 　贷:应付利息　39 640	借:应付利息 39 640 　贷:银行存款　39 640	借:其他支出——项目支出 39 640 　贷:资金结存——货币资金　39 640
2022 年	借:在建工程 59 640 　贷:应付利息　59 640	借:应付利息 59 640 　贷:银行存款　59 640	借:其他支出——项目支出 59 640 　贷:资金结存——货币资金　59 640

4. 运营阶段：运营管理单位会计核算

（1）地铁运营收入（见表 6 – 17）。

表 6 – 17   地铁运营收入账务处理   单位：万元

年份	会计事项	财务会计	预算会计
2023 年	确认经营收入	借：银行存款等 57 100 贷：经营收入 57 100	借：资金结存——货币资金 57 100 贷：经营预算收入 57 100
	期末/年末结转	借：经营收入 57 100 贷：本期盈余 57 100	借：经营预算收入 57 100 贷：经营结余 57 100
2024 年	确认经营收入	借：银行存款等 65 200 贷：经营收入 65 200	借：资金结存——货币资金 65 200 贷：经营预算收入 65 200
	期末/年末结转	借：经营收入 65 200 贷：本期盈余 65 200	借：经营预算收入 65 200 贷：经营结余 65 200
2025 年	确认经营收入	借：银行存款等 73 000 贷：经营收入 73 000	借：资金结存——货币资金 73 000 贷：经营预算收入 73 000
	期末/年末结转	借：经营收入 73 000 贷：本期盈余 73 000	借：经营预算收入 73 000 贷：经营结余 73 000
2026 年	确认经营收入	借：银行存款等 80 300 贷：经营收入 80 300	借：资金结存——货币资金 80 300 贷：经营预算收入 80 300
	期末/年末结转	借：经营收入 80 300 贷：本期盈余 80 300	借：经营预算收入 80 300 贷：经营结余 80 300
2027 年	确认经营收入	借：银行存款等 86 700 贷：经营收入 86 700	借：资金结存——货币资金 86 700 贷：经营预算收入 86 700
	期末/年末结转	借：经营收入 86 700 贷：本期盈余 86 700	借：经营预算收入 86 700 贷：经营结余 86 700
2028 年	确认经营收入	借：银行存款等 91 900 贷：经营收入 91 900	借：资金结存——货币资金 91 900 贷：经营预算收入 91 900
	期末/年末结转	借：经营收入 91 900 贷：本期盈余 91 900	借：经营预算收入 91 900 贷：经营结余 91 900
2029 年	确认经营收入	借：银行存款等 97 400 贷：经营收入 97 400	借：资金结存——货币资金 97 400 贷：经营预算收入 97 400
	期末/年末结转	借：经营收入 97 400 贷：本期盈余 97 400	借：经营预算收入 97 400 贷：经营结余 97 400

（2）地铁营业支出（见表6-18）。

表6-18 　　　　　　　　　　地铁运营支出账务处理　　　　　　　　单位：万元

年份	会计事项	财务会计		预算会计	
为经营活动人员支付职工薪酬	计提	借:经营费用　58 176 贷:应付职工薪酬　58 176		—	
	实际支付	借:应付职工薪酬　58 176 贷:银行存款等　58 176		借:经营支出　58 176 贷:资金结存——货币资金　58 176	

（3）计提折旧。

每年年末计提折旧时（单位：万元）：

借：经营费用　　　　　　　120 343

　　贷：固定资产累计折旧——列车　12 390

　　　　　　　　　　　　——设备　57 934

　　公共基础设施累计折旧　　50 019

5. 项目主体资产负债表（见表6-19）。

表6-19 　　　　　　　　　　地铁项目资产负债表　　　　　　　　单位：亿元

项目	期初余额	期末余额	项目	期初余额	期末余额
一、资产			二、负债		
流动资产			应付账款	—	—
货币资金	389.96	289.96	应付职工薪酬	—	—
应收账款	—	—	其他应付款	—	—
预付账款	—	—	应付长期债券	200	200
存货	—		……		
……			三、权益		
非流动资产	—		项目资本	189.96	189.96
长期应收款	—				
工程物资	—				
在建工程	—	100			
无形资产	—	—			
固定资产	—				
长期待摊费用	—	—			
……					
合计	389.96	389.96		389.96	389.96

6.2.2　部门主体的会计核算

下面以某市交通部门为例，对部门债务的核算进行一个演示，示例中的所有数据均为虚构，并不反映交通部门的真实情况（见表6-20）。

表6-20　　　　　　　　　　　　部门债务核算举例　　　　　　　　　单位：万元

事件	财务会计	预算会计
借入短期借款	借：银行存款　　　　1 000 　　贷：短期借款　　　　1 000 借：单位管理费用　　　100 　　贷：应付利息　　　　100	借：资金结存——货币资金　1 000 　　贷：债务预算收入　　　　1 000
购入物品	借：库存物品　　　　1 000 　　应交增值税——应交税金 　　（进项税额）　　　140 　　贷：应付账款　　　1 140	—
取得或应收按照规定应缴财政的款项	借：银行存款　　　　1 000 　　贷：应缴财政　　　1 000	—
计算部门人员工资	借：单位管理费用　　1 000 　　贷：应付职工薪酬　1 000	—
支付部门人员工资	借：应付职工薪酬　　1 000 　　贷：银行存款　　　1 000	借：行政支出　　　　　　　　1 000 　　贷：财政拨款预算收入/资金结存　1 000
用汇票的方式购买资产	借：固定资产　　　　1 000 　　贷：应付票据　　　1 000	—
支付短期借款利息	借：应付利息　　　　100 　　贷：银行存款　　　100	借：其他支出 　　贷：资金结存——货币资金
……	……	……

6.2.3　或有负债的核算

此类隐性债务为正常途径形成、需要信息公开控制的负债。此路径主要包括国有银行的不良资产、国有企业未弥补亏损、行政事业单位无法偿还需要兜底的负债、其他金融机构的不良资产。此类中隐性担保指的是地方政府隐性兜底，隐性债务是被动形成的，不含地方政府主动违规担保形成隐性债务。

本节以正常途径形成、需要信息公开控制的隐性债务——行政事业单位（高校）无法偿还需要兜底的负债为例演示或有负债的核算。1999年后，中国的高校普遍以历史上从未有过的速度合并、扩张，但同时，也以创纪录的速度滑向负债。JL 大学也不例外，2000 年开始，JL 大学的贷款高潮开始了。三年内，三家银行与 JL 大学签订了总额为 54 亿元的贷款协议，JL 大学迅速把大笔现金花了出去。2005 年起，JL 大学负债 30 亿元，每年需向银行还贷约 1.6 亿元，加上贷款减少，意味着 JL 大学每天要少花 164 万元，入不敷出的情况日趋严峻。2007 年 4 月 JL 大学在校园网站上发布通知，无力偿还巨额债务，向师生征集解决学校财务困难的建议，一时引起热议：JL 大学 30 亿元债务谁买单？①

由于高校偿还债务的资金来源有限，高校债务一旦形成就很难偿还。单凭高校偿还债务非常困难的，作为管理机构的政府就需要承担偿还全部或者大部分债务的责任。尽管从法律条文上来看，我国高校是独立承担民事责任的法人实体，但在公立高校无力偿还债务的情况下，政府必须承担无限连带责任。

假设 JL 大学无力独自偿还 30 亿债务，借鉴江苏省对高校实行的"三三制"② 来化解 JL 大学的巨额债务，即政府承诺拿出 1/3，另外通过资金运作再筹集 1/3，余下部分由高校自己承担。政府承诺的 1/3 债务满足了"现时义务""该义务的金额能够被可靠地计量"这两个条件之后，因政府做出了偿还承诺，即不确定性事项发生的概率大于 50%，即满足"履行该义务很可能导致含有服务潜力或者经济利益的经济资源流出政府会计主体"，可以在政府承诺负担 1/3 债务时点确认为预计负债，会计分录为（单位：亿元）：

借：其他费用 10

　贷：预计负债 10

对于由高校负担的 1/3 债务，目前没有足够证据表明 JL 大学不能偿还，此时已经在政府会计核算系统中，同时应该通过 JL 大学年度财务报告及其他分析报告加以揭示负债风险。

6.2.4　PPP 项目中或有负债的核算

PPP 项目中形成的或有负债，是指虽具有盈利性但其投资回报率低于项目成本，即亏本运营的项目，如城市轨道交通。为对民间资本投资的合理预期回报进行弥补，通常会在合同中明确约定项目建成后政府会对民间资本进行补贴，如减免税收、财政补助等补贴模式。因此各种模式的政府

---

① http://news.sohu.com/20070409/n249298499.shtml：JL 大学 30 亿债务谁买单？

② http://news.sohu.com/20070403/n249169601.shtml：JL 大学巨额负债调查：盲目扩张致债台高筑（图）。

补贴将是政府的一项经济利益流出义务。如果项目的缺口很可能发生且预计的金额能够可靠计量，则在项目筹建期便应确认为预计负债；如果项目开始时不能判断缺口是否发生或预计的缺口金额无法可靠计量，那么就应该确认为或有负债，而不应确认为预计负债。

对于预计负债，已经在政府资产负债表中列报，并在确认、计量、报告的基础上，还需要在财务报告中披露该项负债的形成原因，如果该预计负债已经考虑了货币时间价值并以现值进行计量的，则需要披露折现率及相关的历史值。对于或有负债，由于金额不能可靠计量或经济利益流出的可能性低于50%，无须在财务报表中列报，仅需在财务报告中进行披露，披露的内容包括：（1）或有负债形成的原因及类别；（2）或有负债预期对政府主体的相关影响及可能性。另外，需要注意的是，政府主体需要针对此类或有负债的披露持续考量，评价该经济利益流出的可能性是否超过50%、流出的金额能否被可靠计量。如果或有负债满足了上述两个确认条件，就应该确认为预计负债，那么就不仅需要在财务报告中披露，而且应该在财务报表中予以报告，从而能够提醒财务报告使用者提示相关债务风险情况。我们以 Q 市地铁四号线 PPP 项目为例，简要说明或有负债的披露情况。

1. 案例介绍（见表 6 – 21 和图 6 – 6）。

表 6 – 21　　　　　　　　Q 市地铁四号线 PPP 项目概况

项目规划	本项目起自人民会堂站，沿太平路、江苏路、热河路、辽宁路、华阳路、内蒙古路到达海泊桥，而后向东沿杭鞍快速路、辽阳西路、辽阳东路到达汽车东站。过汽车东站及青银高速匝道桥后，线路向北拐入崂山科技城，终点沙子口站。项目公司由政府出资代表、施工类投资人和四号线基金共同出资建立，其中四号线基金由政府出资代表、施工类投资人、其他类投资人共同出资建立		
合作期限	25 年	项目运作方式（识别）	BOT
采购社会资本方式	竞争式磋商		
项目公司名称	Q 市地铁四号线有限公司		
项目公司成立时间	2016 年 7 月 8 日	项目注册资金	30 000 万元
股东认缴			
股东名称	政府或社会资本	出资额（万元）	股权比例
Q 市地铁集团有限公司	政府方	6 000	20%
中国人寿联合体	社会资本方	6 000	20%
中国铁建有限公司联合体	社会资本方	18 000	60%

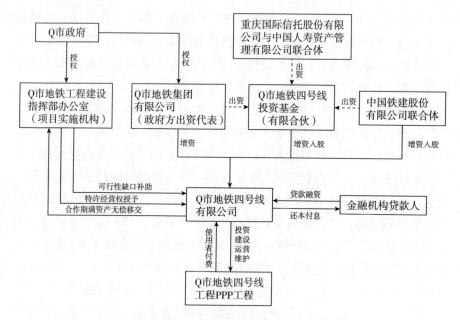

图6-6　地铁四号线 BOT 运作模式

在 PPP 项目全生命周期的不同阶段，对应政府承担不同的义务，财政支出责任主要包括股权投资、运营付费、风险承担、配套投入。

（1）股权投资支出责任。股权投资支出责任是指在政府与社会资本共同组建项目公司的情况下，政府承担的股权投资支出责任。根据《关于调整和完善固定资产投资项目资本金制度的通知》等政策文件对轨道项目的最低资本金比例要求，项目资本金至少应达到项目总投资的35%。依据已签订的 PPP 合同，主体资格经过合法、合规的政府采购程序，确定由 Q 市地铁集团有限公司、Q 市地铁四号线投资基金（有限合伙）、中国铁建股份有限公司联合体共同增资项目公司 Q 市地铁集团有限公司作为政府方出资代表，承担30%的股权投资支出责任，并负责项目协调、服务、监管、管理及根据需要协调项目融资贷款抵押物。Q 市地铁集团有限公司作为政府方出资代表，实际持有 Q 市地铁四号线有限公司不低于30%股份，即股权投资支出为不低于18.14亿元。

（2）运营补贴支出责任。运营补贴支出责任是指在项目运营期间，政府承担的直接付费责任。可行性缺口补助模式下，政府承担部分运营补贴支出责任。地铁四号线项目是基础设施项目，属于准经营性项目，采用"可行性缺口补助"的回报机制。政府根据运营情况，使用者付费不足以满足 Q 市地铁四号线有限公司成本回收和合理回报，由政府以财政补贴、股本投入、优惠贷款和其他优惠政策的形式，给予社会资本或项目公司的经济补助，以保证项目采取 PPP 模式运作的财务可行性。在整个特许经营期内，Q 市地铁四号线有限公司执行市政府制定的客运服务票价，根据所制定的项目投资回报机制，本项目的收入除票款和非票款收入外，政府承担每年向 Q 市地铁四号线有限公司支付运营缺口补助，作为项目管理投资回报，纳入政府年度预算管理，政府承担缺口补贴支出责任。根据 Q 市地铁工程建设指挥部办公室与 Q 市地铁四号线有限公司已签订的地铁四号线 PPP 合同，特许运营期内可行性缺口补助总额约 184.5 亿元。

（3）风险承担支出责任。风险承担支出责任是指项目实施方案中政府承担风险带来的财政或有支出责任。通常由政府承担的法律风险、政策风险、最低需求风险以及因政府方原因导致项目合同终止等突发情况，会产生财政或有支出责任。根据项目风险分配，政府主要承担政治风险（撤销、征用风险、歧视性法律变更、开发审批风险、行政变化、政治不可抗力事件）。同时，共同承担运营期内的收入及成本变化风险。项目运营期间内，上述风险有发生的可能性，会产生财政或有支出责任。风险承担支出共约 10.77 亿元，其中 2018~2020 年建设成本超支风险成本约 1.55 亿元；经营期内（20 年）经营成本上升风险成本约 3.57 亿元；经营期内（20 年）第三方收入减少风险成本约 5.65 亿元。

（4）配套投入支出责任。配套投入支出责任是指政府提供的项目配套工程等其他投入责任，通常包括土地征收和整理、建设部分项目配套措施、完成项目与现有相关基础设施和公用事业的对接、投资补助、贷款贴息等。根据项目实施方案，相关配套投入发生的费用已纳入项目总投资中，由 Q 市地铁四号线有限公司承担，其投入金额已在股权投资支出中进行计算，政府不承担额外配套投入支出。

2. 或有负债的披露。

首先，对于运营补贴支出部分，由于其金额能够可靠计量且很可能发生，因此，应以预计负债确认为资产负债表中，从而与确定性负债相区分，同样，考虑到预计负债可能涉及时间比较长，应将预计负债区分为"流动性""非流动性"以及较为特殊的"一年内到期的非流动负债"，并在财报中按照流动性列报，金额按照特许经营期内估计的每年应予以补贴的金额列报。披露内容包括：

（1）运营补贴形成的原因。在可行性缺口补助模式下，政府承担部分运营补贴支出责任。地铁四号线是基础设施项目，属于准经营性项目，采用"可行性缺口补助"的回报机制。政府根据运营情况，使用者付费不足以满足 Q 市地铁四号线有限公司成本回收和合理回报，由政府以财政补贴、股本投入、优惠贷款和其他优惠政策的形式，给予社会资本或项目公司的经济补助，以保证项目采取 PPP 模式运作的财务可行性。

（2）折现率以及相关的历史值。折现率参考财政补贴支出发生年份，并参照同期地方政府债券收益率确定的折现率为 4.2%，由此计算得出的每年政府支付的财政补贴如表 6 – 22 所示。

表 6 – 22　　　　　　　　　　运营补贴财政支出预计情况

年份	第 1 年	第 2 年	第 3 年	第 4 年	第 5 年	第 6 年	第 7 年
应支付补贴(元)	2 247	10 481	18 863	21 856	23 236	88 067	149 185
折现率	4.20%	4.20%	4.20%	4.20%	4.20%	4.20%	4.20%
折现值	2 156.43	9 653.11	16 672.76	18 539.58	18 915.72	68 802.92	111 853.90
年份	第 8 年	第 9 年	第 10 年	第 11 年	第 12 年	第 13 年	第 14 年
应支付补贴(元)	144 966	140 682	136 328	199 414	189 058	178 571	170 492
折现率	4.20%	4.20%	4.20%	4.20%	4.20%	4.20%	4.20%
折现值(元)	104 309.63	97 146.93	90 345.78	126 826.71	115 393.79	104 599.73	95 842.02
年份	第 15 年	第 16 年	第 17 年	第 18 年	第 19 年	第 20 年	第 21 年
应支付补贴(元)	162 448	65 328	62 166	59 047	55 974	52 953	21 763
折现率	4.20%	4.20%	4.20%	4.20%	4.20%	4.20%	4.20%
折现值(元)	87 639.24	33 823.29	30 888.85	28 156.51	25 615.31	23 256.06	9 172.69
年份	第 22 年	第 23 年	第 24 年	第 25 年			
应支付补贴	18 238	14 763	11 341	7 976			
折现率(元)	4.20%	4.20%	4.20%	4.20%			
折现值(元)	7 377.13	5 730.82	4 224.99	2 851.62			
合计(元)	246 688.42						

另外，风险支出所形成的负债在项目运营期间内虽金额能够可靠计量，但发生的可能性低于 50%，会产生财政或有支出责任，应作为或有负债进行披露，披露内容包括：

（1）形成原因。法律风险、政策风险、最低需求风险以及因政府方原因导致项目合同终止等突发情况，会产生财政或有支出责任。根据项目风险分配，政府主要承担政治风险（撤销、征用风险、歧视性法律变更、开发审批风险、行政变化、政治不可抗力事件）。

（2）或有负债预期对政府主体相关影响。风险承担支出共约 10.77 亿元，其中 2018～2020 年建设成本超支风险成本约 1.55 亿元；经营期内（20 年）经营成本上升风险成本约 3.57 亿元；经营期内（20 年）第三方收入减少风险成本约 5.65 亿元。

6.3 多元主体的地方政府债务会计报告应用

6.3.1 项目主体的债务报告

案例一：新建公厕项目债务报告（见表 6－23）

表 6－23　　　　　　　　Q 市市北区新建公厕项目债务报告

类别		内容
项目规划	项目规划	为配合旧城改造的需求，需在市北区新建一批公共厕所，项目建设内包括地下管道的铺设、房屋建造、配套设施等工程，项目计划总工期为 6 个月，2018 年 6 月开工建设
	可行性	相关部门在综合考虑了项目外部环境、工程筹划、财务评价、社会效益分析等因素后对项目的可行性予以认可
	进度	2018 年 6 月开工建设，目前已完工
	管理制度	按照《地方政府一般债务预算管理办法》进行项目预算与使用管理
	项目建设资金来源	项目投资金额为 350 万元，资金来源为 Q 市政府一般债券，未来偿债资金来源为一般公共预算收入
担保项目债务信息	举借 总额	该项目工程估算总投资额为 350 万元，全部为一般债券资金
	举借 期限	2018 年 3 月 1 日发行 7 年期记账式固定利率附息地方政府一般债券 350 万元
	举借 利率	3%
	举借 担保	一般公共预算收入
	使用 审批流程	项目主管单位向 Q 市市财政局申请用款，等待财政局的审批
	使用 用途	新建公厕
	使用 闲置资金收益	无
	偿还 偿还主体	Q 市人民政府
	偿还 资金来源	一般公共预算收入
	偿还 待偿还债务结构	7 年期地方政府一般债券

类别			内容
债务分析报告	结构分析		此项目举债结构单一,仅包括地方政府一般债券
	期限分析		该债券期限为 7 年,属于中长期债券,债务期限较长
	质量分析		由上海新世纪资信评估投资服务有限公司出具信用评价报告,发行的债券级别为 AAA
	用途分析		该项目举借债务的用途方向是环境整治及街道治理,属于基础设施建设,符合公债的"世代间公平理论"的要求,这些基础设施建设有利于促进当地居民生活水平
风险评价	项目风险评价	项目合规性风险	"项目可行性研究报告"已获得 Q 市发展和改革委员会批复,因此该项目暂不存在项目合规性风险
		项目中断风险	该项目投资规模不大,建设工期较短,工程建设并不复杂,项目中断的风险较小
		项目合格风险	该项目通过招标途径选择承包商,并由市北区城市管理局负责监督,项目合格风险较小
		预期项目收益风险	该项目是城市基本公共基础设施,纯公益性质,不存在收益
	债务风险评价	利率风险	在本次发行债券存续期内,国际、国内宏观经济环境的变化,国家经济政策变动等因素会引起债务资本市场利率的波动
		流动性风险	本次发行的专项债券可以在银行间债券市场、上海证券交易所市场和深圳证券交易所市场交易流通,银行间债券市场、上海证券交易所市场和深圳证券交易所市场资金的供需状况及投资者的投资偏好变化可能影响本次发行债券的流动性,在转让时存在无法找到交易对象而存在一定的流动性风险
绩效评价	举借		略
	使用		略
	偿还		略
债务预测报告	是否还需要借入债务		否
	项目收益能否满足偿还需要		本项目为公益性质的项目,不存在任何收益偿债
	可能逾期		根据本期债券实施方案,在本期债券存续期内,若某一年度内,相关收益不能按进度足额到位,出现债务还本付息资金短缺,拟通过增加项目资本金、提供财政补贴、发行短期周转专项债券等方式进行弥补,确保项目顺利实施,因而出现逾期的可能性较小
监督方式	信息反馈与监督渠道		信息通过省财政厅网站、Q 市财政局官方网站、中国债券信息网的中央结算公司官方网站详细披露

案例二：棚改项目债务报告（见表6-24）

表6-24　　　　　　　　　　J市市中区棚改项目债务报告

类别			内容
项目规划	项目规划		根据安置用房项目核准的批复，二环西路两侧城中村改造项目枣林、小屯村民安置房项目规划用地4.36公顷，项目规划总建筑面积约13.64万平方米，其中地上建筑面积10.27万平方米，地下建筑面积3.37万平方米，主要建设内容包括村民安置用房及其他配套公建，同时进行道路、给排水、绿化等建设。其中，用于村民安置住宅建筑面积约9.52万平方米。二环西路两侧城中村改造项目岳而村民安置用房项目规划用地3.07公顷，项目规划总建筑面积约13.14万平方米，其中地上建筑面积10.38万平方米，地下建筑面积2.76万平方米，主要建设内容包括村民安置用房及其他配套公建，同时进行道路、给排水、绿化等建设。其中，用于村民安置住宅建筑面积约9.48万平方米
	可行性		相关部门在综合考虑了项目外部环境、工程筹划、财务评价、社会效益分析等因素后对本期债券募投项目的可行性予以认可
	进度		目前正处于项目建设准备阶段
	管理制度		按照《J市人民政府关于加快推进城中村改造的意见》进行项目管理
	项目建设资金来源		项目计划总投资为190 448.67万元（含融资成本），其中拟通过发行专项债券募集资金120 000万元，政府及项目建设方通过注入资本金投入70 448.67万元，剩余部分债券存续期利息费用由项目建成后的土地出让收入支付
担保项目债务信息	举借	总额	该项目工程估算总投资额为190 448.67万元，其中12 000万元拟通过发行专项债券筹集
		期限	当前共发行一期，为2019年7月发行的1.2亿元5年期专项债券
		利率	4%
		担保	项目债务收入、支出、还本付息等纳入J市政府性基金预算管理
	使用	审批流程	项目建设单位向J市市财政局申请用款，等待财政局的审批
		用途	J市棚户区改造
		闲置资金收益	无
	偿还	偿还主体	J市人民政府
		资金来源	主要来源于土地出让收益
		待偿还债务结构	5年期专项债券

类别			内容
债务分析报告	结构分析		此项目举债结构单一,仅包括地方政府专项债券
	期限分析		该债券期限为 5 年,属于中长期债券,债务期限较长
	质量分析		由上海新世纪资信评估投资服务有限公司出具信用评价报告,发行的债券级别为 AAA
	用途分析		该项目举借债务的用途方向是 J 市市中区棚户区项目的建设,属于基础设施建设,符合公债的"世代间公平理论"的要求,这些基础设施建设有利于促进当地经济发展和提高企业竞争力,是与债务相对应的优质资产,因而,对地方政府债务形成了有力的偿债保障
风险评价	项目风险评价	项目合规性风险	"项目可行性研究报告"已获得 J 市发展和改革委员会批复,因此该项目暂不存在项目合规性风险
		项目中断风险	该项目投资规模大,建设工期较长,且后续施工进度易受勘测资料的详细程度、设计方案的稳定、项目业主的组织管理水平、资金到位情况、承建商的施工技术及管理水平等因素影响,若工期拖延,或将影响项目的现金流入,使项目净收益减少。在项目建设过程中,若因地质情况或施工不当、管理不善而发生工程事故,也将对项目建设造成较大影响和损失
		项目合格风险	项目工程一般存在工程拖延、工程事故以及征地拆迁风险的可能性,另外本次发行的发行人为市政府,而项目建设主体为中博置业有限公司,其内部管理是否完善、与发行人之间的沟通是否高效等因素也可能影响着该项目是否能顺利竣工
		预期项目收益风险	主要来源于土地出让收入等,该部分收入受市场行情等因素影响较大,若实际出让情况与预期差距较大,将会对偿债资金产生一定的负面影响
	债务风险评价	利率风险	在本次发行债券存续期内,国际、国内宏观经济环境的变化,国家经济政策变动等因素会引起债务资本市场利率的波动,市场利率波动将会对地下停车场综合体建设的财务成本产生影响,进而影响项目投资收益的平衡
		流动性风险	本次发行的专项债券可以在银行间债券市场、上海证券交易所市场和深圳证券交易所市场交易流通,银行间债券市场、上海证券交易所市场和深圳证券交易所市场资金的供需状况及投资者的投资偏好变化可能影响本次发行债券的流动性,在转让时存在无法找到交易对象而存在一定的流动性风险

	类别	内容
绩效评价	举借	项目收益专项债券发行利率均值不足4%,低于最近一期银行五年期及以上贷款基础利率,可为地方政府减少大量财务费用
	使用	略
	偿还	略
债务预测报告	是否还需要借入债务	否
	项目收益能否满足偿还需要	本次融资项目收益为土地挂牌交易产生的现金流入,土地未挂牌交易和住宅未安置前需支付的资金利息由项目建设金支付、通过对近几年项目周边地块的查询,预期土地出让收入对应的政策性基金收入偿还融资本金和利息的情况为:根据可出让项目地块出让的时间段自融资开始日起至第五年开始土地挂牌交易,且全部于一年内出让完毕;本次发债总体覆盖情况:按2019年J市市中区GDP增长率的100%比例计算土地价格的情况下,本息覆盖倍数为4.88;按2019年J市市中区GDP增长率的90%比例计算土地价格的情况下,本息覆盖倍数为4.70;J市市中区GDP增长率的80%比例计算土地价格的情况下,本息覆盖倍数为4.52;上述数据表明该项目能够取得净收益与融资平衡,能够满足偿还需要
	可能逾期	根据本期债券实施方案,在本期债券存续期内,若某一年度内,相关收益不能按进度足额到位,出现债务还本付息资金短缺,拟通过增加项目资本金、提供财政补贴、发行短期周转专项债券等方式进行弥补,确保项目顺利实施,因而出现逾期的可能性较小
监督方式	信息反馈与监督渠道	信息通过省财政厅网站、J市财政局官方网站、中国债券信息网的中央结算公司官方网站详细披露

案例三:地铁项目债务报告

SH市城市轨道交通14号线目前尚在建设中,涉及的许多信息无法获得,因此,项目债务报告中的一些信息类别无法进行分析,只为多元主体的债务报告模式做一个应用性验证(见表6-25)。

表 6 – 25　　　　　　　　**SH 市轨道交通 14 号线项目债务报告**

类别		内容
项目规划	项目规划	轨道交通 14 号线项目已纳入 SH 市城市轨道交通第四期建设规划,于 2018 年正式投入建设,并预计于 2023 年 1 月 1 日正式投入运营。该项目起自福田中心区岗厦北枢纽,经罗湖区、龙岗区止至坪山区(深惠边界),线路全长 50.3 千米,连接福田中心地区、清水河、布吉、横岗、龙岗大运新城、坪山中心区、坑梓、沙田等区域,是 SH 市东部线网的重要组成部分。该项目设计时速 120km/h,全线设站 17 座,均为地下站,其中枢纽站 4 座,换乘站 8 座,标准站 5 座
	可行性	根据《SH 市城市轨道交通 14 号线工程可行性研究报告》(以下简称《项目可行性研究报告》),中国铁路设计集团有限公司在综合考虑了项目外部环境、工程筹划、财务评价、社会效益分析等因素后对本期债券募投项目的可行性予以认可
	进度	项目已于 2018 年正式投入建设,预计于 2022 年建成通车;截至 2018 年末,项目正在进行前期工程施工,部分站点进行围护结构施工,累计已完成投资 12.45 亿元
	管理制度	按照 SH 市财政委员会印发的《SH 市轨道交通项目专项债券管理办法(试行)》进行债务管理
	项目建设资金来源	该项目本体工程估算总投资额为 389.96 亿元,初步确定 14 号线本体工程总投资的 48.71% 为项目资本金(189.96 亿元),由政府财政预算安排,剩余资金 200 亿元拟通过发行专项债券筹集
担保项目债务信息	举借 总额	该项目工程估算总投资额为 389.96 亿元,其中 200 亿元拟通过发行专项债券筹集
	举借 期限	当前共发行两期,分别是 2017 年发行的 20 亿元专项债券以及 2019 年发行的 30 亿元专项债券,两个 5 年期,三个 7 年期
	举借 利率	当前发行的两期专项债券利率分别为 3.82%、4%
	举借 担保	项目债务收入、支出、还本付息等纳入 SH 市政府性基金预算管理
	使用 审批流程	地铁集团向 SH 市财政局申请用款,等待财政局的审批
	使用 用途	SH 市轨道交通 14 号线项目
	使用 闲置资金收益	无
	偿还 偿还主体	SH 市人民政府
	偿还 资金来源	来源于轨道交通 14 号线项目产生的票务及站内资源开发收入等地铁运营收入,以及大运站、昂鹅车辆段上盖地的物业开发收入两大板块
	偿还 待偿还债务结构	五年期专项债券

类别		内容
债务分析报告	结构分析	此项目举债结构单一,仅包括地方政府专项债券
	期限分析	按照规划,该项目共需发行五期债券,分别是2017年、2019年、2020年、2021年以及2022年,每期按计划期限为5年,因此,从第一期发行直至最后一期偿还完本金和利息,共经过10年的时间,时间跨度比较大
	质量分析	新世纪就该项目发行债券出具了《2017年SH市(本级)轨道交通专项债券(一期)——2017年SH市政府专项债券(一期)信用评级报告》以及《2019年SH市(本级)轨道交通专项债券(一期)——2019年SH市政府专项债券(二期)信用评级报告》,两次发行的债券级别均为AAA
	用途分析	该项目举借债务的用途方向是SH市轨道交通14号线的建设,属于基础设施建设,符合公债的"世代间公平理论"的要求,这些基础设施建设有利于促进当地经济发展和提高企业竞争力,是与债务相对应的优质资产,因而,对地方政府债务形成了有力的偿债保障
风险评价	项目风险评价 — 项目合规性风险	"项目可行性研究报告"已于2017年12月获得SH发展和改革委员会批复,因此该项目暂不存在项目合规性风险
	项目风险评价 — 项目中断风险	该项目投资规模大,建设工期较长,且后续施工进度易受勘测资料的详细程度、设计方案的稳定、项目业主的组织管理水平、资金到位情况、承建商的施工技术及管理水平等因素影响,若工期拖延,或将影响项目的现金流入,使项目净收益减少。在项目建设过程中,若因地质情况或施工不当、管理不善而发生工程事故,也将对项目建设造成较大影响和损失
	项目风险评价 — 项目合格风险	项目工程一般存在工程拖延、工程事故以及征地拆迁风险的可能性,另外本次发行的发行人为SH市政府,而地铁14号线的建设、运营主体为地铁集团,地铁集团的内部管理是否完善、公司经营是否持续稳定、地铁集团与发行人之间的沟通是否高效等因素也可能影响该项目是否能顺利竣工
	项目风险评价 — 预期项目收益风险	该项目形成的债务偿债资金主要来自项目形成的地铁运营收入以及地铁上盖物业开发收入等,该部分收入受客流量预测、票价水平、物业开发进程、房地产市场行情等因素影响较大。若实际地铁运营与物业开发销售情况与预期差距较大,将会对偿债资金产生一定的负面影响
	债务风险评价 — 利率风险	在本次发行债券存续期内,国际、国内宏观经济环境的变化,国家经济政策变动等因素会引起债务资本市场利率的波动,市场利率波动将会对地铁14号线的财务成本产生影响,进而影响项目投资收益的平衡
	债务风险评价 — 流动性风险	本次发行的专项债券可以在银行间债券市场、上海证券交易所市场和深圳证券交易所市场交易流通,银行间债券市场、上海证券交易所市场和深圳证券交易所市场资金的供需状况及投资者的投资偏好变化可能影响本次发行债券的流动性,在转让时存在无法找到交易对象而存在一定的流动性风险

	类别	内容
绩效评价	举借	项目收益专项债券发行利率均值不足4%,低于最近一期银行五年期及以上贷款基础利率,可为地方政府减少大量财务费用
	使用	因无法获得具体使用信息,在此不展开叙述
	偿还	此项目尚在建设中,专项债券尚未到期,还未开始偿还
债务预测报告	是否还需要借入债务	按照规划,该项目共需发行五期债券,目前仅发行两期,尚不能满足项目资金需求,今后仍需继续发行债券
	项目收益能否满足偿还需要	该项目偿债资金来自项目产生的票务及站内资源开发收入、上盖物业开发收入等,由于目前仅发行两期专项债券,因此从最新发行的第二期专项债券来看,至2024年该债券偿付本息后,项目累计结余现金54.46亿元;至2029年最后一期专项债券偿付本息后,项目累计结余现金43.52亿元,预期可偿债现金流能够对债权本金形成良好覆盖
	可能逾期	经市政府批准,2017年1月16日市财政委印发了《SH市地方政府性债务风险应急处置预案》,该预案主要包括适用范围、建立分级响应机制、实施分类应急处置和严格落实责任追究四个方面的内容。该预案第十八条规定,对市政府发行的地方政府债券,市政府依法承担全部偿还责任。其次,SH市人民政府相关部门正在研究地铁运营补贴机制,出台后地铁项目将获得一定规模的运营补贴,有效改善运营状况,也有利于该项目债务的还本付息。再者,地铁14号线项目存续期间,政府可根据项目实施情况调整项目资本金比例,以确保专项债券按时还本付息。因此,基于上述分析,该项目债务逾期的可能性较小
监督方式	信息反馈与监督渠道	信息通过SH市财政局官方网站(http://www.szfb.gov.cn/)、中国债券信息网—中央结算公司官方网站(http://www.chinabond.com.cn/)以及深圳证券交易所官方网站(http://www.szse.cn/)详细披露

6.3.2 部门主体的债务报告

部门债务报告是以部门为主体的债务信息报告,包含本部门托管的项目债务和部门运营过程形成的部门债务,以某市交通部门为例(见表6-26)。

表 6 − 26　　　　　　　　　　部门债务报告　　　　　　　　单位：元

标题	部门债务报告		具体内容
部门背景与债务概况	部门发展职责		承担综合运输体系的规划协调工作，会同有关部门组织编制综合运输体系规划；负责重点交通运输枢纽、站场的规划、建设和管理工作
	承担项目情况		略
	资源禀赋		沿海城市，交通线路发达
	偿债能力债务现状		略
	……		
债务管理制度框架	政府债务管理规定		按照政府有关文件确定
	部门债务管理规定		按照政府有关文件确定
	债务资金运转流程		交通部门申请，财政部门拨付
	……		
部门债务信息	流动负债	短期借款	1 000
		应付票据	1 000
		应付利息	0
		应付账款	1 140
		预收账款	0
		其他应付款	0
		应付职工薪酬	1 000
		应缴财政款	1 000
		……	
		应付融资租赁款	0
	非流动负债	应付单位和个人借款	0
		长期应付款	0
		……	
	合计	负债合计	5 140
项目债务信息	项目债务总金额		15 000 万
	一般债务金额		
	专项债务金额		
	项目债务形成的资产		
	……		

标题	部门债务报告		具体内容
或有债务信息	或有负债总金额		
	或有事件说明		
	发生的可能性		
	……		
债务分析	结构分析		本部门债务全是流动性负债,无其他非流动性债务
	期限分析		债务期限都在一年之内
	质量分析		流动负债期限在一年以内,质量较高
	用途分析		为履行部门职责,购买资产或服务,支付职工工资等用途
	……		
风险评价	偿还风险		无
	续借风险		无
	资金使用风险		无
	汇率风险		无
	……		
绩效评价	举借	效率性	略
	使用	效果性	
	偿还	经济性	
债务预测	债务规模		较小
	债务偿还		按时偿还
	需要救助的债务		无
	可能逾期		无
	……		
监督方式	信息反馈与监督渠道		按照政府相关文件执行

6.3.3　地方政府债务独立报告模板设计

地方政府债务独立报告是综合性债务报告,是以项目债务报告、部门债务报告、政府预决算等财务报表和报告为基础编制而成的,全面整合所属的不同职能部门、不同项目承载的全部债务,但并非是各个报告信息的简单汇总,而是基于上述债务报告,根据其债务综合报告口径进行处理而生成的,因此,地方政府债务独立报告模板具体包括以下几大模块的内容。

第一，基本概况信息。

基本概况信息这一部分主要是介绍地方政府报告主体的战略定位、经济发展概况和民生需求概况，说明与政府债务相关的财政背景和管理制度等政策，从总体层面上说明政府主体为什么举债和政府主体举债的客观性条件或可行性。主要包括以下部分：

1. 举债背景。

举债背景部分主要是对政府主体所处宏观背景的基本说明，包括人口状况、经济发展水平、资源禀赋、政府的执政方针、发展战略等信息。

2. 中长期经济规划情况。

这部分是对地方政府在国家政策和大的经济环境下对未来规划的说明，包括国家五年规划纲要、本级政府的五年规划纲要、城市未来发展目标、发展定位等未来战略规划信息。

3. 债务管理的制度框架。

债务管理制度环境部分是一系列针对政府债务主体（包括项目主体、部门主体、基金主体以及合并主体）的债务活动的约束、规则的集合体，以保证政府主体行为的合法规范性。该部分内容应是对该政府主体的债务管理制度建设情况进行的说明，具体可从举债程序、债务限额管理、债务预算管理、债务风险预警、债务偿还机制等方面进行披露。

4. 财政收支状况。

这部分反映未来政府偿还债务的能力，包括一般公共预算收支、政府性基金预算收支信息。

第二，政府债务信息。

债务基本信息部分是从总体视角对本级政府主体所承担的债务状况进行的说明，具体包括以下方面：

1. 债务基本概况。

从总体上看债务的增减变动，主要包括本年政府债务限额、新增债务数额、债务余额、本年度已偿还债务金额、本年度偿还债务利息金额等。

2. 债务分析信息。

这一部分从不同角度对债务进行分析，以反映政府债务的结构性信息。从债务类型方面分析，包括一般债券、专项债券、置换债券、再融资债券、各类型债务占比等；从债务留用主体方面分析，包括全市债务数额、市本级留用债务数额、转贷区市债务数额、各类型债务占比等；从债务期限结构分析，包括一般债券的平均期限、专项债券的平均期限、1～3

年债务、3~5年债务、5年以后债务等；从资金用途方面分析，包括偿还到期债券本金数额、投向资本性支出金额、置换存量债务的金额等。

第三，债务所形成的资产信息。

债务所形成的资产信息模块是提供有关债务资金参与的项目形成的资产信息，此部分信息可以与上述政府举借债务信息形成对应，既可以验证债券资金的投向，又可以将地方政府债券的风险、偿债能力分析与资产信息相结合。具体包括：

1. 资金占用形态信息。

这部分信息用来反映债务资金的去向，包括形成的费用及总额、形成的资产及总额两大类别。

2. 资产基础信息。

从总体上看资产的增减变动，包括资产总价值、本年新增资产价值、以前年度资产价值等。

3. 资产分析信息。

从不同角度分析债务资金所形成资产的结构性信息。从资产所有权方面划分，包括市本级资产及金额、区市级资产及金额；从资产性质方面划分，包括有收益性资产及金额、纯公益性资产及金额；从资金来源方面划分，包括一般债券资金形成的资产及金额、专项债券资金形成的资产及金额。

第四，风险与绩效评价。

风险与绩效评价是建立在债务信息报告基础之上的，经过对地方政府债务指标的分析，可以有效揭示风险点的位置和风险的大小，可以有效评估债务资金的绩效，有利于管理者提前进行风险的防范，提高资金的使用水平。具体包括：

1. 风险评价。

从不同方面来评价政府当前债务资产状况的各种风险水平，包括：（1）决策风险评价，主要从负债率、债务率、债务依存度、短期债务比、新增债务比等指标分析。（2）债务资金使用风险评价，主要从投入产出比、利率水平、资金使用合法性等分析。（3）偿还风险评价，主要从资产负债比、偿债率、逾期债务率等指标分析。

2. 绩效评价。

债券的各个利益相关者更多地关注政府债务资金的使用去向以及这种资金的使用效果，因此要对债务资金的绩效进行评价。债务资金绩效评价依据中共中央、国务院印发的《关于全面实施预算绩效管理的意见》的规定，建立"全方位、全过程、全覆盖"的预算绩效管理体系，按照债务资金的流程设计相应的绩效评价体系，分事前、事中和事后或者具体可从预算绩效、筹资绩效、用资绩效等方面进行绩效分析。

第五，或有负债信息。

或有负债是指过去的经济业务或者事项形成的，其结果须由某些未来事项的发生或不发生才能决定的不确定事项，且未来事项是否发生不在政府会计主体控制范围内，主要有未决诉讼、承诺、贷款担保、环境污染整治、自然灾害等公共事件的救助。这些事件的发生与否可能会严重影响政府债务的规模和风险，因此要主动公开或有负债的信息，提醒对信息使用者未来可能会形成政府债务。具体包括：或有负债的成因、类型、或有事件的说明、或有负债的金额、或有负债的承担部门、或有事件发生的概率及发生后对政府债务的影响等信息。

第六，信息来源说明。

信息来源部分说明的是地方政府债务报告中所需的信息从哪里来，主要来自各会计主体的财务报表和政策报告，具体有：政府债务管理政策文件、政府债务预算决算执行表、资产负债表、项目债务报告、部门债务报告、债务规模分析表、债务结构分析表、债务风险评价表等（各类预算决算报告和财务报告附后）（见图6-7）。

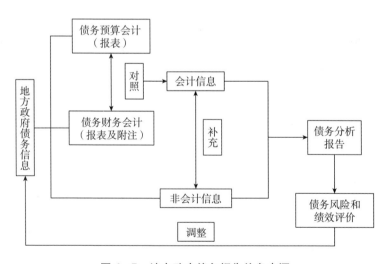

图6-7 地方政府债务报告信息来源

信息来源解决的是地方政府债务报告制度中生成最终地方政府报告所需的信息从哪里来以及信息的流动情况，其逻辑图如图6-7所示（姜宏青和韦森森，2016）。地方政府根据当地财力与发展规划、债务规模与结构、应偿还本金及利息等信息，在年初编制债务预算，提交人大审核通过以后，成为全年地方政府举债的指导规范性文件，统筹一年内债务的举借、使用与偿还。年中在具体业务发生时，财务会计根据取得的凭证，进行会计确认、计量与核算，年末生成财务会计报告，与债务预算会计的年终决算相对照，形成结合预算会计和财务会计的会计信息，同时与地方政府债务中非会计信息相互补充，加以分析，形成债务分析报告，对上述会计信息以及非会计信息进行总结性说明，从而为债务风险和绩效评价提供信息基础，年末的债务风险指标以及绩效评价结果又可以成为下一年度（周期）的地方政府债务的基本信息，来指导地方政府的债务的举借以及管理工作。

6.4　政府债务信息分析体系

地方政府债务报告体系可以按照不同报告主体分为微观债务报告（项目债务报告）、中观债务报告（部门债务报告）与宏观债务报告主体（政府综合债务报告），相应地，政府债务信息分析体系也可以划分为三个层次，即微观债务信息分析（项目债务信息分析）、中观债务信息分析（部门债务信息分析）与宏观债务信息分析。该分析体系虽然层次上是按照由小到大的顺序层层递进，但却并非是简单的汇总关系，而是根据不同的信息生成特点，分别对应不同的债务信息分析内容。

6.4.1　项目债务信息分析

项目债务信息分析主要以政府项目层面的债务信息为分析对象，该分析处于分析体系的最低层次，是政府债务信息分析体系的基础。由于政府信息使用者的广泛性与目标的多元性，其对信息的利用程度千差万别，根据对信息利用程度和关心程度将信息需求者分为：核心需求者、中间需求者、其他（或松散）需求者（姜宏青和李科辰，2018）。债务信息核心需求者，主要是指政府以及相关组织机构中直接对债务资金进行决策、运营和管理的信息需求者，该类信息需求者不仅需要而且控制全面的债务信息。债务信息中间需求者，指不能直接掌控债务信息的生成与报告，但是通过利用政府信息用于经济决策或通过监督与评价影响政府相关政策的制定，因而需要持续关注政府债务信息并满足多重目标需求的信息需求者。

债务信息其他（或松散）需求者，指既不掌握债务信息的生成与报告，也不会持续关注政府债务信息，只是在特定方面或者特定时间关注政府信息，并针对特定目的使用政府债务信息。根据上述观点，本部分将基于债务资金管理全流程，从核心需求者、中间需求者和其他需求者三类需求者入手，对 SH 市地铁 14 号线项目的债务信息进行分析。此债券是在 2017 年发行的第一期，因此，以下分析都基于 2016 年的数据。

1. 基于核心需求者角度进行债务信息分析。

（1）决策阶段的信息分析主要是识别外部风险，判断是否举债，因此，将从经济发展状况、SH 市发展规划、项目收支流量、债务分布四个方面进行分析。

①经济发展状况分析。从表 6 - 27 可以看出，SH 市经济增长率连续两年保持在 9% 左右，高于全国和全省 2.3 个百分点和 1.5 个百分点，经济增长能力较强。在全国财政收入都放缓的背景下，财政收入增长率在 2016 年降到 15.02%。负债率虽然较 2015 年有所升高，比率仍然较小为 0.65%。总体来看，SH 市经济高速增长，财政稳定，负债率低，债务偿付压力较小。

表 6 - 27　　　　　　　　　经济发展状况指标分析　　　　　　　　　单位：%

分析指标	2015 年	2016 年
经济增长率 = (本年度 GDP 实际增加值/上年度实际 GDP) ×100%	8.90	9.00
财政收入增长率 = (本年度财政收入增加/上年度财政收入总额) ×100%	36.68	15.02
负债率 = (负债/GDP) ×100%	0.57	0.65

资料来源：根据 SH 市财政局网站数据整理所得。

②SH 市发展规划分析。"十三五"时期是 SH 市率先全面建成小康社会，加快建成现代化国际化创新型城市的关键时期。其主要目标任务是努力建成更具改革开放引领作用的经济特区、更高水平的国家自主创新示范区、更具辐射力带动力的全国经济中心城市，以及更具竞争力影响力的国际化城市。依托"创新驱动、质量引领、互联融合、协调均衡、绿色低碳、开放共赢、共建共享、文化强市、依法治市、市场导向"十大战略路径，建设国际领先的创新型城市、更具辐射力带动力的全国经济中心城市、信息经济为先导的智慧城市、协调均衡的现代化城市、绿色低碳的生态文明城市、更具竞争力影响力的国际化城市、更高质量的民生幸福城市、具有鲜明特色的社会主义文化强市、一流法治城

市、全面深化改革先锋城市。

③项目收支流量分析。由表 6 - 28 可以看出，该项目的累计收益为 291.9 亿元，远远大于债券还本付息总额 248.8 亿元，有足够的偿债资金，不能偿还的债务风险较小。

表 6 - 28　　　　　　SH 市轨道交通 14 号线项目收益累计　　　　单位：亿元

序号	科目	金额
1	项目收入	712.3
1.1	地铁票务收入	66.6
1.2	站内资源开发收入	10.0
1.3	物业开发收入	635.8
2	项目支出	420.4
2.1	地铁运营成本	77.1
2.2	物业开发成本	132.6
2.3	相关税费支出	210.6
3	累计收益	291.9

④债务结构分析。截至 2016 年底，SH 市政府性债务余额为 129.78 亿元。从债务类型上看，一般债务为 127.95 亿元，政府或有债务余额为 1.83 亿元。2017 年 SH 市地方政府债务限额为 332.1 亿元，其中一般债务限额为 300.6 亿元，专项债务限额为 31.5 亿元。因此，2017 年发行 20 亿元的专项债券，既在限额范围内，但偿付压力小。

（2）债务资金的借用还阶段的债务信息分析主要关注债务资金使用的效率，及时了解债务资金的存量、需求量。主要分析此项目的收入和费用对债务运行管理的影响，收入决定了政府的偿债能力，而费用则又决定了债务规模。具体指标见表 6 - 29。

表 6 - 29　　　　　　　　资金使用效率指标分析

分析指标	具体数值
收入费用率 =（费用总额/收入总额）×100%	59.02%
地铁票务收入占比 =（地铁票务收入/收入总额）	9.35%
站内资源开发收入占比 =（站内资源开发收入/收入总额）	1.40%
物业开发收入占比 =（物业开发收入/收入总额）	89.26%
债务支出比重 =（偿债本金支出 + 债务利息支出）/费用总额×100%	59.18%

收入费用率主要反映了项目运行过程中的整体效率。通常该指标越大，表明项目费用总额的同比增加越大于项目收入总额的同比增加，说明项目运行效率低。14 号线的收入费用率为 59.02%，项目费用总额的同比远小于项目收入，项目运营效率较高。各类收入占比主要反映了项目收入的结构，重点收入项目的比重及其变化趋势，通过了解项目收入的构成，分析收入的质量。在本项目三类收入中，物业开发收入占比最高，达到89.26%，其次是地铁票务收入 9.35%，最后是站内资源开发收入仅仅占1.4%。由于物业开发进程受到征地拆迁进程慢的影响，可能无法按照计划进行，而物业开发收入又是占比最高的，因此可能会影响还本付息，增加债务风险。债务支出比重表示偿债本金支出和债务利息支出占费用总额的比重。根据美国联邦政府的实证经验表明，该指标越低，则政府的债务负担就越低，对于本项目而言，59.18% 的债务支出比重属于合理区间。

2. 基于债务信息中间需求者角度进行债务信息分析。

（1）在决策阶段中间需求者作为债务信息的传递者，通过分析债务来源、债务规模与结构、债务发行机制等来了解政府债务管理最基本、最原始的信息，为以后阶段的评价分析奠定基础。

本项目的总投资为 395.43 亿元，财政预算中安排 195.43 亿元资金作为项目资本金，剩余 200 亿元资金缺口采用发行项目收益专项债券筹集。本项目分年度发行六期项目收益专项债以满足项目建设的资金需求，从发行期限来看，前三年发行 5 年期，后 3 年发行 7 年期，都属于中长期债券（见表 6 - 30）。

表 6 - 30　　　　　SH 市轨道交通 14 号线项目专项债券发行计划

债券	发行时间	金额（万元）	期限	还款方式
一期	2017	200 000	五年	一次还本
二期	2018	300 000	五年	一次还本
三期	2019	400 000	五年	一次还本
四期	2020	400 000	七年	一次还本
五期	2021	400 000	七年	一次还本
六期	2022	300 000	七年	一次还本

（2）与决策阶段相比，在借用还阶段需求者更加注重债务资金的使用过程。主要从债务资金使用效率、风险种类、新增债务、隐性债务四个方面进行分析。由于资金使用效率在前文已分析，不再赘述。

由于本期专项债券资金全部用于 SH 市轨道交通 14 号线项目，由 14号线项目上的物业开发收入、票务收入和站内资源开发收入偿还本息。因此应该分析以下风险因素：①地铁 14 号线客流风险。客流预测结果的准确性与否将给项目目标的实现带来较多的不确定性。②票价水平风险。票价水平直接影响城市轨道交通吸引客流量的水平和总体收益水平，是影响客流量的一个重要风险因素。③经营风险。是指生产经营的不确定性带来的风险，日常经营性支出较难控制，涉及人力成本、维修费用等，变动因素较多。④物业开发风险。一方面，由于物业开发进程受到征地拆迁进程慢的影响，可能无法按照计划进行；另一方面，规划涉及指标可能调整，存在不确定性。⑤市场风险。受未来国内经济形势、房地产行情等相关因素的影响，14 号线沿线附属房地产项目的销售收入可能出现较大波动，从而影响专项债券的还款来源。对于新增债务，由于每年新增债务都在计划范围和债务限额内，新增债务不会产生较大风险。对于隐性债务，日常经营性支出较难控制，可能会存在一定的隐性支出负担。

3. 基于债务信息其他（松散）需求者角度进行债务信息分析。

其他需求者处于信息链的末端，既接受政府披露的原始信息，又接受中间需求者披露的二次加工信息，会根据自我需要有选择地利用信息。其他信息需求者主要涵盖外部社会公众、专家学者和政策分析家在内的具体债务信息使用者，与前几类信息需求者相比较，此类信息需求者主要是为了满足自身特定的信息需求，具有单一性和独特性。

其他（松散）需求者在履行监督权时应当对政府债务管理的全过程信息进行分析。通过中间需求者提供的加工过的债务信息来分析债务来源、债务规模与结构、债务发行机制和债务政策变动，以了解政府债务状况，满足自身的需求。在借用还阶段其他（松散）需求者主要关注债务的自身状况，比如债务资金保障状况、债务运营机制和债务资金使用效率，通过分析债务自身状况来了解政府的债务管理能力，为其评价分析提供信息支撑。总体来说，其他信息需求者的信息基本都是通过核心需求者提供原始的债务信息和中间需求者提供的加工信息来满足自己特定的信息需求。

6.4.2　部门债务信息分析

政府部门债务分析信息体系主要以政府各职能部门（单位）层面的债务信息为分析对象，部门债务信息分析体系位于政府债务信息体系的中间层次，属于承上启下的过渡部分，部门债务信息分析体系汇总性与覆盖面上弱于政府综合债务信息分析体系，强于项目债务信息分析体系。部门债务信息分析体系的侧重点主要在于部门的资产负债状况与债务资金的运行状况等两个方面。由于政府职能部门的具体债务报告的限制，我们在这里仅给出一般层面的分析，目的是为研究提供一个思路。

1. 部门资产负债状况分析。

该部分主要分析部门（单位）的财务状况，包括部门的资产负债分析与重点负债项目的增减变动分析等。

（1）资产负债率反映部门（单位）累积的负债是否全部用于资本性支出，如果该指标值大于100%，说明负债并没有全部用于资本性支出，存在举债消费的情况。同时，公式中的资产并不是说广义上政府所拥有的所有资产，而是指在偿债过程中可以动用的资产，这样才能够更加科学地反映部门（单位）的偿债状况。该指标数值越低，说明部门的负债越少，债务偿还的保障能力越好。

资产负债率 =（部门负债/部门资产）×100%

（2）债务增长率主要衡量债务的增长状况，同时该指标也可以反映未来期间的债务偿还压力的大小。该指标数值越小，表明部门（单位）的债务增长速度越慢，偿债能力越好。

债务增长率 =（年度负债增量/上年的债务总额）×100%

（3）新增债务率反映部门（单位）年度新增负债与当地国内生产总值相适应的程度。该指标和财政赤字率相似，但也有不同的地方，因为财政赤字不一定全部形成年度新增负债，年度新增负债是实实在在的未来偿付义务，年度新增负债率比财政赤字率更能反映财务稳健性和财政的可持续性。该指标越小，表明部门（单位）本年度新增债务越少，偿债能力越强。

新增债务率 =（年度负债增量/GDP）×100%

2. 部门债务资金的运行状况。

债务资金的运行绩效是评价政府在有限的资金量下如何在完成其职责的同时，又能够降低资金使用效率风险。对专项资金实施跟踪管理，做到专款专用，防止专项资金的滥用，保障资金利用的有效性和充分性。高效率的资金利用不仅体现了政府较强的财务治理能力，而且还能够促使政府部门减少不必要的资金支出，可以从源头上减少债务的发生。因此在该部分的指标构建主要是债务资金利用效率指标构建与偿债能力指标构建。与前一部分相比，本部分更侧重于评价政府的自身债务管理与运用能力。

（1）有效资产周转率 = 债务收入/有效资产。有效资产主要是指易于通过市场出售变现，对政府偿债能力分析影响较大的资产。该类资产主要包括流动资产、国有股权投资以及可处置土地使用权。流动资产主要是指短期内可以变现的资产，比如：货币资金、应收税款等。国有股权投资是指地方政府管理对国家出资企业的投资。可处置土地使用权是指政府代表国家行使土地所有者权利，在一定期限内，完成一定程序后可进行处置的土地使用权存量，具体的处置方式包括出租和出售。该指标反映了政府的营运能力，指标越大，说明营运管理能力越强。

（2）资金专用率＝专项债务资金支出／专项债务资金来源。资金专用率主要是用来评价分析专用资金是否得到充分的利用，是否做到专款专用的分析指标。通常该指标小于1，如果该指标大于1，说明专项资金的支出要大于专项资金的来源，会给政府部门带来一定的债务压力。

6.4.3　地方政府综合债务信息分析

地方政府综合债务分析是以一级政府层面的债务信息为分析对象，相比于上述两类债务信息分析体系，政府综合债务信息分析体系的汇总性最强，覆盖面最广，不仅涉及部门债务信息，而且涉及项目债务信息。作为政府债务信息分析体系最具概括性的部分，政府综合债务信息分析通常不会涉及太多过于具体的分析指标，而是更多地体现宏观层面的分析，因此对于该分析应侧重于从政府债务资金的投入状况、政府债务资金的产出状况以及政府债务资金的使用效果等三个方面进行展开，同样，受限于一级地方政府债务信息的可获取性，我们依然仅给出分析的一般思路。

（1）政府债务资金投入状况分析。指政府利用债务资金在履行职能过程中发生的资源耗费的计量值状况的分析。部门债务资金投入状况分析是政府债务资金绩效分析的基础性信息分析，是经济性、效率性的评价基础，投入的范畴十分广泛，既包括对可货币计量的投入（如成本）的分析，也包括对其他以非货币计量的投入（如以劳动计量的人力投入、以实物计量的物质投入、时间投入，甚至以其他方式进行计量的情感投入）的分析。由此，在进行部门债务信息分析时，对于能够货币计量的部分，更多采用定量分析的方法，而对于不能用货币计量的债务资金部分，可以借鉴定性分析的思想，进而实现定量分析与定性分析相结合。

（2）政府债务资金产出状况分析。指政府将投入的债务资金在运动过程中产生的结果的分析。与投入分析一样，产出分析既有对可货币计量的产出的定量分析，也有对其他以非货币形式计量的产出的定性分析。对于政府综合债务分析具有关联性，但不能以定量分析的产出，也应在该分析中体现。在分析层面，通过利用政府债务信息报告提供的原始性产出数据，可以对政府债务资金产出状况进行分析与评价，也可以用来进一步为政府债务资金使用效果分析提供依据，与政府债务资金投入状况分析一起用来全面分析地方政府债务情况。

（3）政府债务资金使用效果分析。指政府投入的资源在运动过程中，对形成结果所产生影响的分析。债务资金使用效果的分析主要从债务资金的经济性、效率性、效益性等方面展开。该分析并非依据上述生成的债务报告信息进行分析，而是在上述债务资金投入与产出状况分析的基础上进行分析，因此该分析是在债务资金投入与债务资金产出等分析完成后而进行分析的，如果缺少债务资金使用效果的分析，债务资金投入和产出的分析也就失去了实质性意义。

第7章 地方政府债务风险预警与控制

7.1 地方政府债务风险预警模式的构建

7.1.1 文献评述与问题的提出

国外关于债务风险预警的研究较早，实际上一些国家已经形成了比较健全的地方政府债务风险预警体系，如哥伦比亚的"交通信号灯系统"、美国的"地方财政监控计划及财政危机法"等。我国学者就地方政府债务风险预警的研究思想主要包括：预警工作流程应涵盖数据采集与分析、构建指标体系、构建预警模型、风险值测度、撰写分析报告等部分（裴育和欧阳华生，2007），其关键性的问题是风险指标的设计以及预警模型的确定。其中，风险指标选择应遵循的基本原则可用"六个统一"概括：即科学性和实用性的统一、系统性和针对性的统一、全面性和代表性的统一、可比性和可靠性的统一、动态性和静态性的统一、普遍性和特殊性的统一（赵晔，2011）。至于具体指标选取，学者们结论迥异。有从地方政府债务分类的视角，参照财政风险矩阵的分类法分别确定相关风险指标并设定指标标准（张海星，2006；谢虹，2007）；有从地方政府债务风险的分类视角：从债务静态风险、债务静态风险、债务结构风险三方面选取负债率、偿债率、违约率等指标（刘谊和刘星等，2004），从政府债务总量风险和政府债务结构风险两方面，选取了债务依存度、债务负担率、财政赤字率等指标（王晓光等，2005）；还有按照地方政府偿债能力的长短来确定地方政府债务风险指标（裴育和欧阳华生，2006；徐佳，2008）。关于风险评价方法或预警模型，也是各不相同。主要包括因子分析法、层次分析法、专家评分法、KMV模型、模糊综合评判法、聚类分析法、人工神经网络等（王晓光等，2005；谢虹，2007；缪小林，2012；王振宇等，

2013）。此外，还有不少学者在实证层面以定性和定量相结合的方法，设计地方政府债务风险预警机制，并结合某地区具体的债务数据进行实证验证（刘星等，2005；许争和戚新，2013；王振宇等，2013；王俊，2015）。

这些研究成果对我国地方政府债务风险预警模式研究具有启发和借鉴意义，但存在以下局限：（1）风险指标的设置。普遍存在风险指标选取视角单一的问题，仅反映显性直接债务或仅关注偿债风险或结构风险、总量风险，无法完全揭示地方政府债务的风险全况。（2）研究视角的选择。多是从宏观经济视角，基于债务结果数据评估风险，忽略了债务管理过程，鲜有关注政府债务的产生、使用、偿还等环节与债务风险的关系，预警机制较少与债务资金流动相联系。然而，地方政府债务资金的管理有了新的规范，风险预警机制要真正起到防患于未然的作用，应结合我国地方政府债务管理的特点，全面反映有重大影响的债务风险，需要与风险的产生源头相联系，分析债务资金管理的各个环节可能产生的风险，将风险预警的基本要素和债务资金管理流程相融合，建立既包括宏观经济视角的债务预警体系，又包括政府债务管理视角的债务预警体系，在保障政府债务资金管理的安全性和有效性的前提下，实现总体债务风险的控制策略。因此，本书借鉴国际风险指标体系，以政府会计提供的债务信息，结合债务资金的管理流程，以债务资金链的风险来源研究债务风险的预警模式，也给我国地方政府债务风险管理提供一个思路。

7.1.2 我国地方政府债务风险预警机制现状与问题分析

审计署 2013 年公布的全国政府性债务审计结果显示，截至 2013 年 6 月底，18 个省级、156 个市级、935 个县级建立了债务风险预警制度。随后国家下发一系列债务管理文件，大力推进风险预警机制的建立。那么，目前我国各级地方政府的债务风险预警机制工作进程如何呢？通过登录各级地方政府官方网站查询，汇总分析全部省级及试点共 33 个地区，发现：截至 2017 年 5 月，有 30 个地区已下发相关债务管理文件提及建立债务风险预警机制。其中，除 6 个[①]地区下发《地方政府债务风险评估和预警暂行办法》，对风险评估及预警指标的内容、口径以及预警结果运用进行详细说明外，余下多数地区仅简单说明应包括哪些风险指标，并未对指标口径及指标应用等内容做出具体解释。根据各地区明文规定的债务风险指

---

① 6 个省区包括：青海、四川、内蒙古、安徽、贵州、辽宁。

标，整理其构成如图 7 - 1 所示。

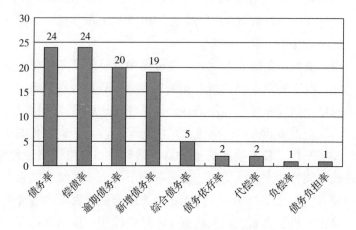

图 7 - 1　债务风险指标分布情况

具体来看，各地方政府的债务风险预警机制建设存在以下几个问题：

1. 风险指标的适应性和口径不一致问题。

首先，由图 7 - 1 可发现："债务率、偿债率、逾期债务率、新增债务率"（以下简称"四率"）构成我国地方政府债务风险指标体系的主体。这些指标分别是反映地方政府动用当期财政收入满足偿债需求的能力、地方政府当期财政支出中用于偿还债务本金的比重、地方政府债务余额中逾期债务余额的比重以及地方政府债务增长速度，偏重的是对偿债风险或者信用风险的评判。但是，就我国地方政府债务现实问题而言，情况则比较复杂。债务风险与各种因素紧密相关，如区域经济发展水平、社会稳定情况、金融情况等。当前我国地方政府债务风险既包括信用风险，也包括流动性风险，还包括项目管理和决策层面的风险。例如项目决策程序的不科学、不合理，使项目难以形成优质资产，进一步影响偿债能力。使用"四率"指标衡量债务风险，侧重的是对偿债风险的评判，而对其他风险如流动性风险、管理风险等的揭示显然是不够的，致使无法全面准确揭示我国地方政府债务风险全貌。

其次，完整真实的债务风险评价建立在口径清晰的风险指标基础之上。而调查中发现，我国各级地方政府关于相同的风险指标，其测算口径和内容差别很大，尚未形成规范统一的指标口径。以一般债务率和综合债务率为例，对比四川省和青海省对这两者口径的规定，具体见表 7 - 1 所示。关于一般债务率，与青海省相比，四川省的计算公式中多了"发展能力调整系数"和"一般债务调整系数"两个名词；关于综合债务率，两省的计算方法也不同，四川省的综合债务率是建立在一般债务率和专项债务率的基础之上，而青海省的综合债务率还考虑到了一般债务新增债务率、专项债务新增债务率、一般债务偿债率、专项债务偿债率、一般债务逾期率以及专项债务逾期率。指标口径存在争议，必然会导致对债务风险状况的错误评价，甚至引发决策失误，同时也不利于债务风险的时间及空间上的比较分析。

表 7 - 1   **部分风险指标的口径对比**

四川	一般债务率 = $\dfrac{一般债务余额 \div 债务年限}{一般公共预算可偿债财力 \times 发展能力调整系数} \times 一般债务调整系数 \times 100\%$
	综合债务率 = $\dfrac{(一般债务余额 + 专项债务余额) \div 债务年限}{(一般公共预算可偿债财力 + 政府性基金预算可偿债财力) \times 发展能力调整系数} \times \dfrac{一般债务调整系数 + 专项债务调整系数}{2} \times 100\%$
青海	一般债务率 = (一般债务余额 ÷ 债务年限) ÷ 一般公共预算可偿债财力 × 100%
	综合债务率 = Σ 分项风险指标值 × 权重

注：分项指标及权重分别为：一般债务率 35%、专项债务率 30%、一般债务新增债务率 2.5%、专项债务新增债务率 2.5%、一般债务偿债率 5%、专项债务偿债率 5%、一般债务逾期率 10%、专项债务逾期率 10%。

2. 预警方法的线性化争议与预警标准的不一致性问题。

纵观已建立债务风险预警机制的各级地方，其预警方法普遍是先建立风险指标体系，设定警戒值，以单个指标是否超过警戒线作为风险预警信号。单个指标可能仅是某单指标，如负债率、债务率、偿债率等，也可能是单一层面多指标权重汇总后得出的某综合指标，如综合债务率。以单个指标为评判标准，其方法操作简单易行，但可能不准确，不能系统评价风险全貌，有片面化之嫌。即使是加权汇总后的指标，也是默认加权的各指标之间是纯粹的线性关系，但实际上一些指标很可能是其他多指标以非线性方式共同作用后的内生结果（郭玉清，2011），也就是说，各指标之间并非是完美而纯粹的线性关系。此外，各地方的风险预警标准是不一致的。可汇总为三种：一是设置地方政府债务风险警戒线，根据债务风险超过警戒线的程度不同，确定风险提示区和风险预警区。例如安徽、内蒙古等地规定：综合债务率高于 100% 或专项债务率与一般债务率两项均高于 100% 的地区，列入风险预警名单；综合债务率虽低于 100%，但专项债务率或一般债务率二者有一项高于100%地区，列入风险提示名单。二是直接规定指标警戒线值。如西藏：债务依存度不得超过15%、债务率不得超过100%、偿债率不得高于15%。三项预警指标中任何一项超过警戒线，原则上不得举借新债。三是分层预警。如湖南省将预警机制分黄色、橙色和红色三个级别。

导致这些问题的原因在于各级地方政府的债务风险预警皆是以举债结果数据为基础进行风险评估分析，这些数据没有附着在完整的债务资金管理流程中，因而，在进行指标设计和数据选择过程中，地方政府存在自由裁量权或者权变性，甚至模糊了债务风险的来源与预警。事实上，债务管理是一个过程，包括决策、举借、使用、偿还及评价各环节，风险就蕴含在其中。仅就举债结果分析风险，忽略债务风险产生过程，难免会导致风险反映不全面、预警效果不理想的状况。

7.1.3　地方政府债务风险预警模式构建的理论基础

关于风险管理，较权威的定义是美国学者威廉姆斯和汉斯在其合著的《风险管理与保险》一书中所提出的：风险管理是根据组织目标或目的以最少费用，通过风险识别、测定处理及风险控制技术把风险带来的不利影响降低到最低程度的科学管理。这个定义表明：风险管理的目标是以最低的成本实现最大的安全保障；风险管理的过程包括对风险进行识别、评估和控制等；风险管理是一个动态的过程。各国学者在此基础上对风险管理进行不断地补充发展，现已构建了以风险识别、风险评估、风险应对、贯彻风险决策和风险管理的检查评价为主线的完整的理论体系。风险管理理论认为：风险是客观存在的，不以人的意志为转移，但是有风险并不等于不安全，只有当风险积累到一定程度，使系统发生质变而崩溃时，其危险性才会充分显示出来，因此对风险要见微知著，要步步为营地防范，以防从量的积累酿成质的突变（董小君，2004）。也就是说，需要对某一系统中客观存在的及潜在的各类风险进行连续系统的识别，寻找风险源，并应用相关理论或方法对风险发生的概率进行计算，估算风险在特定条件下可能遭受的损失程度，然后在此基础上根据风险管理的目标和宗旨，合理选择风险处理的技术和方法，并相应对过程中风险的发展与变化情况进行监控与评价。实质上，它解决的是系统存在几种可能的风险、产生风险的原因是什么、风险事件后果有多大、风险是否可被接受、是否需要采取相应的措施以及何种措施等问题。风险识别和预警是包含在风险管理理论之中的，这意味着各主体如国家、各级政府、企业甚至家庭等都可以利用风险管理理论，构建预警机制、传达预警信号，实现对危机预防的目的。当涉及地方政府债务时，正如王雍君教授所指：政府举债总是有风险的，真正的问题在于风险的程度、范围和应对。因此，如何科学地监测地方债务风险，准确地评定地方政府债务风险等级，在地方政府债务危机发生前及时发出预警成为关键。按照风险管理理论，要实现风险预警的目标，在构建其预警机制时必须要注意：所反映的风险不能局限于某个部门、某个环节、某个具体风险，而要能够系统全面地揭示风险主体作为一个完整系统所具有的全部重大影响风险。首要任务即在风险识别时既要正确判断风险类型，而且要准确寻找风险根源，因此不能孤立地分析风险，不能简单地就风险而论风险，而应将风险分析与其产生环节相联系，将风险放到一个完整的系统中全面分析。

当对象是地方政府债务风险时，要实现地方政府债务风险预警，全面系统地反映风险情况，前提是充分了解债务风险的类型和产生环节，这就涉及政府债务资金的流动，涉及债务管理流程。当前地方政府债务管理新政不断出台，对地方政府债务的边界、举债主体举债程序等都进行了明确的规定，也建立了较完善的债务资金的管理制度，在此背景下研究债务管理流程是实际可行的。具体来说，地方政府根据既定的战略规划或发展目标确定与发展相关的事项，根据发展事项筹划所需资金，并将所需资金与收入相对比，确认资金的缺口情况，然后根据资金的缺口情况安排举债规模以及债务融资结构，进而形成债务决策。债务决策形成，通过纳入政府预算的形式将举债行为合法化，并进入资金运营管理阶段，即具体的债务举借、债务资金使用、债务偿还以及绩效评价与反馈等环节。因此，地方政府债务管理活动涵盖从债务决策、债务举借、债务资金使用、债务偿还以及绩效评价与反馈等各个环节，而地方政府债务风险实质上就蕴含在上述各个环节中。因此，根据债务资金链以及债务管理流程对债务风险进行识别并分析风险产生原因，进而研究地方政府债务风险预警，是以风险预警模式跟进债务资金管理流程，逐步预警的结果既为债务管理提供信息支持，也成为宏观经济风险分析的组成部分。

7.1.4 我国地方政府债务风险预警模式的构建

1. 地方政府债务风险预警模式的目标与构建过程。

地方政府债务风险预警是利用"互联网＋""云计算""大数据"等现代信息技术，收集与地方政府债务风险相关的各类数据，构建地方政府债务的风险评估指标体系以及地方政府债务风险预警模型，从定性、定量两个方面分析评估地方政府债务风险程度（赵全厚，2014）。它是以各级政府现实的债务活动为内容，以整个债务资金运行过程为对象，其目的是为了获取超前预警指示信息、消除时滞误差，实现债务管理的规范化、系统化和科学化，从而为各级政府监控债务运行和制定化解风险对策提供科学依据，为宏观经济调控和决策提供信息支持。一个健全有效的地方政府债务风险预警模式应能实现以下目标：能够充分反映某一地方政府债务资金的运行状态和债务管理的基本态势；系统全面分析地方政府债务风险的性质、形成机制以及表现形式；灵敏反映债务风险程度及变化趋势，判断债务风险的危急程度，在债务危机爆发之前及时预警；为地方政府的债务风险决策、加强债务管理以及国家宏观调控等方面提供数据支持。

为实现上述目标，所构建的地方政府债务风险预警模式应与债务资金链紧密联系，细化到具体流程、具体环节对地方政府债务风险进行识别、评估及预警。构建的基本逻辑（如图7-2所示）是：以债务管理的基本流程为起点，沿着债务资金的运动脉络对关键环节进行风险识别，根据不同类型的债务风险设计出合理的评价指标体系，在各个环节收集数据进行指标计算，将各指标结果输入预警模型，则对应输出各环节的风险等级水平，结果实时反馈至各环节，据此进行针对性调节，真正实现实时动态的债务风险监测预警。一个完整的地方政府债务风险预警模式应当由债务数据基础、风险指标体系、预警模型、评估报告等多个模块共同组成。其中，风险指标体系的建立和预警模型的选择是其核心部分，指标体系能否全面揭示债务风险、预警模型是否科学合理，直接影响到地方政府债务风险的预警效果，影响到地方政府债务风险的有效防范和地方政府债务危机的及时化解。下文将对这两部分进行深化分析。

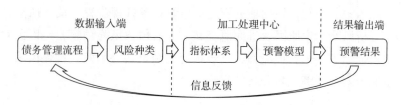

图7-2 地方政府债务风险预警模式构建逻辑

2. 地方政府债务风险指标体系的建立

地方政府债务风险指标体系是评价地方政府债务风险的基础，也是反映地方政府债务风险现状和能力的依据。基于风险管理理论和债务管理理论，债务风险实质上蕴含在债务管理的各环节中，要实现全面揭示债务风险，则有必要从债务资金流动的视角对地方政府债务风险进行重分类，遵循重要性原则，识别风险的影响因素，进而构建风险指标体系。

沿着债务资金运动的脉络，地方政府债务管理的具体业务流程可以分为：债务决策、债务举借、债务资金使用、债务偿还和绩效评价于反馈等五个环节。针对各个环节，可将债务风险总结为以下四类风险：（1）决策风险。债务决策环节重点是解决针对什么项目、采用何种方式、应该借多少债的问题，决策风险主要包括债务规模风险以及债务结构风险。其中规模风险是指地方政府债务由于规模过大而可能导致的到期债务无法完全支付的风险，债务规模大小取决于债务的审批额度，审批额度会受该地区经济水平、经济政策、政府财政收支能力等因素的影响，因此，可选择负债率、债务率及债务依存度、经济增长率、赤字率为风险衡量指标；结构风险主要是指各类地方政府债务状况所显示的隐患，债务结构会受政府战略目标、决策治理目标及结构等因素的影响，衡量时可选择短期债务比和新增债务率指标，也可辅之图文描述，反映不同领域债务项目构成比例等情况。（2）举借及使用风险。债务举借使用环节涉及债务资金在参与项目的各具体主体之间的流动，其风险主要表现在资金使用效率风险。资金使用效率风险可以从两个方面理解：一方面是指由于债务资金的管理效率低下导致的债务资金不能有效使用的风险；另一方面是指由于债务资金的使用效率不高，可能使偿债资金难以从债务资金的使用收益中得到有效获得的风险。主要受债务管理制度方法、资金使用手段、投入与产出评量等因素影响，评价指标方面可选用项目投入产出比。（3）偿还风险。偿债环节中最主要的债务风险就是偿债风险，指地方政府资不抵债，或者虽然政府的资产总额大于其负债总额，但由于资产缺乏流动性，地方政府无力对到期债务还本付息。偿债风险主要受政府偿债能力、偿债资源等因素影响，因此可选用偿债率、逾期债务率、财政收入增长率作为评价指标。（4）评价风险。评价环节可以说是对以上各环节的汇总分析，评价风险可包括：未达成政府目标的风险、社会公信力受损的风险、对资本市场产生负面影响的风险以及债务违约风险等，这些风险会受到以上各环节各类风险的影响。如果能够有效控制以上风险，评价环节的风险很大程度上就得到了控制。可衡量的风险指标可选用资产负债比。汇总分析债务管理各环节的债务风险以及其影响因素，可得出地方政府债务风险指标体系（如表7-2所示）。

表 7 - 2　　　　　　　　　　地方政府债务风险指标汇总

债务风险	具体风险指标	指标计算方法	指标的含义
决策风险 U1	U11:负债率	地方政府债务余额/地方 GDP 总额	反映经济总规模对政府债务的承载能力
	U12:债务率	地方政府债务余额/地方综合财力	反映政府财政支配能力对债务的承载能力
	U13:债务依存度	地方政府债务收入额/地方财政总支出	反映财政支出对债务依赖度
	U14:短期债务比	地方政府短期债务余额/地方债务余额	反映短期债务结构及政府短期偿债压力
	U15:新增债务率	地方政府债务余额增长额/地方上年债务余额	反映地方政府新增债务的比例
	U16:经济增长率	本年度 GDP 实际增加值/上年度实际 GDP	反映地方经济发展的速度
	U17:赤字率	财政赤字/GDP	反映在一定时期动员社会资源的程度
举借使用风险 U2	U21:项目投入产出比	项目运营寿命期内产出总额/项目投入总额	反映项目的债务资金回报率
偿还风险 U3	U31:偿债率	地方政府到期已偿债务/地方财政收入总额	反映地方政府对以前所欠债务偿还能力
	U32:逾期债务率	地方政府逾期债务余额/地方债务余额	反映政府的偿债能力
	U33:财政收入增长率	本年度财政收入增加/上年度财政收入总额	反映地方政府财政收入的成长性
评价风险 U4	U41:资产负债比	地方政府债务余额/地方资产总额	反映地方政府融资的财务风险及政府的长期偿债能力

3. 地方政府债务风险预警模型的建立。

建立一个科学合理、便于操作的预警模型是全面评估我国地方政府债务风险的关键。鉴于我国现阶段地方政府债务风险的影响因素复杂众多，且彼此之间交叉影响，因此借鉴模糊综合评价法以此来构建地方政府债务风险预警模型。该方法的基础是模糊数学，模糊数学由美国控制论专家 L. A. 扎德（L. A. Zadhe）教授于 1965 年所提出的，用以表达事物的不确定性。模糊综合评价法是根据模糊数学的隶属度理论把定性评价转化为定量评价，即从多个指标对被评价事物隶属等级状况进行综合性评判。其优点是：数学模型简单，容易掌握，对多因素、多层次的复杂问题评判效果比较好；结果清晰、系统性强，能较好地解决模糊的、难以量化的问题，适合各种非确定性问题的解决；同时又可以充分发挥人的经验，使评价结果更客观，符合实际情况。模糊综合评价法建模步骤如下：

（1）确定评价对象的因素集。首先应给出风险评价指标体系，即采用上文提到的 9 个风险评价指标 U = {U1，U2，U3，U4} = {U11，U12，U13，U14，U15，U16，U17，U21，U31，U32，U33，U41}。其中，U11表示负债率，U12 表示债务率，U13 表示债务依存度，U14 表示短期债务比，U15 表示新增债务率，U16 表示经济增长率，U17 表示财政收入增长率，U21 表示项目投入产出比，U31 表示偿债率，U32 表示逾期债务率，U33 表示财政收入增长率，U41 表示资产负债比。

（2）确定评价因素的权重集。实质上是确定各类风险指标的重要程度。层次分析法是一种行之有效的确定权系数的方法，特别适合于那些难以用定量指标进行分析得复杂问题（刘燕，2015）。它将复杂问题中的各因素划分为互相联系的有序层次，使之条理化，根据对客观实际的模糊判断，就每一层次的相对重要性给出定量的表示，再利用数学方法确定全部元素相对重要性次序的权系数，由此确定各类风险指标的权重A。权重不仅包括各类风险指标在所在环节的权重，还包括各环节风险在综合风险评价中的权重，即 A = {A1，A2，A3，A4}，A1 = {A11，A12，A13，A14，A15，A16，A17}，A2 = {A21} = {1}，A3 = {A31，A32，A33}，A4 = {A41} = {1}，其中，A1 + A2 + A3 + A4 = 1，A11 + A12 + A13 + A14 + A15 + A16 + A17 = 1，A31 + A32 + A33 = 1。

（3）确定评价对象等级集。即对风险等级进行划分，基于对地方政府债务风险等级的全面性考虑，可分为 5 个评价等级 V = {V1（无风险），V2（微度风险），V3（轻度风险），V4（中度风险），V5（严重风险）}。

（4）建立模糊综合评价矩阵。利用专家评分法判定各类风险指标在集合 V 中的隶属程度，例如，采用专家评价法对 U11 指标进行评价。当 U11处于一个确定的数值时，有 w1% 的专家认为无风险，w2% 的专家认为微度风险，w3% 的专家认为轻度风险，w4% 的专家认为中度风险，w5% 的专家认为严重风险。由此我们可以得到对 U11 的评价：R11 = ［w1%， w2%，w3%，w4%，w5%〕。进而可得出所有风险指标的模糊关系矩阵 $R1 = \{R11，R12，R13，R14，R15，R16，R17\}$，$R2 = \{R21\}$，$R3 = \{R31，R32，R33\}$，$R4 = \{R41\}$。

（5）模糊综合评价。其原则是先从最低层开始进行评价，并将每层的评价结果视为上一层单因素评价集，组成高一层的单因素评价矩阵，再对高一层的进行综合评价，直至最高层的评价结束。具体而言：评价算法依据综合评价模型 $B = AR$ 来进行，从各环节风险评价开始，以决策风险为例，依据评价算法 $B1 = A1R1 = \{A11，A12，A13，A14，A15，A16，A17\}\{R11，R12，R13，R14，R15，R16，R17\}$，至于举借使用风险、偿还风险、评价风险的算法也是如此；进而进行风险综合评价，依据评价算法 $B = AR = \{A1，A2，A3，A4\}\begin{Bmatrix} R1 \\ R2 \\ R3 \\ R4 \end{Bmatrix}$，根据计算结果判定债务风险等级。其结果是风险预警报告的重要组成部分，除此之外，还应附加其他不易数据化、与风险相关的图文描述信息，定性描述信息与定量统计信息相结合，更好反映全方位债务风险。

风险预警模型的功能不能仅局限于分析警兆、显示警情，更重要的意义还在于为查找警源和控制警度提供支持。模糊综合评价模型不仅能从总体上对债务风险进行风险等级的判定，还能为下一步的风险应对提供信息支持，对各环节的风险等级进行评估，将风险评估结果与债务管理流程、债务管理的具体环节相联系，进而分析究竟哪个环节或哪些环节主导了风险的变动，实现风险预警结果到管理流程的信息反馈，也为下一步应该采取什么方法应对化解风险奠定基础。

综上所述，地方政府债务风险预警属于债务管理制度体系的组成部分。我国地方政府债务管理正处于制度完善的变革期，大量的债务尚未完全以发行债券的方式存在和运营，其风险就不能完全基于债务结果性的数据来分析和预警，应该将债务风险和债务资金运营流程相结合，基于管理流程研究地方政府债务风险预警机制，按照债务管理的流程分析风险来源设计预警指标，用模糊综合评审法建立债务风险预警模型，使风险预警起于流程、止于流程，实现预警的实时动态性，进而为提高地方政府债务管理能力、落地各项政府债务管理制度提供保障。

7.2 地方政府债务风险的内部控制机制

7.2.1 地方政府内部控制的相关理论

1. 政府内部控制概念的借鉴与发展。

管理学家亨利·法约尔提出了管理的五项职能，其中对控制的定义是："控制就是要检验各项工作是否都与已定计划相一致，是否与下达的指示及已定原则相一致。控制的目的在于指出工作中的缺点和错误，以便加以纠正并避免重犯（杨雄胜，2011）。"由此可见，控制首先是一个管理学的概念，是一个与组织的计划、目标、流程和结果融为一体的管理职能；其次，控制的字典含义是"将不利事件的发生率或严重性降至无害的水平"，如果管理层合理履行了其职责，意味着企业"处于控制之中"，因而，控制是防范风险的手段。政府是一个市场组织，有其明确的职能和运营目标，其运营需要不同组织部门的协作和设计业务流程来完成，在存在组织目标和分工的前提下，任何组织都需要控制，政府组织也不能例外。

事实上，政府内部控制和政府部门内部控制是两个概念。政府履行职能有两大行为体系：一是决策行为体系；二是执行行为体系。决策体系由政府权力机构和决策机构来完成，执行体系由政府各组成部门或机构来组织完成，这两大体系密切相连，就好比政府总预算会计和政府单位预算会计之间的关系，两者既相互区别，又彼此依赖，共同构成政府会计的全部，政府内部控制也是由政府总内部控制和政府部门内部控制共同组成，两者共同构成政府内部控制的整体。

从政府内部控制的研究文献来看，有些文献对政府内部控制的定义没有区分政府和所属部门机构的内部控制的差异，而是把它们视作一个整体来认识。"政府内部控制是为合理保证政府有效履行公共受托责任，杜绝舞弊、滥用职权、浪费以及管理不当等行为而建立的控制机制、流程与制度体系（王光远，2009）。"也有文献从政府部门的视角定义政府内部控制，"是指由部门领导层和全体人员共同实施的、旨在实现控制目标的过程（刘永泽和张亮，2012）。"政府部门内部控制的主体是政府各职能部门，以完成部门职责为目标，即旨在"合理保证政府部门运行管理合规合法、资源配置公平公正、会计报告及相关信息真实完整，提高资金使用效率与效果，促进政府部门实现发展战略（樊行健和刘光忠，2011）。"提出构建一套内部控制定义集合的观点，以适应不同组织、不同层面的内部控制框架的构建，其中也包括对政府组织的适用。借鉴政府内部控制的研究成果，将政府内部控制的概念整体化，基于政府公共管理的视角来认识，首先，政府内部控制的主体是政府总体，是以公共利益最大化为目标，以追求社会公平和效率的平衡为基本价值取向，而且能够产生影响宏观经济效果和政府公众信誉的社会效应，在公共管理中发挥约束、规范公共行为的作用。政府部门内部控制是在政府既定战略目标的框架下的执行控制体系，政府部门内部控制从属于政府内部控制，政府内部控制的目标更具有宏观性，也成为各职能部门制定其内部控制目标的指引。其次，政府内部控制也是风险控制机制的组成部分，在于防御政府不能完成预定管理目标的风险，构建政府内部控制系统旨在为政府组织人工打造一个"免疫系统"，这个系统可以有效识别风险、评估风险从而控制风险，为有效地实现政府目标服务。然而，政府目标具有多元化特征，其实现过程依赖于多层级和多部门联合或合作的结果，因而，政府内部控制体系需要以政府为主体，向所涉猎的部门或机构做延伸。

政府内部控制是指政府及其组成机构或单位运用专门的方法，正确防范风险，以保障目标实现的系统化制度体系，包括政府总内部控制和政府部门内部控制两个体系。政府总内部控制是一级地方政府基于区域治理的目的，制定总体目标，在此目标涵盖下，明确各组织机构或部门的具体目标和权责关系，协调其运行流程和信息沟通，以保障通过各部门有效运行实现政府的总体目标。政府部门内部控制要在总内部控制目标要求下，设定本部门的控制目标，按照本部门的权责关系设计运行流程和控制制度，既保障与政府总体目标进行衔接，又保障和其他相关部门之间的无隙合作，有效防范整个过程中可能存在的风险。因此，政府内部控制包括宏观控制和微观控制，包括决策控制、执行控制和评价控制所有环节，在设计政府内部控制体系时，应将这些环节进行有效的分解。以政府为主体的运营活动虽然涉及区域治理的方方面面，但是主要在于决策控制和部门之间的有效衔接管理，要实现总体的控制目标，有赖于政府各职能机构或部门的有效运营和管理。而各部门的内部控制更多侧重于在既定目标下的业务流程和制度体系设计。当然，要想有效地实现政府的总体控制目标，绩效评价（问责）、监督和必要的奖惩制度是不可或缺的。

地方政府债务管理是政府运营管理活动之一，是政府组织的一个理财事项，那么政府内部控制体系的设计应该能够涵盖这个事项。地方政府债务管理事项既涉及政府决策，又涉及债务资金的使用和评价，其风险的管控是政府总内部控制和部门内部控制共同作用的对象，以此为切入点研究政府内部控制，不仅可以研究内部控制理论在政府组织中的应用，而且可以"窥一斑而见全豹"地研究政府内部控制体系构建问题。地方政府债务种类很多，不同的债务有不同的形成过程，其风险的影响因素也不同。本书仅选择地方政府项目融资举债为对象，对政府内部控制和项目融资债务的风险管控进行融合研究，并在此基础上提出完善政府内部控制机制的策略。

2. 地方政府项目融资债务风险内部控制的理论体系。

地方政府项目融资债务资金由于存在期限长、规模大、影响面广、资金使用链条长等特点，其内部控制事项涉及决策和执行等多个环节与流程，需要建立政府层面和政府各部门层面的内部控制机制，并保证其有效运转，才能实现债务资金的管理目标。地方政府债务管理是政府公共管理的一个事项，其内部控制的概念一定涵盖在总体概念之内，政府内部控制是指政府及其组成机构或单位运用专门的方法，正确防范风险以保障目标实现的系统化制度体系。因此，地方政府债务内部控制是指地方政府为正确防范债务风险，保障债务资金使用目标的实现而建立的系统化的制度体系。其总体目标定位就是通过控制政府及其相关部门的风险来合理保障债务资金的有效运营，实现预期管理目标。

这个概念与以"组织的免疫系统"定义内部控制是一个思路，要合理举债，有效使用债务资金，就需要有效防范整个过程中可能出现的危害债务管理目标实现的风险，分析风险类别，分析风险的来源，分析风险的影响因素，是设计内部控制制度体系的前提，就好像人知道了感冒是怎么引起的，就可以在行为上控制引起感冒的因素，从而避免感冒的发生。再比如，舞弊是因为权力集中导致，那么我们就可以设计分权机制，防范舞弊。因此，内部控制是人工为组织构建一个免疫系统，这个系统在面对"损我"风险时可以自动发挥作用，抵御风险。运用这个控制系统可以达到的控制目标具体包括：（1）债务决策有效性；（2）资产资源使用的合法性和有效性；（3）保障债务预算和财务信息的完整性和及时性；（4）组织机构设置合理，权责关系清晰，激励约束制度有效；（5）保障债务资金长期评估机制有效性。为了实现这个控制目标，需要构建内部控制结构，设置构成这个结构的内部控制要素，借鉴企业内部控制五要素的设置思路，考虑政府债务内部控制的特殊性，政府债务内部控制应设置为以下六种要素：控制环境、风险识别与评估、信息与沟通、控制活动、内部监督、评价。

3. 地方政府债务内部控制的要素及内容涵盖。

（1）控制环境。控制环境是指政府及其部门构建内部控制所需要的基础要素，政府高层必须设定"正直和道德价值观"作为"高层基调"（爱德华·卡尼等，2009），以保障内部控制的有效性，并使之对内部控制的其他要素有效发挥作用起到关键作用。具体到地方政府债务内部控制的环境来说，主要包括政府执政理念、政府举债的决策权力制衡体系、债务管理的相关法律法规、债务管理的组织机构的设置与权责关系的配置等因素。在这些因素中，政府的执政理念包括政绩观是政府举借债务重要的诱发性的因素，有时会影响债务决策等内部控制的有效性，政府决策机构或部门应尽量做到能够审时度势地估计和预测经济环境变化，合理评估这些因素对政府举债必要性和可行性的影响程度，以科学发展和公共利益为重进行有效决策。除此之外，政府应当营造一个健全的内部控制环境，包括：保证债务决策的权力制衡机制的有效运行；合理设置政府以及相关部门的组织结构，明确各相关部门的权责关系和奖惩条件；制定有效完善的债务管理制度体系；营造自上而下的全面的债务控制文化理念或行为宗旨，将风险的概念、效率效益和依法管理的理念贯彻在债务管理的全部过程。

（2）风险的识别与评估。政府组织首先设定内部控制的目标，将这个目标融入组织运营活动中运行，在此过程中，组织要能够识别实现目标所面临的风险，合理估计风险管理风险。地方政府举债的风险包括宏观风险和微观风险，作为一级政府的决策机构在决策环节要能够依据相关的条件和方法有效的识别宏观风险和评估风险，在此基础上，设定相互关联和内在一致的目标并在相关部门及环节上进行分解，然后将政府举借债务的业务流程进行有效梳理，分析风险可能发生的环节或领域，找到影响债务目标实现的因素和事项，判断风险发生的概率，科学计量风险，判断风险的影响程度，并根据风险容忍度制定应对风险的策略。

（3）控制活动。政府组织必须"建立并实施控制政策和程序，以确保有效实施管理层识别出的处理风险的必要行动"（马海涛和吕强，2004）。控制活动存在于政府举债以及债务资金使用和评价所涉及的相关机构内部的各级职能部门，包括政策制定和流程设计。根据债务资金控制的不同环节与对象，依据控制的目标，控制活动也是不同，比如立项审批、融资授权、政府采购、预算管理、会计核算、评价考核等。地方政府债务控制活动应建立"三重控制"体系：第一，以组织机构及岗位责任为核心的人力资源及行为的控制活动；第二，以预算、会计、审计为主线的事先、事中、事后控制活动；第三，以债务资金链为纵向业务流程的控制活动，这类控制活动主要通过信息上报汇总、按照工程进度安排预算、对资金的投放实施审计等。这三重控制体系相互交融相互嵌入，构成完整的政府债务的内部控制活动的全部。

（4）信息与沟通。信息来自政府运营活动的全过程，信息能够有效地反映政府以及相关部门运行的效率与效果，反映组织运行是否向着设定的目标前进，及时反馈信息能够及时发现组织运行过程中出现的问题，以便于纠正和校准。对于政府债务风险管理而言，内部控制的信息既有宏观决策方面的信息，也有微观管理方面的信息，既有预算、会计和统计等定量的信息，也有来自市场、社会等定性方面的信息，既有来自政府部门的信息，也有来自债务资金使用单位或项目托管单位的信息。因此，基于债务资金风险管理的特殊性，政府必须设置有效的信息中心，全面及时有效地反馈债务资金信息，以便于政府对债务进行有效控制。

（5）内部监督。内部监督是对政府运行中各项任务执行的质量进行反复监督，并确保监督中发现的问题及时得到解决的过程。地方政府债务资金由于存在期限长、规模大、影响面广、资金使用链条长等特点，监督应覆盖整个资金的涉猎领域和涉猎期限。包括日常监督和定期监督相结合、事先监督事中监督和事后监督相结合、全面监督和专项监督相结合，以地方政府债务管理部门全面监管为核心，充分发挥财政、审计、监察等机构的监督作用，根据有效的内部控制监督标准，对债务资金管理内部控制的有效性进行监督，以确保内部控制运行的效果。

（6）评价。与企业组织相比，政府内部控制体系设计的预计目标和实际执行结果缺乏明确的效益信号，加上政府债务内部控制体系由于涉及流程和部门多，影响因素复杂多变，社会影响层面广泛，因此，需要对内部控制的合理性和执行有效性定期进行评价。评价包括内部控制制度体系设计的合理性、政府各机构和部门权责履行的合规与有效性、地方政府债务资金基于特定的内部控制体系中的管理效果。评价意味着促进政府债务内部控制的不断完善，意味着保障政府及其部门行为的合规与有效，意味着政府机构与社会与市场的互动和相互促进，是政府内部控制结构中不可或缺的要素。

7.2.2 地方政府债务风险分析

地方政府举债是政府筹措资金的方式之一，以公债"世代间的公平理论"分析地方政府举债行为，即政府支出资金是通过举债还是征税方式来筹措，应当按照受益原则来确定。如果政府筹措资金用于消费支出，使当代人受益，就应当采取征税的方式，由当代人承受支出的负担，如果政府筹措资金用于投资性支出，提高未来生产力，使后代人得到利益，则应采取举债方式，把支出的负担转移给后代承担。据此，世界上许多国家也有明确的规范地方政府负债资金不得用于经常性项目开支，只能用于基础性设施等长期资本性项目，一方面利于符合政府支出的"代际公平原则"，另一方面也利于遏制政府铺张乱花钱的行为。因此，尽管现实中地方政府债务种类很多，涉及面也非常广泛，但是，从规范的发展层面来看，我国地方政府的举债范围应该限定在长期资本性项目的资金需要方面，这也是本书对地方政府债务风险控制的基本假设。

从管理的视角研究地方政府举债行为，需要将政府的融资事项纳入政府的管理目标下，在既定的政府目标下筹划政府所要做的事情，按照所做事情需要的资金筹划资金支出总量，再与资金收入进行对比，权衡债务融资的结构与额度，形成债务决策。债务决策形成后，以预算形式合法化，并进入预算资金使用管理的阶段。因为债务资金一般用于基础设施等长期项目的建设，必然关联到政府、金融机构、项目建设单位以及相关部门或机构，需要对这些部门的权责予以明确，以便控制债务资金的使用不偏离目标。在这个过程中，信息与监督贯穿始终，年度终了和项目结束，需要对债务资金的建设项目进行绩效评价，对评价结果进行公开。因此，债务管理活动涉及债务决策、债务资金的使用、债务资金使用、债务偿还、绩效评价等诸多环节，其间涉及多个部门和机构的联合行为，而债务风险实质上就蕴含在这些环节和机构中，详细梳理管理流程，有利于找出风险产生的环节和原因，因而有效地制定控制策略，降低债务管理风险，提高债务资金的使用效益。

按照债务管理的具体业务流程分为：债务决策、债务举借、资金使用、债务偿还和绩效评价五个主要环节。详细分析这些环节以及相应的风险来源用图 7-3 表示。

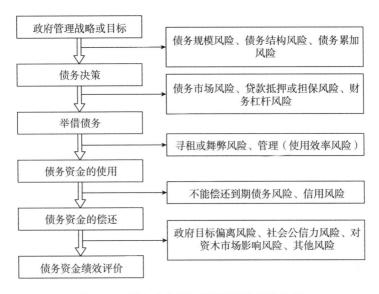

图 7 - 3　地方政府债务管理流程与风险来源

从图 7 - 3 来看，债务风险来源于债务资金管理过程，不同的管理阶段产生不同的风险，将上述风险进行归纳，可以分为四大类：（1）决策风险，包括规模风险、结构风险和债务累加风险。其中债务累加风险是指不同层级的地方政府债务累加产生的债务风险。决策风险受宏观经济环境、政府发展规划以及决策机制或治理结构等因素影响。（2）资金举借和使用风险，包括债务市场风险、贷款抵押或担保风险、财务杠杆风险、舞弊风险、资金使用效率风险等。其中，债务市场风险是指不能按照预定的金额和利率筹措资金的风险；贷款抵押或担保风险是指由于提供抵押或提供担保对政府组织运营带来的损失；财务杠杆风险是指债务占资产的比例过大导致的财务风险。资金的使用风险主要受制度安排和控制监督体制的影响。（3）偿还风险，包括不能清偿到期债务风险、信用风险等。（4）评价风险，包括未达成政府目标风险、社会公信力受损风险、对资本市场或其他方面负面影响的风险。偿还风险和评价风险主要来自决策风险与使用风险的影响，另外，社会因素比如政府与公众之间的信息公开与沟通等因素也会产生一定的影响。这些风险产生的环节不同，影响因素不同，要达到控制的目标需要对这些风险的影响因素进行分析（见表7 - 3）。

表 7 - 3 　　　　　　　　　　　　　地方政府债务风险分类与影响因素分析

风险大类	风险名称	影响因素
决策风险	债务规模风险	宏观经济环境、GDP 水平、财政收支能力、区域发展规划、决策治理结构
	债务结构风险	宏观经济政策、政府战略目标、区域治理目标、决策治理结构
	债务累加风险	政府债务政策、上下级政府理财政策与监管、政府治理结构
举借和使用风险	债务市场风险	市场利率、应债能力、信息充分对称
	贷款抵押或担保风险	资产管理与法律法规、政府及各部门所拥有或控制的资源
	财务杠杆风险	债务与资产的比例、政府及各部门财务状况
	舞弊风险	各项制度完善程度、激励与约束机制、合理的流程设计、绩效评价与问责、监督
	资金使用效率风险	投入与产出评量、监督、信息反馈、绩效评价
偿还风险	不能清偿到期债务	经济预期不准、决策风险、使用风险
评价风险	政府目标达成风险	政府目标制定偏离、决策风险、使用风险
	社会公信力风险	公众认知、政府行为的社会影响力
	其他风险	决策风险、使用风险

从表 7 - 3 中的风险影响因素来分析：（1）总体来说，决策风险和债务举借与使用风险影响效果风险，控制了决策和资金使用过程，很大程度上就控制了效果；（2）地方政府债务的特殊性使得其上连宏观经济环境，下连资本市场，中间是政府及各部门的运营和管理，因此，债务风险的影响因素也具备广泛涵盖的特点；（3）基于控制观归纳这些影响因素，可以分为：宏观经济环境、GDP 水平、市场利率等宏观因素；政府决策治理结构、上下级财政关系、政府区域规划等中观因素和政府组织财务状况、管理流程和制度体系等微观因素。这些因素中，宏观因素具有一定的识别性，中观和微观因素具有很大程度的可控性，控制影响因素成为控制风险的重要途径。

这些因素与政府举债活动的流程和涉及的相关部门或机构的权责密切相关，整体上分析债务风险、债务资金运动过程和各部门的权责与风险关系，将债务管理活动分成三个阶段，即决策阶段、债务资金使用阶段、债务资金使用效果评价阶段。以决策阶段和债务资金使用阶段的业务过程为例说明其和相关部门的权责与风险关系如表7-4和表7-5所示。

表7-4　　　　　地方政府债务决策流程与相关部门的风险关系

业务流程描述	涉及主要部门或机构	主要风险关系
1. 根据政府战略目标或规划确定所需要的项目设施,对现有的项目设施进行汇总,分析需要新上的项目设施,对需要建设的项目设施进行优先排序	某级地方政府领导班子组成的决策机构(类似市长办公会)、地方同级人民代表大会(权力机构),地方政府发展改革委员会	政府目标影响项目需求和分析,影响项目的排序
2. 按照发展规划和项目排序,做项目建设的可行性研究并立项	发展改革委,决策机构,权力机构	信息的充分性影响项目可行性,工作流程影响项目判断、寻租,政府治理结构影响项目的审批
3. 根据已经立项的项目性质和特点选择融资方案,决策债务融资	财政局、政府决策机构	政府公信力(信用评级)、应债能力、利率等影响融资方案的选择
4 对项目立项和债务融资方案履行合法化程序	政府决策机构、人民代表大会	政府目标、工作流程影响审批结果
5. 将债务融资纳入当年预算	财政局	法律法规、信息和工作流程影响预算的准确性

表7-5　　　地方政府债务资金使用阶段业务流程与相关部门权责关系

业务流程描述	涉及主要管理主体	主要风险关系
1. 按照决策的举债方式举借债务,包括通过公开招标的方式选择证券发行公司或商业金融机构,签订债务协议等	财政局、政府采购部门、金融机构	资本市场风险、贷款限制性条款风险,寻租
2. 以公开招标的方式选择项目建设单位	政府采购部门、建设单位	寻租

业务流程描述	涉及主要管理主体	主要风险关系
3. 项目资金的拨付	财政局、金融机构、项目建设单位	项目建设单位的运营风险，监管
4. 项目跟踪审计	审计局、项目建设单位	信息质量、工作流程影响评价结果
5 信息搜集与反馈	财政局、债务资金涉猎的单位和部门	信息的实时性、信息的可靠性、信息的相关性等影响判断
6 项目完工验收和确定运营或托管单位	相关单位	退出方式选择、工作流程影响结果判断

综上所述，地方政府债务的风险具有以下主要特征：（1）由于债务资金主要用于长期公共项目建设，跨期长，其所涉猎的范围广泛，债务风险的影响因素既有宏观因素，又有微观因素，需要在风险控制方面做更全面、更长远的设计；（2）由于债务资金链条较长，既有决策风险又有执行风险，对债务资金执行结果的绩效评价不仅影响本项目的效率效益和预期目标的实现，还影响政府的社会公信力，为以后的债务融资产生社会影响力，因此，按照资金链设计控制制度是必要的；（3）完整的债务管理由政府多个部门合作与协作完成，各职能部门的有效运行和制度体系建设是有效管理政府债务的保障；（4）由于政府举债目标具有多元性，债务资金使用效果的多样性评价决定政府债务内部控制的广泛性。（5）从债务风险的类别和影响因素来分析，建立健全政府内部控制对风险的防范是有效的。

7.2.3 嵌入式地方政府债务风险控制实践框架

以内部控制视角研究地方政府债务风险的控制，是将内部控制结构融入地方政府债务管理流程，政府总内部控制涵盖债务决策事项，部门内部控制涵盖债务资金使用事项，以政府总内部控制和政府部门内部控制的设计防范债务管理的宏观风险和微观风险，对地方政府债务资金权责关系进行分析和认定，将制度、流程、行为进行整合，达到债务风险控制的目的。以债务资金决策为例，结合上述债务风险分析，将内部控制与债务管理流程进行融合，建立嵌入式的风险控制框架流程图，如图7-4所示。

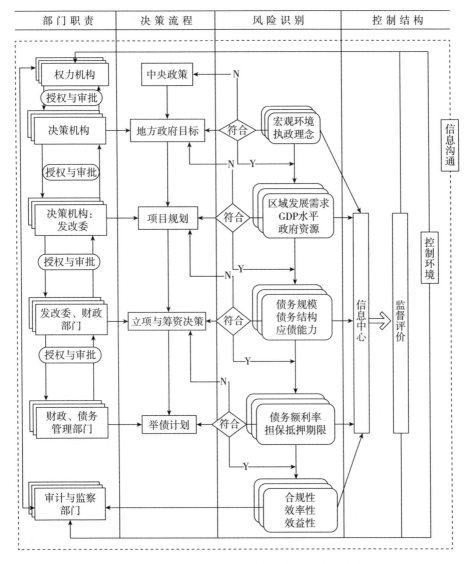

部门职责　　　　决策流程　　　　风险识别　　　　控制结构

图 7-4　嵌入式地方政府债务决策风险控制流程

从图 7-4 和图 7-5 可以看出，政府债务事项与内部控制结构的嵌入实现了以下几个融合：第一，实现了经济学研究和管理学研究的结合。这个融合框架中，包含了财政视角对政府债务风险管理研究成果的体现，债务预警指标体系、政府资源、应债能力等指标或因素构成内部控制的风险判断标准，成为债务决策风险识别环节中主要的组成部分，体现政府债务风险管理的宏观与微观的结合，使得债务风险研究的理论构想有了管理实践的落脚点；第二，实现了部门权责与业务流程与风险管控的融合，这种深化体现了财政资金精细化管理的基本理念；第三，实现了内部控制制度与组织管理目标的有机融合，成为保障政府目标实现的有效防御系统；第四，实现了内部控制理论与政府组织债务管理实践的融合，对于进一步研究政府组织的内部控制理论与实践打下基础。

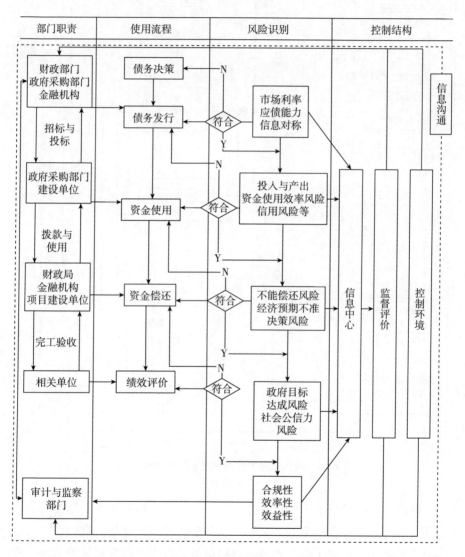

图7-5 地方政府债务借用还流程风险控制

7.2.4　地方政府债务内部控制完善机制

从对地方政府债务风险及影响因素的分析来看，对于地方政府债务风险的防范，不仅需要有内部控制的有效运行，还需要完善其他制度规范，以保障内部控制的有效运行，保障地方政府债务风险的有效管控，这些制度规范主要包括：

1. 完善地方政府决策机制和问责机制。

建立有效的政府决策内部牵制制度，明确政府决策涉及的相关机构和部门的权责，充分发挥决策机构和人民代表大会等权力机构的牵制约束作用，明确决策流程，以民主、科学的理念对政府筹资事项作出决策，并对决策结果承担责任。

2. 重视风险管理人才的培养，建设一支具有专业水准的公务员管理队伍。

不仅能够有效地识别和管理风险，而且能够贯彻政府内部控制的策略思想，真正将政府内部控制体系的构建和运行贯彻在政府债务资金管理的全过程。

3. 建立健全地方政府债务管理制度体系。

地方政府债务管理制度不是一个孤立的制度，它和政府预算管理制度、政府采购制度、国库集中支付制度以及绩效评估制度等制度密切相关，以完善地方政府债务管理制度为切入点，带动其他制度的完善，也能够在很大程度上防范政府的财务风险。

4. 建立有效的信息反馈与公开制度。

信息反馈与公开不仅能够有效反应组织运行过程中的问题，及时调整和校准目标，并且能够有效地防范舞弊，对于提高政府内部管理效率，完善监督机制，提高政府的社会公信力极为重要。

5. 建立有效的社会监督机制。

有效的社会监督机制包括公众参与债务决策、债务预算公开、债务资金运营及结果的社会审计、债务资金使用效果的社会评价等。社会监督机制的建设不仅是政府解脱受托责任，防范舞弊，促进民主进程的重要举措，更重要的是政府建立社会公信力，提高执政合法性的自律要求。

第8章 研究结论与局限

8.1 研究结论

我国地方政府债务管理走过了一条不同寻常的路径，梳理我国政府债务资金管理的历史演进，从过去的不合法到现在的合法，积累了诸多的问题与隐患；从目前展望未来，债务管理从规范化到绩效化，需要全面完善政府债务管理制度。我国的地方政府债务管理有两个方面的特点需要特别关注：一是从不合法到合法的曲折发展历程，以及在这个历程中累积的历史问题需要分析和解决；二是政府的举债行为从决策到债务资金的使用和评价涉及诸多责任主体，资金存在承债主体和使用主体错位的问题，如果只核算承债主体的会计事项，势必导致债务资金的使用过程无法纳入政府有效控制范围，由债务资金形成的末端（或最终的）固定资产或长期资产无法纳入政府会计核算范围，形成债务信息和资产信息不匹配的状态，也难以有效评价各相关主体的受托责任。因此，研究政府债务资金的有效管理，需要首先梳理债务资金运动过程以及相关责任主体，基于责任主体建立有效的会计信息系统，全面、及时、完整地披露能够反映政府债务资金来龙去脉的会计信息既是政府债务资金管理的信息基础，有效防范债务风险的基础，更是建立国家治理体系现代化的基础。

因此，本书以我国地方政府债务管理政策演进为研究路径，设计了全资金流程的地方政府债务会计核算和报告体系，并基于全流程的（多元主体的）债务会计信息系统衍生性地设计了基于流程管理的地方政府债务风险预警和内部控制体系。分解本书的研究结论包括：

（1）通过对我国地方政府债务管理的历史、现状的梳理与分析，以《预算法（2014）》实施为分界点，之前形成的地方政府债务应该进行全面的清理与置换，予以透明化和规范管理；之后形成的债务应纳入规范化管理制度体系。为此，提出融资平台要在"政社合作"背景下的转型策略。

（2）通过对地方政府债务管理政策的梳理，本书认为：目前我国地方政府债务管理正处于政策转型期，过去的政策还在沿用，新的政策正在逐步建立，一些已经在应用，另外一些准备应用，还有一些未来适用。以政府会计准则和制度为例，对债务的核算，一方面政府财政总会计核算执行的是 2015 年的制度，另一方面《政府会计制度》2019 年 1 月 1 日开始实施，《行政事业单位资产管理制度》和《事业单位财务规则》等制度仍然是《预算法（2014）》之前的规范。因此，需要构建可以引领政府财务管理相关政策制定的理论体系，其中就包括地方政府债务管理理论和资产管理理论体系。政府债务管理理论应该在政府治理理论的框架内、基于政府公共受托责任的报告和解脱、全面提高政府财务管理绩效的目标要求而建立。

（3）我国地方政府债务资金管理的主体层级多，债务资金链条长，资金规模大，涉猎领域广泛；政府举债既是政府筹措资金的手段，又涉及宏观经济调控；既涉及民生，又涉及自身管理；既涉及当前资金需要，又涉及未来资金偿还。因此，依据政府公共治理理论分析政府债务资金的信息需求，应当建立和债务资金管理流程相适应的会计信息系统，满足政府宏观调控的信息需求；满足市场债权人对政府债务的信息需求，以作出投资决策；满足第三方机构对政府信用评级的需要；满足政府内部管理者对债务信息的需要，以有效配置资源合理作出决策；满足社会公众或者纳税人对债务信息的需要，以评价政府的受托责任。

（4）基于政府会计改革的基本理论框架，我国地方政府债务资金全流程的会计信息系统的构建，要拓展会计主体，将项目主体纳入政府会计核算范畴；对政府债务进行重分类，以权责发生制和收付实现制双基础确认政府债务信息，重构政府债务信息披露体系，进而设计和构建债务信息财务分析体系。

（5）以政府债务资金管理理论为依据，以债务资金信息需求为目标，以克服我国债务资金管理的现实弊端为基本要求，展望未来，在"互联网＋"时代，我们应该拓展和创新传统的会计理论，提出建立多元主体的政府债务会计体系，将政府部门债务、资本性项目债务和基金债务分开，分别设立独立的会计主体进行核算和报告，既反映债务资金的结构性信息，又在逐项逐级的汇总和合并之后，形成一级地方政府综合债务信息或称总额信息，形成完整全面的债务信息体系，以满足各方利益相关者决策和评价需要，满足防范风险的需要。内容包括：第一，对政府债务进行重分类，基于治理视角的信息需求，依据债务资金管理的流程，对债务资金进行重分类，建立债务会计的信息体系。第二，分别设置部门主体、基金主体和项目主体的会计信息系统，并对三个主体的界限进行划分，以权责发生制和收付实现制为确认基础，分门别类地确认和计量各项目、各部门和各项基金的财务会计和预算会计信息，全面反映债务资金的来龙去脉，并要求符合政府会计信息质量要求。这个体系可以有效克服地方政府债务资金管理主体错位，债务资金和政府资产不匹配的现实问题。第三，建立地方政府债务信息独立报告制度，有效地纠正当期地方政府债务信息分散披露的弊端，基于政府治理的要求，考虑政府债务信息多元化的目标，以债务资金运营的流程为依托，建立债务独立报告的内容、方式和披露路径。独立的债务报告要说明的主要内容包括：政府为什么举债（背景或概况介绍），以什么方式举债（债券还是借款等），债务资金的流向（项目），债务资金的使用（资产的构成），债务资金的偿还（预算与风险），债务资金的绩效评价，同时应提供连续几个会计期间的上述信息的分析比对。独立的债务报告可以将政府的举债行为纳入资金管理，将政府的决策责任、资金使用责任和评价责任有效明确，将政府资金涉猎的宏观和微观关系纳入管理，让信息使用者更加完整和可持续地了解政府债务资金的管理绩效，理性决策，进而评价政府的受托责任。

（6）地方政府债务信息的生成和报告并不是目的，目的是分析和利用。基于地方政府债务会计信息体系初步构建债务信息的财务分析体系和分模块的分析指标。分别设计了政府综合财务报告层面、部门财务报告层面、项目财务报告层面以及多元和多维的个性化债务信息分析指标，以分析债务资金的基本运营绩效和风险识别。

（7）基于债务资金管理流程设计了政府债务风险预警模式和嵌入式的内部控制框架，风险预警和内部控制的设计与债务资金的流程管理、会计核算、信息披露的体系是一脉相承的，将债务资金运营过程进行梳理，将风险管控嵌入其中，明确各个管理流程不同机构或责任主体的责任，分析各个阶段可能产生的风险，恰当的方法识别，有效的预警和控制。

8.2　研究局限与展望

我国地方政府债务管理正处于从不规范向规范转型的时期，各项制度正在形成与实施，不断出台的相关管理政策既是引导地方政府合理举债、有效管理的可喜之处，而新旧交替的政策也构成研究这个问题的难点所在。各级地方政府到目前为止基本上都是执行上级政策，按照统一的政策发行债券和公开信息，由于各层级政府对债务信息公开的有限性，本书在案例调研和实证数据的获得方面具有一定的限制性，也因此导致的研究局限包括：

（1）债务管理实践调研范围的局限。课题组对部分省区市三级政府财政部门的债务管理情况进行调研，对Q市融资平台进行了调研。主要调研方式是相关专家和实务工作者的访谈、实务工作文件的查阅、政策文件的阅读，以及对已完工项目的信息查询等。调研过程中，无法获得各省市区历史的、可延续性的债务规模、债务结构和债务项目等详细信息，只以在信息平台公布的、可以查询的信息为准。

（2）对于地方政府债务信息数据的实证部分，我们通过网络查阅各级各地政府官网公开的有关债务信息、财政统计年鉴中包含的债务信息、公开的融资平台债务信息等进行分析，由于我国地方政府债务信息披露的零散性和不规范性，债务分类和资产分类不在统一的口径中进行，也没有在统一的口径中归集数据，因此，不能有效获得我国地方政府有负债以来政府负债和资产的对应性数据，在数据实证研究方面存在一定的局限性。

（3）本书在对全流程债务资金会计核算和信息披露体系进行设计的基础上，对债务会计信息的分析和利用也做了衍生性的研究，针对不同信息使用者的信息需求构建分析指标体系，进行风险预警和内部控制。但是，基于本书研究主题的局限各版块的分析指标体系和风险预警指标体系的设计只做出了基本指标的设计，实际应用这个体系还需要做更详细的、更有针对性的指标设计。

（4）我国地方政府债务资金全流程会计信息体系的实践验证部分，本书选择三个项目，归纳三个不同项目资金流动的三个阶段：地方政府通过发行债券募集资金，将资金投放到资本性公益项目中，通过项目的建设和运营形成最终资产。将这三个阶段的会计核算和会计报表的编制予以完整呈现，并编制基本数据的会计报表和进行报表分析。但在政府综合债务报告的编写部分，本书只是设计了报告的模板，指出债务报告的基本内容构成和信息来源，尚未形成一级地方政府真实的、完整的综合债务报告。

因此，这些局限问题归根结底是政府债务信息披露机制不够健全所导致的，这也正是我们研究本书的动因，随着政府信息公开的不断推进改革，政府债务管理理论和实践的不断完善，这些局限性都会成为后续研究的领域，引导我们不断探索理论创新，不断完善实践应用。

　　未来围绕着《预算法》的实施，政府所有资金运营和管理的制度体系都将不断改革与完善，特别是中共十八大报告提出"创新行政管理方式，推进政府绩效管理"的目标要求，全面提升政府资金管理绩效，全面报告政府财务受托责任都将成为政府公共管理改革的重要部分。政府债务的管理也必将在这样的背景与发展前景中研究与创新。本书的研究结论旨在解决制度转型期政府债务信息的生成与报告，以全面完整地披露债务总额和结构信息，期望一方面将会计系统和债务资金的管理系统紧密相容；另一方面，将政府债务资金的管理通过信息披露与社会与市场进行联通，将政府的资金融通行为在市场经济的背景下、在合作共治的理念下更加趋于规范和有效。这是一个需要持续关注和研究的领域，本书只是一个研究起点，后续的研究会更加精彩，需要我们加倍努力。

主要参考文献

［1］ ［美］爱德华·卡尼等著．联邦政府内部控制．王光远，译
［M］．北京：中国时代经济出版社，2009.

［2］ 安丰琳，周咏梅．财务分析视角下政府会计信息使用者及其需求
研究［J］．经济师，2016.4：142－143＋145.

［3］ 巴曙松．地方政府投融资平台的发展及其风险评估［J］．西南
金融，2009.9：9－10.

［4］ 曹剑光．国内地方治理研究述评［J］．东南学术．2008.2：
65－72.

［5］ 曾康霖，吕劲松．加强地方政府性债务管理的审计思考［J］．
审计研究，2014.1：31－34＋8.

［6］ 陈菁，李建发．财政分权、晋升激励与地方政府债务融资行
为——基于城投债视角的省级面板经验证据［J］．会计研究，2015.1：
61－67.

［7］ 陈穗红．三问权责发生制政府综合财务报告制度改革［J］．财
务与会计，2015.4：62－63.

［8］ 陈穗红，石英华．论我国政府会计主体的选择——兼论是否要实
行基金会计模式［J］．预算管理与会计，2009.4：41－43.

［9］ 陈穗红，石英华．我国政府会计目标选择［J］．财政研究，
2007.7：48－50.

［10］ 陈小悦，陈立齐．政府预算与会计改革——中国与西方国家模
式［M］．北京：中信出版社，2002.

［11］ 陈小悦，陈璇．政府会计目标及其相关问题的理论探讨［J］．
会计研究，2005.11：61－65.

［12］ 陈志斌．政府会计概念框架结构研究［J］．会计研究，2011.1：
17－23＋95.

［13］ 陈志斌，李敬涛．政府善治目标的实现与政府会计治理效应

［J］．会计研究，2015.5：13－19.

［14］陈志刚，吴国维．地方政府债务促进了区域经济增长吗？——基于地方政府"招拍挂"工具变量视角［J］．现代财经（天津财经大学学报），2018.38.4：48－60.

［15］陈志勇，毛晖，张佳希．地方政府性债务的期限错配：风险特征与形成机理［J］．经济管理，2015.5：12－21.

［16］陈志勇，王银梅．我国地方政府性债务信息披露问题研究［J］．地方财政研究，2014.2：37－41.

［17］成涛林．地方政府融资平台转型发展研究——基于地方债管理新政视角［J］．现代经济探讨，2015.10：55－58＋73.

［18］崔兵，邱少春．地方政府债务置换：模式选择与制度绩效［J］．理论月刊，2016.7：130－133.

［19］刁伟涛．经济增长视角下我国地方政府债务的适度规模研究——基于省际数据的分析［J］．经济问题，2016.3：50－54.

［20］刁伟涛．财政新常态下地方政府债务流动性风险研究：存量债务置换之后［J］．经济管理，2015.11：11－19.

［21］丁鑫，荆新．我国政府会计目标的定位［J］．财务与会计，2010.10：57－59.

［22］董小君．金融风险预警机制研究［M］．北京：经济管理出版社，2004.

［23］杜威，姚建．地方政府债务风险——基于可持续研究［J］．东北财经大学学报，2007.5：43－46.

［24］樊行健，刘光忠．关于构建政府部门内部控制概念框架的若干思考［J］．会计研究，2011.10：34－41.

［25］封北麟．地方政府隐性债务问题分析及对策研究［J］．财政科学，2018.5：55－62.

［26］伏润民，缪小林．地方政府债务权责时空分离：理论与现实——兼论防范我国地方政府债务风险的瓶颈与出路［J］．经济学动态，2014.12：72－78.

［27］葛家澍．关于财务会计基本假设的重新思考［J］．会计研究，2002.1：5－10.

［28］葛家澍．制定中国会计准则如何借鉴国际经验［J］．会计研究，1992.2：16－19＋2.

［29］郭琳，樊丽明．地方政府债务风险分析［J］．财政研究，

2001.5：64 – 68.

［30］郭玉清．逾期债务、风险状况与中国财政安全——兼论中国财政风险预警与控制理论框架的构建［J］．经济研究，2011.7：38 – 50.

［31］郭煜晓．地方政府或有负债的确认与计量［J］．地方财政研究，2018.1：82 – 85.

［32］国务院发展研究中心"国有企业改革突出矛盾与对策研究"课题组．地方投融资平台转型的方向与政策［J］．国家治理，2016.4：42 – 48

［33］韩增华．债务风险监控与绩效管理：自地方政府观察［J］．改革，2010.6：22 – 30.

［34］胡欣然，雷良海．我国地方政府债务的再思考——基于新供给理论与供给侧结构性改革的视角［J］．财经科学，2018.8：95 – 106.

［35］吉富星．地方政府隐性债务的实质、规模与风险研究［J］．财政研究，2018.11：62 – 70.

［36］吉富星．我国 PPP 与政府性债务问题的研究［J］．财政科学，2016.1：117 – 124.

［37］贾康．PPP：制度供给创新及其正面效应［N］．光明日报，2015 – 05 – 27（015）.

［38］姜宏青．地方政府债务透明化管理的策略［J］．财会研究，2005.3：21 – 22.

［39］姜宏青，李科辰．我国地方政府债务信息分析体系探究［J］．会计之友，2018.15：34 – 39.

［40］姜宏青，宋晓晴．我国政府或有资产会计问题初探［J］．财务与会计，2018.8：66 – 70.

［41］姜宏青，王硕．我国地方政府债务管理制度实证研究［J］．华东经济管理，2012.10：94 – 98 ＋127.

［42］姜宏青，韦森森．地方政府债务信息披露的问题与对策［J］．商业会计，2016.7：13 – 16.

［43］姜宏青，魏小茹．政府会计信息在政社合作管理中的应用与改进［J］．会计与经济研究，2019.3：3 – 15.

［44］姜宏青，夏杨柳．我国地方政府隐性负债形成路径和会计控制［J］．会计之友，2019.19：7 – 12.

［45］姜宏青，杨洁．我国多元化政府会计体系构建的探讨［J］．商业会计，2015.7：6 – 10.

［46］姜宏青，于红．我国地方政府债务信息重分类研究［J］．财会

月刊，2016. 17：61 – 65.

[47] 姜宏青，于红. PPP 背景下融资平台转型策略探析 [J]. 财会通讯，2017. 17：25 – 28.

[48] 姜宏青，于红. 基于管理流程的地方政府债务风险预警模式构建 [J]. 会计之友，2017. 16：81 – 85.

[49] 姜宏青，于红. 地方政府治理与债务信息披露的耦合 [J]. 财政科学，2016. 11：121 – 131.

[50] 姜宏青，于红，张艳慧. 我国地方政府承债主体和会计核算主体的错位与解决 [J]. 会计研究，2018. 9：25 – 30.

[51] 姜宏青，张艳慧. 我国政府债务与固定资产投资关系的实证研究 [J]. 中国海洋大学学报（社会科学版），2018. 4：79 – 87.

[52] 孔岚茜. 基于财务信息披露的地方政府债务融资管控机制研究 [J]. 商业会计，2017. 10：35 – 37.

[53] 类承曜. 李嘉图等价定理的理论回顾和实证研究 [J]. 中央财经大学学报，2003. 2：9 – 13.

[54] 李冬伟，王芳羚，万娜. 政府债务会计信息透明度研究——基于新公共管理视角 [J]. 财会通讯，2014. 22：58 – 60.

[55] 李红彩. 地方政府债务管理视角下的政府会计改革 [J]. 财会学习，2018. 20：91 – 92.

[56] 李虎. 我国地方政府债务管理研究 [J]. 财经问题研究，2013. 1：137 – 140.

[57] 李经纬. 新预算法及其配套政策法规实施背景下的地方融资平台转型与发展 [J]. 中央财经大学学报，2015. 2：3 – 9.

[58] 李敬涛，陈志斌. 公共品短缺、政府问责与政府负债信息披露 [J]. 中南财经政法大学学报，2015. 2：64 – 71.

[59] 李青，韩立辉. 地方债务管理模式的选择：理论框架、国际比较及启示 [J]. 中国行政管理，2013. 1：84 – 88.

[60] 李天德，陈志伟. 新常态下地方政府投融资平台转型发展探析 [J]. 中州学刊，2015. 4：20 – 23.

[61] 廖乾. 完善地方政府债务管理机制：国际经验与启示建议 [J]. 西南金融，2017. 5：38 – 42.

[62] 缪小林. 权责时空分离下的地方政府债务风险：生成、监测与防范 [M]. 北京：经济科学出版，2015.

[63] 刘金林，王春明，黄刚. 优化我国政府债务管理的政策建议

［J］. 管理世界，2014.1：171 - 172.

［64］刘立峰. 完善地方政府融资模式的思考［J］. 宏观经济管理，2017.7：22 - 28.

［65］刘立峰. 关于保留部分政府融资平台的思考［J］. 宏观经济管理，2015.10：49 - 50.

［66］刘尚希，石英华，武靖州. 制度主义公共债务管理模式的失灵——基于公共风险视角的反思［J］. 管理世界，2017.1：5 - 16.

［67］刘尚希，王朝才等. 以共治理念推进 PPP 立法（第 1 版）［M］. 北京：中国财政经济出版社，2016.

［68］刘尚希，赵全厚. 政府债务：风险状况的初步分析［J］. 管理世界，2002.5：22 - 32 + 41.

［69］刘尚希等. 基于治理、资源配置视角对政府特许经营和 PPP 的认识［J］. 经济研究参考，2016.15：16 - 22.

［70］刘星，岳中志，刘谊. 地方政府债务风险预警机制研究［M］. 北京：经济管理出版社，2005.

［71］刘燕. 风险管理及其模型［M］. 郑州：郑州大学出版社，2015.

［72］刘谊，刘星等. 地方财政风险监控体系的建立及实证分析［J］. 中央财经大学学报，2004.7：1 - 5.

［73］刘永泽，张亮. 我国政府部门内部控制框架体系的构建研究［J］. 会计研究，2012.2：10 - 19.

［74］娄洪，黄国华，张洋. 从欧洲债务危机看政府会计改革［J］. 财政研究，2012.4：67 - 71.

［75］卢侠巍. "政府负债入考核" 如何落实［J］. 中国党政干部论坛，2014.1：19 - 21.

［76］路军伟. 政府财务报告使用者及其需求的国际比较与分析——兼论我国政府财务报告使用者构成［J］. 会计与经济研究，2015.1：14 - 23.

［77］马蔡琛. 基于政府预算视角的地方隐性债务管理［J］. 财政科学，2018.5：18 - 23.

［78］马蔡琛，尚妍. 基于债务风险的政府或有负债会计信息披露：国际经验与中国现实［J］. 南京审计大学学报，2016.5：104 - 112.

［79］马恩涛，孔振焕. 我国地方政府债务限额管理研究［J］. 财政研究，2017.5：54 - 63.

［80］马海涛，崔运政. 地方政府债务纳入预算管理研究［J］. 当代

财经，2014.6：23-31.

[81] 马海涛，吕强．我国地方政府债务风险问题研究 [J]．财贸经济，2004.2：12-17.

[82] 马海涛，马金华．解决我国地方政府债务的思路 [J]．当代财经，2011.7：43-49.

[83] 马金华．地方政府债务：现状、成因与对策 [J]．中国行政管理，2011.4：90-94.

[84] 马金华，李国锋，谢兴春．美日地方政府债务管理及其对我国的启示 [J]．创新，2010.1：41-45.

[85] 梅建明，雷同．地方政府债务风险管理及控制的国际经验 [J]．经济研究参考，2011.23：42-44.

[86] 梅建明，刘秦舟．欠发达地区政府融资平台转型发展的若干建议 [J]．财政研究，2014.8：63-65.

[87] 门韶娟，纪美斐．我国政府债务会计信息披露的问题与建议 [J]．经营与管理，2019.2：7-9.

[88] 潘晓波，杨海峰．我国政府合并财务报表研究：主体及合并标准 [J]．会计研究，2018.4：3-10.

[89] 庞晓波，李丹．中国经济景气变化与政府债务风险 [J]．经济研究，2015.10：18-33.

[90] 裴育，欧阳华生．我国地方政府债务风险预警理论分析 [J]．中国软科学，2007.3：110-119.

[91] 裴育，欧阳华生．地方债务风险预警程序与指标体系的构建 [J]．当代财经，2006.3：36-39.

[92] 裴育，欧阳华生．我国地方政府债务风险预警理论分析 [J]．中国软科学，2007.3：110-114.

[93] 戚艳霞．政府债务管理需求与政府会计改革．审计研究简报，2013.18.

[94] 沈雨婷．地方政府债务风险管理国际比较研究 [J]．西南民族大学学报（人文社科版），2019.1：110-116.

[95] 史蒂文·J·鲁特．超越COSO——强化公司治理的内部控制 [M]．北京：中信出版社，2004.

[96] 孙芳城，李松涛．基于风险防范的地方政府债务会计体系研究 [J]．财政监督，2010.10：5-8.

[97] 孙芳城，俞潇敏．我国地方政府债务会计核算改进思考 [J]．

财会月刊，2012. 22：16 - 17.

[98] 王朝才，赵斌. 我国地方政府债务管理的历史观照、现况解析及政策应对 [J]. 地方财政研究，2018. 8：7 - 14.

[99] 王芳，谭艳艳，严丽娜. 中国政府负债信息披露：现状、问题与体系构建 [J]. 会计研究，2017. 2：14 - 23.

[100] 王光远. 中美政府内部控制发展回顾与评述——兼为《联邦政府内部控制》（中文版）序 [J]. 财会通讯，2009. 12：6 - 10.

[101] 王俊. 地方政府债务的风险成因、结构与预警实证 [J]. 中国经济问题，2015. 3：13 - 25.

[102] 王立勇，亓欣，赵洋. 基于全口径政府债务率数据的我国最优债务率估算 [J]. 经济理论与经济管理，2015. 2：70 - 79.

[103] 王诗宗. 治理理论及其中国适用性 [M]. 杭州：浙江大学出版社，2009.

[104] 王婷婷. 地方政府性债务治理的国际比较与启示——基于建构财政责任规则的视角 [J]. 当代财经，2017. 2：31 - 39.

[105] 王喜梅. 地方政府债务风险管理机制研究——基于《预算法（2014）》视角的分析 [J]. 西南金融，2017. 11：9 - 15.

[106] 王晓光，高淑东. 地方政府债务风险的预警评价与控制 [J]. 当代经济研究，2005. 4：53 - 55.

[107] 王鑫，戚艳霞. 我国政府债务会计信息披露与改进建议——基于政府会计改革视角 [J]. 财政研究，2015. 5：107 - 111.

[108] 王旭坤. 中国地方政府举债权研究 [M]. 北京：法律出版社，2016.

[109] 王雍君. 政府债务信息披露尚待强化 [N]. 上海证券报，2016 - 04 - 08 （012）.

[110] 王雍君. 用制度管控政府债务风险 [J]. 中国金融，2014. 7：26 - 28.

[111] 王振宇等. 我国地方政府性债务风险识别和预警体系研究——基于辽宁的样本数据 [J]. 财贸经济，2013. 7：17 - 28.

[112] 韦森森. 地方政府性债务信息披露研究 [D] 中国海洋大学硕士论文，2017.

[113] 魏杰，于同申. 现代财政制度通论 [M]. 北京：高等教育出版社，1998.

[114] 吴亚平. 明确 PPP 项目的社会资本方范围和准入政策 [J].

中国投资，2016.6：89 - 91.

［115］夏锦良．公债经济学［M］．中国财政经济出版社，1991．

［116］肖鹏，李新华．公债管理［M］．北京：北京大学出版社，2010．

［117］谢虹．地方政府债务风险构成及预警评价模型构建初探［J］．现代财经，2007.7：63 - 65.

［118］邢俊娜．改革政府会计制度防范财政负债风险［J］．会计研究，2004.4：69 - 72.

［119］徐国君．三维会计研究［M］．北京：中国财政经济出版社，2003.

［120］徐佳．建立地方政府债务风险预警指标体系［J］．中国财政，2008.11：37 - 38.

［121］徐宗宇．对事项法会计理论的思考［J］．财经论坛，2003.11：70 - 75.

［122］许争，戚新．地方政府性债务风险预警研究——基于东北地区某市的经验数据［J］．科学决策，2013.8：30 - 46.

［123］薛军，闻勇．地方政府债务管理：模式选择与制度借鉴［J］．当代经济管理，2015.2：87 - 93.

［124］杨晓磊，沈丁丁．我国政府内部控制研究现状分析［J］．财政监督，2009.8：14 - 15.

［125］杨雄胜．内部控制范畴定义探索［J］．会计研究，2011.8：47.

［126］杨雄胜．内部控制的管理渊源解析：管理学的视角［J］．中国注册会计师，2006.4：71 - 75.

［127］杨雅琴．我国地方政府债务管理制度的演进及改革［J］．现代经济探讨，2013.8：56 - 60.

［128］杨亚军，杨兴龙，孙芳城．基于风险管理的地方政府债务会计系统构建［J］．审计研究，2013.3：94 - 101.

［129］杨志锦．2015地方债图谱：14省份政府债务规模减少贵州债务率最高［N］．21世纪经济报道，2016 - 12 - 19（010）．

［130］叶龙，冯兆大．我国政府会计模式构建过程中主体界定问题初探［J］．会计研究，2006.9：69 - 75.

［131］叶振鹏，张馨．公共财政论［M］．经济科学出版社，1999．

［132］易玄，刘诗若．国际政府债务会计核算体系比较研究［J］．财

务与金融，2018.4：25 - 31.

［133］尹芳．我国地方政府债务风险防范研究［J］．山东社会科学，2011.9：138 - 140.

［134］尹启华，陈志斌．国家治理视域下我国地方政府债务管理制度的演进及启示［J］．当代财经，2016.6：34 - 41.

［135］应唯，张娟，杨海峰．政府会计准则体系建设中的相关问题及研究视角［J］．会计研究，2016.6：3 - 7 + 94.

［136］俞可平．全球治理引论［J］．马克思主义与现实，2002.1：20 - 32.

［137］岳红举．财政分权视角下地方债管理主体的构建［J］．地方财政研究，2018.8：15 - 22.

［138］张国兴．关于构建我国政府会计体系问题的研究［J］．会计研究，2008.3：11 - 18 + 95.

［139］张海星．中国地方政府债务风险分析［J］．宁夏社会科学，2006.6：62 - 67.

［140］张立承．基于融资平台公司的地方政府隐性债务变动趋势分析［J］．财政科学，2018.5：48 - 54.

［141］张莫，赵婧．"曲线"抢滩 PPP 或滋生新风险［N］．建筑时报，2015 - 04 - 27（007）.

［142］张琦．我国政府会计主体与信息使用者——基于我国公共受托责任特点的思考［J］．财务与会计，2007.23：44 - 46.

［143］张玉双．我国地方政府债务信息披露问题探究［J］．财会月刊，2018.17：114 - 118.

［144］张志华，周娅，尹李峰，吕伟，刘谊，闫晓茗．国外地方政府债务管理情况综述［J］．经济研究参考，2008.22：2 - 8.

［145］张子荣．基于资产负债表角度的我国地方政府债务风险研究［J］．理论与改革，2014.6：88 - 90.

［146］赵剑锋．省级地方政府性债务风险测度、分解与归因——基于2014 年省级地方债审计的因子——聚类分析［J］．经济经纬，2016.3：144 - 149.

［147］赵利明，吴赢赢，朱仰军．地方政府债务的会计核算：现实问题与改革思路［J］．财经论丛，2012.5：78 - 84.

［148］赵琦．地市级投融资平台公司剥离政府融资职能后转型路径探索［J］．地方财政研究，2016.6：54 - 57 + 69.

［149］赵全厚．风险预警、地方政府性债务管理与财政风险监管体系催生［J］．改革，2014.4：61－70．

［150］赵新泉，陈旭．政府债务影响经济增长的非线性效应研究［J］．国际金融研究，2018.2：54－65．

［151］赵晔．现阶段中国地方政府债务风险评价与管理研究［M］．成都：西南交通大学出版社，2011．

［152］郑洁，翟胜宝．预算约束视角下的地方政府性债务管理研究［J］．宏观经济研究，2014.6：44－49．

［153］郑联盛，胡滨，王波．我国引发系统性金融风险的潜在因素与化解之策——基于时间和空间维度的分析［J］．经济纵横，2018.4：87－93．

［154］郑兴东，王明虎．地方政府融资平台债务信息披露保障体系构建［J］．辽宁工程技术大学学报社会科学版，2014.5：453－456．

［155］仲凡．基于风险与绩效相关性的地方政府性债务管理研究［J］．财政研究，2017.3：20－32．

［156］周睿．我国地方政府债务融资发展历程研究［J］．会计师，2014.12：11－12．

［157］周卫华，杨周南，库甲辰，二元结构体系下政府会计技术改进研究——基于事项会计理论的探讨［J］．会计研究，2016.2：14－21．

［158］周晓亚，万晓萌．我国地方政府债务问责案例与问责体系解析［J］．地方财政究，2019.5：13－20．

［159］朱娜．中国地方政府债务管理制度与能力测评——基于世界银行 DeMPA 模型［J］．财经理论与实践，2018.6：58－63．

［160］朱文蔚，陈勇．地方政府性债务与区域经济增长［J］．公共经济与管理，2014.4：114－116．

［161］庄佳强，陈志勇，解洪涛．我国地方政府性债务的非线性增长效应研究［J］．当代财经，2017.10：34－45．

［162］Brixi, Hana Polackova. Government Contingent Liabilities：a Hidden Risk to Fiscal Stability. Journal of Public Budgeting［J］．Accounting and Financial Management，2001.13：582．

［163］Cecchetti S G, Mohanty M S, Zampolli F. The Real Effects of Debt［J］．Social Science Electronic Publishing，2011.68（3）：145－196．

［164］George. H. Sorter. An Events approach to basic accounting theory［J］．The Accounting Review，1969.1：12－19．

[165] Hicks, Cheste. Reforming financial management in the public sector: lessons U. S. Officials can learn from New Zealand [J], Spectrum: Journal of State Government, 1999. 72 (4): 18.

[166] Ian Ball, Tony Dale, William D. Eggers and John Sacco, Reforming financial management in the public sector: lessons U. S. Officials can learn from New Zealand [J], Spectrum: Journal of State Government, 1999. 72 (4): 18.

[167] Michael C. Jensen. William H. Meckling. Theory of the firm: Managerial behavior, agency costs and ownership structure [J]. Journal of Financial Economics, 1976. 4: 305 – 360.

[168] Polackova H . Contingent government liabilities : a hidden risk for fiscal stability [J]. Policy Research Working Paper Series, 1998.

[169] Reinhart, C. M. & Rogoff, K. S.. Growth in a Time of Debt [J]. American Economic Review, 2010. 2: 573 – 578.

[170] Stephen A. Ross. The Economic Theory of Agency: The Principal's Problem [J]. The American Economic Review, 1973 . 2: 134 – 139.

[171] Teresa Ter-Minassian, Jon Craig. Control of subnational government borrowing [A]. Fiscal Federalism [C]. Theory and Practice, 1997: 156 – 172.